4

GOLDMANN

D1984809

Buch

In jeder Zweierbeziehung wird irgendwann einmal die Frage auftauchen, ob man gemeinsam ein Kind haben möchte oder nicht. Ausgangspunkt für dieses Lesebuch zum Thema Kinderwunsch ist diese persönliche Betroffenheit. Den Wenns und Abers, den unzähligen Diskussionen pro und contra Kind, den Zweifeln, Fragen und Ambivalenzen wollten die Herausgeber – auch für sich selbst – endlich ein Ende setzen. Sie stellten ein kontroverses Spektrum von Träumen, Sehnsüchten und Ängsten, von Lebenserfahrung und Lebenssinn zusammen. Entstanden ist ein Ensemble von Text und Bild, das alle nur erdenkbaren literarischen Ausdrucksmittel und Gattungen enthält.

Autoren

Friedericke Hassauer, geboren 1951, lebt als Autorin und Hochschulassistentin der Universität Siegen in Siegen und Marktheidenfeld.
Mitherausgeberin mit Peter Roos: »Anna-Seghers-Materialienbuch«, 1978, »Notizbuch – Verrückte Rede«, 1980, Félicien Rops: »Der weibliche Körper – Der männliche Blick«, 1984, »Die Frauen mit Flügeln, die Männer mit Blei?«, 1986.

Peter Roos, geboren 1950, lebt als freier Schriftsteller in Siegen und Marktheidenfeld.
Bücher: »Genius loci – Gespräche über Literatur in Tübingen«, 1979, »Von der Abschaffung des Tageslichts – Letzter Versuch, die Welt zu verändern«, 1981.
Herausgeber: »Exil – Zum Fall Biermann«, 1977, »Trau keinem über dreißig – Eine Generation zwischen besetzten Stühlen«, 1980.
Mitherausgeber mit Friedericke Hassauer: »Anna-Seghers-Materialienbuch«, 1978, »Notizbuch – Verrückte Rede«, 1980, »Kaputte Gespräche«, 1982, Vespa Stracciatella«, 1985, Félicien Rops: »Der weibliche Körper – Der männliche Blick«, 1984, »Die Frauen mit Flügeln, die Männer mit Blei?«, 1986.

Peter Roos
Friedericke Hassauer

Kinder-wunsch

Reden und Gegenreden
zum Thema Wunschkinder

GOLDMANN VERLAG

Made in Germany · 6/86 · 1. Auflage
Genehmigte Taschenbuchausgabe

Umschlaggestaltung: Design Team München
Druck: Presse-Druck Augsburg
Verlagsnummer: 11407
Lektorat: Cornelia Richter
Herstellung: Sebastian Strohmaier
ISBN 3-442-11407-1

Dieses Buch ist gewidmet
Therese Herz
die am 15. Oktober 1859 geboren wurde als Therese Cahn, die von 1936 an in der Bochumer Grünstraße 6 gewohnt hat bis sie 1942 nach Theresienstadt deportiert wurde. Im K.Z. starb sie am 20. September 1943. Über ihre Kindheit, ihre Kinder und über ihren Kinderwunsch konnten wir nichts mehr erfahren.

INHALT

Mannkind

Politkind

Fraukind

Großkind

Friederike Hassauer/Peter Roos

VORM KINDERKRIEGEN DENKEN?

Über unsere Erfahrungen
mit der Arbeit am „Kinderwunsch"
Ein Wort zuvor

1

Es war eine Notwendigkeit für uns, dieses Buch zu machen. Es ist aus Überdruß entstanden. Drei, vier Jahre lang haben wir übers Kinderkriegen geredet. Wir zwei haben diskutiert, mit Freunden, Kollegen, Altersgenossen geredet, wurden angesprochen hauptsächlich von Älteren, seit wir selbst ins elternfähige Alter gekommen sind. Wir wollten die Diskussion beenden. Neue Gefühle und neue Argumente waren nicht in Sicht. Wir wollten einen Punkt setzen. Da wir uns für Kinderlosigkeit entschieden hatten, sollten sich unsere Stimmungen, Zweifel, Ambivalenzen, Fragen, Analysen in einem Buch niederschlagen.

Jetzt ist das Buch fertig. Mit ihm ist eine Etappe unserer Biografie beendet. Die Kinderfrage hat sich objektiviert. Während der Schreib- und Herausgeberarbeit bekam das Problem noch einmal bedrängende Aktualität; die Antworten mußten neu gefunden werden, weil sie vorher zu wenig differenziert, zu weit entfernt waren von der eigenen Person.

Ausgangspunkt des „Kinderwunschs": unsere eigenen Erfahrungen, Probleme, Unsicherheiten. Wir haben sie als Provokation bei den Mitautoren eingesetzt, um deren Positionen in Rede und GegenRede zur Sprache zu bringen. Jetzt geben wir alle zusammen die Provokation weiter.

2

Wir hatten keine Lust, eines der Problembücher zu machen, bei denen man vor lauter Gewicht der Welt das Lachen vergißt, den Spaß an der ernsten Sache, das Vergnügen an Denken und Wieder-Erkennen.

Deswegen wurden möglichst wenig Spezialisten eingeladen. Wir wollten keine Sammlung historischer und fachwissenschaftlicher Traktate zusammenstellen. Wir suchten Texte, die von authentischer, eigener Erfahrung und Reflexion ausgehen. Texte, in denen die Kinderfrage ursächlich an Existenz gebunden und nicht als Ergebnis distanzierten wissenschaftlichen Erkenntnisinteresses dargestellt wird. Darum sollten nicht nur professionelle Schreiber zu Wort kommen; wir haben uns bemüht, auch solche Leute zu einem Beitrag zu bewegen, die in ihrem Alltagsleben nicht schreiben.

Das Text-Ensemble ist deswegen weit gespannt. Alle Ausdrucksmittel, alle Gattungen waren uns recht: neben Fotos und Grafik belletristische und dokumentarische Texte. So ist ein *literarisches Sachbuch* entstanden. Die Gruppierung der Texte orientiert sich an Entstehung und Werdegang des Kindes: vom Kinderwunsch über Kleinkind zum Erwachsenwerden, zur Eltern- und Großelternperspektive. Nicht ausgeklammert werden dabei die Zusammenhänge von Kind und Krieg, Männern und Kindern, Kindern und weiblichem Lebenszusammenhang. Nicht ausgeklammert werden neben dem Ja und dem Nein zum Kind die Kinderlüste und Kinderängste, die Sehnsüchte, die Spurensicherung, die archäologische Arbeit an der eigenen Kindheit. Nicht ausgeklammert werden auch die, die es zuallererst angeht – Kinder und Jugendliche selbst. Sie sind die jüngsten Autoren.

3

Von der Mitarbeit selbst ausgeklammert haben sich die eingeladenen institutionell Verantwortlichen und Zuständigen; das Städtische Kinderhilfezentrum des Jugendamtes Düsseldort beispielsweise kann unsere Einladung nicht „an die Mitarbeiter weitergeben, weil Ihr Anliegen außerhalb unseres dienstlichen Auftrages liegt".

Selbst ausgeklammert haben sich auch zuständige Minister und Politiker. So läßt uns das Büro von Helga Schuchardt, MdB (FDP), wissen, daß die Politikerin „kein Kind hat" und darum „bei Ihrer Aktion nicht mitmachen möchte".

Aber es gab auch andere Absagen, Absagen, die selbst schon Reden und GegenReden sind. Schreibt beispielsweise Volker W. Degener, Polizist und Schriftsteller aus Bochum: „Ich stecke kopfüber in der Arbeit an einem Buch und mag dabei gar nicht an Kinder denken, wegen der Selbstvorwürfe, wünsche mir also eher eine befristete Freiheit von Kind und Kegel. Was nicht heißen soll, daß ich nicht gerade von meinen Kindern viele spontane Anstöße zu neuen Denkansätzen und zum Anderssein mitbekomme, sie irgendwo auch wieder dringend brauche. Ja, warum eigentlich Kinder? Sind Hunde nicht folgsamer, Katzen anschmiegsamer, Kanarienvögel fröhlicher, Hamster possierlicher, Tanzmäuse beweglicher, Schildkröten leiser, Meerschweinchen billiger? Klar. Und deshalb liebe ich meine Tochter und meinen Sohn.

Stark möchte ich sie machen, stärker als mich, damit sie diese Welt überstehen. Nicht als Erfolgstypen, Windbeutel, Seelenverkäufer, Farbenwechsler – sondern als Menschen. Und diese Aufgabe fällt mir verdammt schwer. Weil sie zugleich eine irrsinnige Herausforderung ist. Damals war sie uns, als wir die Kinder in die Welt setzten, gar nicht bewußt."

Schreibt beispielsweise der Literat Ludwig Harig: „Nun muß ich Euch sagen, daß mir nichts ferner liegt, als gerade darüber nachzudenken, was vielleicht ein gefundenes Fressen für Psychodoktoren wäre, denen ich mich aufs Sofa legen müßte."

Schreibt beispielsweise der Psychoanalytiker und fünffache Großvater Horst Eberhard Richter: „Weder meine Frau noch ich hätten in den letzten 15 bis 20 Jahren manche politischen Lernschritte geschafft, wenn wir nicht durch den Dialog mit unseren Kindern dazu gebracht worden wären. Aber wir haben unsere Kinder in einer Zeit bekommen, als viele Anzeichen nach dem Untergang des Nationalsozialismus dafür zu sprechen schienen, daß wir und die nachfolgenden Generationen eine friedliche, freiheitliche und in jeder Hinsicht menschlichere Zukunft gestalten könnten."

Schreibt beispielsweise die Berliner Journalistin Marianne Wagner: „Mit 42 Jahren, angesichts einer bedrückenden politischen Situation, taucht der Gedanke an eigene Kinder zwar erinnernd noch auf, nicht aber als eine Lebensmöglichkeit, auf die ich einen Anspruch erhebe. Die Traurigkeit ‚aus dem Bauch' wird aushaltbarer, die biologische Grenze, einfach weil sie erreicht ist, vor dem Hintergrund eines langen Prozesses, akzeptabler."

Schreibt beispielsweise der Germanist Fritz Hackert: „In meinem Herzen sitzt eine unsentimentale, tiefe Liebe zur kleinen Bestie und ihren Fortschrittstaktiken von den Gehversuchen über den sogenannten Spracherwerb bis weit in die höhere Zivilisationsdressur hinein. Ich habe an der Entwicklung meiner Kinder viel Anteil genommen, ohne Affen aus ihnen zu machen."

Schreibt beispielsweise Gertraute Kippe aus Bayreuth: „Ich habe den Mut gehabt, drei Kinder in die Welt zu setzen! Rechte hast du nicht an sie – Liebe bleibt zu ihnen immer. Den Mut, über das Thema ‚Kinderwunsch' zu schreiben, habe ich nicht. Ich habe schon zuviele gescheite und törichte Autoren in meinem Leben gelesen."

Nicht zustandegekommen sind zum Beispiel geplante Beiträge über einen allein erziehenden Mann, über die Erfahrung einer weißen Mutter mit ihrem farbigen Kind, über das Verhältnis Thomas Manns zu seinen Kindern, über kinderfeindliche Architektur und über Kinderkunst.

4

Eine ganz entscheidende Erfahrung war das Gespräch mit und die Verweigerung der eigenen mittelständischen Elterngeneration. Überraschend für uns brach in diesen Unterhaltungen Verbitterung und Brutalität hinter der Ironie und der Pointe auf. Erfahrungen mit Kindern und Kriegserfahrung wurden in einem Atemzug genannt. Nichts von dem hehren Bild der Vater- und Mutterschaft, das wir bei ihnen erwartet hatten und unter dessen Aushängeschild wir erzogen worden waren. Da stellt uns ein Wissenschaftler, der nicht Professor geworden ist, seine zehnjährige Tochter mit den Worten vor: „Da kommt meine Habilitation!" Da sagt uns ein katholischer Familienvater, Anwalt: „Xmal probiert, fünfmal getroffen – ein Kind ist was geworden!" Und eine Arztfrau, Mutter von drei Kindern, meint: „Eigentlich müßte man das erste Kind wegwerfen – das ist zum Probieren!"

5

Wir hatten keine Lust, in unserem Buch das zu verlängern, was leider oft Diskussions- und Alltagserfahrung war: Die Kinderfrage als ideologischen Dollpunkt zu akzeptieren, auf dem Ja- und Nein-Sager unvermittelbar auseinanderzudividieren seien. Oder die andere Spielart: Die Kinderfrage als Frage zu leugnen, wehleidig die Verantwortung auszulagern, aggressiv den Zufall zur Verantwortung zu ziehen.

6

Wenn Mutterkult und Babyboom untrennbar mit Zeitgeist und Tendenz verbunden sind, so ist das jeweilige Ja oder Nein zum Kind doch eine zutiefst persönliche Entscheidung. Jenseits von Rationalität und Objektivität. Lange Zeit haben wir geglaubt, man müsse der Kinderfrage ‚irgendwie' doch auch sachlich und überprüfbar zu Leibe rücken können. Das war nicht möglich. Wir haben etwas unternommen, was eigentlich nicht machbar ist. Diskutabel wird der Kinderwunsch offenbar nicht. Er erledigt sich durch und in Praxis, Entscheidung, Handlung. Darum verstehen wir unser Buch nicht als einen „Ratgeber". Wir bieten eine Bestandsaufnahme, ein Spektrum möglichst radikaler, möglichst zugespitzt persönlicher Meinungen. Jedem seine eigene Wahrheit – und zwar so scharf, so individuell wie nur denkbar. Diese Entschiedenheiten können in der Lese-Erfahrung vielleicht klärend wirken, können WiderReden, die eigene Position aus der Unentschiedenheit, aus dem Unausgesprochenen heraustreiben.

Bochum und Berlin, im April 1982

Friederike Hassauer und Peter Roos

Friederike & Peter,
gezeichnet von der siebenjährigen Nadja Weiss, Stockholm 1980

WUNSCH KIND

Isabel Averno

GEDANKEN-KIND

Erster Versuch, sich selber zu gebären
Ein Liebes-Briefwechsel

München, 4. Mai 81, Montag

Liebster, liebster G.!
Es ist ein Jammer, daß diese Wochenenden mit Dir immer so schnell vorbei sind! Wenn ich danach, am Montag morgen in die Schule fahre, kann ich noch offen sein für Eindrücke, die mir zwei Tage später entgehen würden: das Kasernengelände am Harthof sieht so trostlos aus wie immer, aber am Montag kann ich die Trostlosigkeit wenigstens noch wahrnehmen, weil meine Sensibilität noch nicht vom Schulstreß erschlagen ist. Sogar der Betonklotz, den sie Schule nennen, wirkt noch nicht bedrohlich, weil ich noch fähig bin, die Menschen zu sehen, die hineingehen, und mit denen ich dort dann acht Stunden lang „Erziehung mache". Am Montag morgen kann ich mit den Kindern noch lachen und freundlich sein, montags kann ich es mir noch leisten, nicht aus der Haut zu fahren, nicht vor Erschöpfung verzweifelt autoritär zu werden. Ich bin noch imstande, einzelne Gesichter zu sehen, in ihren Augen zu lesen und als Person darauf zu reagieren.

Heute morgen war mein „weiches Montagsgefühl" irritiert. Ich habe mich dauernd bei Gedanken ertappt, die für mich neu sind: „Das könnte ja mein eigenes Kind sein", oder „Würde ich wollen, daß mein Kind gerade meinen Unterricht hat?" oder „Wenn das mein Kind wäre, würde ich dann auch so ungeduldig reagieren?" Das kenne ich nicht an mir. Hast Du Dir die Kinder, die Du unterrichtest, schon einmal angesehen? Ich nicht, habe noch nie *so* gedacht, noch weniger gefühlt.

In einer ruhigen Minute dann die Überlegung, warum mir plötzlich solche Gedanken kommen. Es muß mit dem zusammenhängen, was ich gestern in all unserem Glück zu Dir gesagt habe: „Wenn ich überhaupt ein Kind möchte, dann von Dir!" Und jetzt steht dieser Satz hier schwarz auf weiß. Jetzt komme ich nicht mehr um ihn herum. Jetzt muß ich zu ihm stehen. Ich habe diesen Satz tatsächlich ausgesprochen. Seit heute mittag, als mir der Zusammenhang klar geworden ist, versuche ich, seiner Realität zu entkommen – ich schiebe „Gegen-Sätze" vor mir her: „Das war eben so spontan hingesagt." „So brennend ist das Problem nun auch wieder nicht." „Unsere momentane Situation ist so indifferent, daß ein gemeinsames Kind überhaupt nicht in Frage kommt."

„Während meiner Emanzipationsphase – oder dem, was ich dafür hielt! – habe ich mir vorgenommen, kein Kind zu haben. Soll das plötzlich nicht gewesen sein?" Das ist die eine Seite. Und daneben: ein fast glückliches Staunen darüber, daß ich so etwas auch sagen kann. Ich denke: „Ich – Mutter?", und das Wort Mutter fühlt sich so anders an als sonst.

Ich bekomme einen Schrecken, der zugleich Freude ist. Vorhin habe ich mich im Spiegel angeschaut und mir wieder versucht vorzustellen: „Ich – Mutter!", bin dann schnell weggegangen, weil mir das „Nein" schon vor den Lippen stand ...

Du, ich merke, daß das alles ziemlich chaotisch ist. Die eine Seite mit den vorgeschobenen Sätzen glaube ich mir selber nicht recht. Und die andere – ein wunderschönes Gefühl, mit einem unheimlichen, tiefsitzenden Widerspruch im Hintergrund. Ich glaube, ich habe da noch einiges zu sortieren.

Im nächsten Brief werde ich Dir dann „meine gesammelten Sortierungsversuche" zukommen lassen,

gute Nacht, Du schöner Mann!

München, 7. Mai 81, Donnerstag

Mein Lieber G.!

Seit Montag sammle ich Sätze. Sätze von anderen Leuten über Kinder. Ich werde Dir ein paar Exemplare vorführen, die mich besonders beeindruckt haben.

Erstens: Eine Bekannte jammert mir vor, daß sie fast erstickt in der vielen Arbeit, und in der zweiten Satzhälfte höre ich: „... und jetzt bin ich auch noch schwanger!" Ich: „Willst Du das Kind haben?" Sie: „Nein, natürlich nicht, bin überhaupt nicht auf ein Kind eingestellt. Es ist halt passiert. Andererseits überlege ich mir, ob das nicht eine gute

Möglichkeit wäre, aus der Schulscheiße wenigstens für einige Zeit herauszukommen."

Zweitens: Ein Kollege: „Wenn man sich unsere Umwelt so anschaut, muß man sich schon ernsthafte Gedanken darüber machen, wie man die eigenen Kinder erziehen soll, damit sie darin bestehen können." Darauf die Kollegin: „Oder den eigenen Kindern das gleich ersparen, indem man sie gar nicht erst in die Welt setzt."

Drittens: Eine Freundin: „Ich will die gleichen Fehler wie meine Eltern nicht nochmal machen!"

Viertens: Eine andere Freundin, Mutter von vier Kindern: „Also sowas wie ein Kind solltest Du Dir schon noch zulegen. Für eine Frau ist das doch letztlich der einzige Lebensinhalt, der zählt."

Ich höre mir diese Aussagen an und beziehe sie zum erstenmal auf mich. Ein Kind „passiert" und bekommt nachträglich eine Funktion zugewiesen. Mein Kind soll nicht „passieren"; mein Kind soll meine Entscheidung sein und die seines Vaters. Du, ich glaube, damit bin ich an einen wichtigen Punkt gekommen: Ich habe keinen Anhaltspunkt, warum ich mich für oder gegen ein Kind entscheiden sollte. Die Umwelt! Ja, das höre ich so oft. Es sei verantwortungslos, in diese Welt ein Kind zu setzen. War es das nicht seit Menschengedenken, seit Menschenexistenz immer, wenn man den jeweiligen Zustand der Welt berücksichtigt? Das ist so eine Globalentschuldigung, hat nichts mit *mir* zu tun. Sie klingt danach, dem Kind negative Erfahrungen ersparen zu wollen. Wenn ich meine Begründung für Kinderlosigkeit draußen suchen will, muß ich mir nicht den Gesamtzustand der Welt vor Augen halten. Es reicht schon, wenn ich mich frage, ob ich möchte, daß mein Kind Schulerfahrungen macht. So wie wir sie als Lehrer anbieten. Lernen, Arbeit, sich Gedanken über etwas machen, das ist in unserem Schulsystem negativ besetzt, geradezu angstbesetzt, weil es von außen erzwungen ist und nicht aus dem Lernenden selbst wächst; und die „durchgenommenen" Stoffe? Sie vermitteln keine Inhalte, die möglicherweise etwas mit einem persönlich zu tun haben könnten. Sie sind austauschbares Material, das in eine zu erreichende Punktzahl zu verwandeln ist. Seltsamerweise glaube ich selbst da noch, daß es *mir* möglich wäre, Voraussetzungen zu schaffen, die es dem Kind möglich machten, solche Katastrophen zu überstehen.

Etwas behagt mir nicht an diesen Argumenten. Sie sind nicht wirklich meine. Daß ich vor dem Spiegel „Nein" sagen möchte, wenn ich mich als Mutter denken soll, muß tiefer liegen. Die beiden letzten Aussagen treffen mich schon eher. Vielleicht würde ich nicht die gleichen Fehler machen wie meine Eltern, mit Sicherheit aber andere. Und diesen Zwang zum Perfektionismus aufzugeben, darauf zu vertrauen, daß mein Kind eine ‚Persönlichkeit' werden kann, auch mit den Fehlern, die ich mache, fällt mir sehr schwer. Und was mich an der letzten Aussage so durcheinanderbringt, weiß ich einfach noch nicht. Ist das so, daß man eine wirkliche Frau nur dann ist, wenn man auch Mutter ist? Mein Kopf sagt: „So ein Quatsch!" Aber ich habe gelernt, meinem Kopf zu mißtrauen, wenn etwas mein Gefühl verwirrt. An dem Punkt komme ich noch nicht weiter.

Du, was ist los mit Dir, warum schreibst Du nicht? Heute ist Donnerstag, und ich habe noch keine Zeile von Dir. Ich versuche ja, zu verstehen, Liebster!, daß die „Rücksichten", die Du auf Deine Frau, Kinder, Umgebung zu nehmen hast, Dich bisweilen hindern, den Kontakt mit mir aufrecht zu halten. Aber manchmal, besonders in Situationen, in denen es um Dinge geht, die uns beide betreffen, bringt mich diese „indirekte Kommunikation" fast zur Verzweiflung. Bitte verzeih, ich wollte nicht jammern. Schreib bald!

Burgheim, 8. Mai 1981

Mein Liebes,
Deine beiden Briefe habe ich bekommen. Es tut mir leid, daß es mit der Antwort so lange gedauert hat, aber ich mußte mich in Sachen „pro familia" betätigen, so daß mir einfach keine Zeit blieb. Diesen Brief hier schreibe ich, während mein Grundkurs zwölf vor mir sitzt und eine Klausur über Modalnotation schreibt.

Ich freue mich wahnsinnig darüber, daß das mit dem Kind für Dich auch so wichtig war, und ich finde es großartig, wie Du dich damit auseinandersetzt. Du mußt Dir nicht so viele Gedanken darüber machen, daß Dir das „Muttergefühl" noch fremd ist. Ich bin sicher, das kommt, je mehr Du Dich mit dem Gedanken vertraut machst. Meiner Meinung nach kann man sich da ganz auf die Natur verlassen, die uns schon mit den entsprechenden Instinkten ausgestattet hat. Schließlich schreibst Du ja auch, daß Du Dir ein Kind wünschst. Warum willst Du nicht auf diese „Stimme der Natur" hören? Ich kann mich des Eindrucks nicht erwehren, daß Du mit diesem dauernden Nachdenken das Ganze verkompliziertst und Dich unnötig in etwas hineinsteigerst, was im Moment gar nicht aktuell sein kann. Wenn Du wüßtest, wie es mir hier gerade geht – Du würdest den Gedanken an ein gemeinsames Kind weit von Dir weisen. Ach, das ist alles so verfahren! Ich möchte am liebsten nichts mehr davon wissen und alle Tage „Wochenende mit Dir“ spielen. Du, jetzt gongt es gleich, und ich muß die Klausur einsammeln. Alles Liebe!

München, 10. Mai 81, Sonntag

Das Wochenende ohne Dich war fürchterlich. Heute nacht hatte ich einen Traum, der mich vollkommen aufgewühlt hat. Ich schreib ihn Dir auf, vielleicht fällt Dir etwas dazu ein:

> Ich werde von zwei Frauen in eine riesige Höhle geführt. Die Höhle ist kreisrund und an ihrem Rand stehen ausschließlich Frauen in langen, dunklen, fast nonnenhaften Gewändern. Dem Höhleneingang gegenüber liegt ein urtümlicher Steinquader, davor ein Holzstoß. Hinter dem Quader sitzen fünf Frauen, die mittlere hat ein strenges, unbewegtes Gesicht. Ich werde vor den Stein geführt und spüre: ich bin angeklagt. Die Frau mit dem bewegungslosen Gesicht verliest mit alttestamentarischer Stimme mein Urteil, an dessen Text ich mich nicht erinnere. Daraufhin wird der Holzstoß entzündet, alle Frauen treten nacheinander hinzu und jede wirft etwas in das Feuer. Ich erkenne: alle Bücher, die mir etwas bedeutet haben, Musikstücke, die wichtige Erfahrungen gewesen sind, und zuletzt meine sämtlichen Tagebücher – alles, was ich jemals gedacht und gefühlt habe. Damit bin ich in den „Bund der Mütter“ aufgenommen. Ich schreie: „Nein, so nicht!“, laufe aus der Höhle heraus und davon.

Dieses Bild also habe ich unbewußt von der ‚Welt der Mütter‘. Und ich habe geglaubt, mit dem rationalen Beschluß: „Ich kriege keine Kinder!“ wäre die Mutterschaftsfrage ein für alle Male erledigt. Dabei wimmelt es doch offenbar in mir von mythischen Muttergottheiten! Und Du redest in Deinem Brief genauso daher: „Naturgegeben! Die Natur hat schon dafür gesorgt . . . usw. Der weibliche Mensch erfüllt die Bestimmung seines Lebens in der körperlichen Fruchtbarkeit.“ Punkt. Und wohin bist Du gekommen mit der reinen Natur? Besonders wenn ich mir Deine „Rücksichten“ anschaue, frage ich mich, ob die „back-to-nature-Ideologie“ in einer so unbewußten Form heute noch funktioniert. Herrgottnochmal, ich bin einfach nicht mehr unbewußt genug, als daß ich mich ohne zu denken dem „Bund der Mütter“ anschließen könnte.

Verstehst Du mich eigentlich? Hörst Du mich überhaupt? Ich habe dauernd das Gefühl, zu reden und zu reden und es kommt bei Dir gar nicht an!

Das Fatale ist, daß ich manchmal, wenn ich mir nicht die emanzipierte Frau vorspiele, wenn ich ehrlich bin, daß ich dann Schuldgefühle habe. Schuldgefühle, weil ich meine Freiheit – das zu tun was mir Freude macht, für mich selber da zu sein – immer noch schön finde. Anscheinend werden diese Schuldgefühle erzeugt von einem zutiefst matriarchalen Teil in mir selber. Der will mir einreden, ich würde meine Schuldigkeit als Frau nur einlösen, wenn ich ein Kind gebärte. Wobei dann der Mutterschaft die geistigen „Errungenschaften" geopfert werden müssen. Warum ist Mutter-sein für mich identisch mit unbewußtsein? Ist das ein patriarchale Einschätzung, der ich auf den Leim gehe? "Eine Frau ist nur vollwertig, wenn sie zugleich auch Mutter ist!" Ist das die Wirklichkeit? Denken die meisten Leute so? Wenn man nur den progressiven Verputz ein bißchen wegkratzt? Oder bilde *ich* mir das ein? Wenn das die Wirklichkeit ist, brauche ich mich nicht mit ihr aufzuhalten – dann dauert es halt noch ein paar Jahrzehnte, bis sie anders ist. Und wenn ich mir das Alles einbilde, wie komme ich dazu? Muttersein als Erfahrung messen – kann ich eigentlich nur an meiner eigenen Mutter. Und meine eigene Mutter hat bis vor kurzen ihre ganze Identität aus mir bezogen, war Person nur durch mich. Ich sehe, fühle das bei vielen Frauen/Müttern – bei zu vielen. Und zu wenige, die durch sich selber Person sind, die die eigene Entwicklung nicht in die Entwicklung ihrer Kinder projizieren. Und ich merke immer mehr, daß meine eigene Entwicklung mir das Wichtigste ist. Ich kann mir die „neue Frau" nicht vorstellen, die mit strahlendem Gesicht alles schafft: Kinder, Beruf, Eigenentwicklung. Weil ich glaube, dazu müßte auch ein „neuer Mann" gehören. Aber vielleicht ist das auch so eine Illusion, deren notwendiges Begräbnis ich immer noch nicht einsehen will. Übrigens: Warum geht es in Deinem Brief eigentlich dauernd um mich als Mutter und nicht auch um Dich als Vater? Machen sich Männer überhaupt Gedanken über eine neue (?) Definition von „Vaterschaft"? Es sieht mir nicht danach aus. Was mir in meiner Umwelt als „Väterliches" angeboten wird, ist entweder beschämend gedankenlos oder jämmerlich mißglückt.

Ich bin so hoffnungslos desorientiert. Verdammt, warum bist Du nicht da!? Warum muß ich solche Sachen immer alleine durchstehen?

Burgheim, 12. Mai 1981

Ich verstehe überhaupt nichts mehr! Irgendwie kommt mir das alles ziemlich verrückt vor. Warum machst Du soviel Zirkus um ein imaginäres Kind? Du hast von Anfang an gewußt, daß meine „Rücksichten“ mir nicht erlauben, mit Dir zusammenzuleben. Verlangst Du, daß ich um eines möglichen Kindes willen aus allen Bindungen hier aussteige, um mit Dir „neuer Mann und neue Frau“ zu proben? Zugegeben: Ich habe mir nie tiefgründige Gedanken zur Vaterschaft gemacht, weil ich der Meinung bin, daß Frauen mit Kindern von Natur aus besser umgehen können. Aber die Art, wie Du das für Dich gedanklich durchspielst, geht mir entschieden zu weit. Was soll die Psychologisiererei? Du wirst nur verrückt davon. Außerdem bist du völlig unlogisch. Was willst Du eigentlich: ein Kind, kein Kind. Willst Du ein Kind ohne Vater – anscheinend nicht, weil Dir die Rolle der alleinerziehenden Mutter nicht paßt! Willst Du ein Kind mit Vater – aber das auch wieder nicht, weil die Väter ja sowieso nichts taugen. Weißt Du eigentlich selber, was Du willst? Ich fühle mich von Dir unter Druck gesetzt und weiß nicht, in welche Richtung der Druck eigentlich geht.

Warum kann nicht alles sein wie früher – einfach schön? G.

PS: Am nächsten Wochenende kann ich kommen. Wir müssen unbedingt miteinander reden!

München, 14. Mai 81, Donnerstag

Lieber G.!

Dein Brief hat mich wütend und traurig gemacht. Nein, ich habe bis vor kurzem nicht gewußt, was ich will. Ob Kind oder nicht, warum, warum nicht. Aber genau dem wollte ich mit meinen Briefen an Dich auf die Spur kommen: Was *ich* wirklich will. Unabhängig von mütterlichen Konventionen („Als Frau hat man ein Kind zu kriegen!“) und unabhängig von zurechtrationalisierten Scheingründen („In diese Welt setze ich kein Kind!“). Diesen Prozeß wollte ich Dir mitteilen, weil ich glaubte, daß er für Dich ebenso ernst zu nehmen wäre wie für mich. Gespürt habe ich, daß für Dich daran nur die schöne Traumblüte wichtig war, für deren Frucht dann ich als alleinerziehende Mutter zuständig wäre – wie viele Mütter sind eigentlich nicht alleinerziehend, auch wenn die Väter mit ihnen zusammenleben? Du kannst nicht einmal für Deine Gefühle mir gegenüber wirklich die Verantwortung übernehmen. Wie willst Du es für ein Kind können? Verantwortung heißt schließlich nicht: am Wochenende mal mit dem Kind spielen und eine möglichst „gewährende“ Haltung einzunehmen, um der tolle Pappi zu sein.

Unabhängig davon, daß ich mit Dir als Vater nicht rechnen kann, habe ich durch diese Auseinandersetzung für mich gelernt:

daß mich die mütterlichen Konventionen in dieser Form nichts mehr angehen, weil die herkömmliche Mutterrolle ausgespielt ist und eine neue Definition von „Mutter“ für mich nicht in Sicht ist,

daß die Stimme in mir, die blind nach einem Kind schreit, nichts anderes ist als der Versuch der „unbewußten Natur“, mich vor einer „Personwerdung“ durch mich selber zurückzuhalten, Motto: „Lieber noch ein Kind, als die eigene Kindheit ernsthaft aufarbeiten müssen.“

Ich will versuchen, mein eigentliches, innerstes Bedürfnis ernst zu nehmen, nämlich kein Kind zu haben, weil ich meine Freiheit liebe, weil ich meine Identität nicht über Mann und nicht über Kind, sondern über mich selber will, und weil es mir für mich wichtiger ist, erst – ja, ich glaube: erst „mich selber zu gebären“. Vielleicht stellt sich danach die Frage neu und anders.

Am Wochenende kann ich Dich nicht treffen, weil ich wegfahren will. Allein. Ich brauche Zeit zum Nachdenken.

Alles Liebe!

PS: Ist es nicht bemerkenswert, wie schon ein imaginäres Kind eine Beziehung verändert? Wie dann erst ein wirkliches?

Gerhard C. Krischker

JOHANNA

Liebesgedicht für meine Tochter

seit es dich gibt
heißt

der staubsauger
staubsauber
der waschlappen
naßlappen
der purzelbaum
sturzelbaum
der kaugummi
kakaugummi

das glück
johanna

Hanns-Hermann Kersten

KEIN WUNSCHKIND

Ein Spottgedicht

Ob meine Eltern an mich dachten,
als sie mich machten?
Es steht zu fürchten: leider nein!

Sie wurden sinnlich handgemein,
unfähig, in des Aktes Rasen
das Ganze schnell noch abzublasen,
es ruhig durchzureflektieren,
sich voreinander zu genieren
und durch Enthaltsamkeit zu zieren.

So mußt' ich ihnen halt passieren.
Gedankenvoll sei festgestellt:
ich kam gedankenlos zur Welt.

Und doch: gezeugt in dumpfen Gluten,
in Keuchen, Stammeln, Raserei,
streb' ich empor zum Geistig-Guten –
wie bring' ich das den Leuten bei?

Gabriele Wohmann

NIMM MICH MIT!

Wunsch-Gedicht

Ich will noch einmal Händchen haben
Und drei Mal bläst du mir den Löffel Suppe
Mundgerecht
Dein Blick ist so vertieft
Geht einwärts, rückwärts
Sieht dort mich
Den Löffel Suppe: äußerst wichtig
Mich zu ernähren!
Ich will noch einmal Beinchen haben
Dir pflücke ich das Unkrautsträußchen
Und du erklärst mir Unterschiede
Von Gerste Weizen Roggen Hafer
Aus was wird denn der Grieß gemacht
Vollmond in Arizona, sag wie kommt das
Gleichzeitig
Sorgt auch in China Mond für Wetterwechsel
Ich will noch einmal heimwärts gehen
Hochsommerliche Äcker gut betrachten
Den Waldeingang
Das ist die Rückkehr winterlich
Zur Erntezeit
Ich will noch einmal Ärmchen haben
Und drei Mal fügte ich in deine großen Arme
Mich ein
Friedliebend väterlich, du weißt ja dann
Dein Kindchen läuft gern einen Schritt
Hinter dir her, damit es rufen kann
Ach warte, warte, nimm mich mit!

Evamaria Miner

WENN ICH JETZT SCHWANGER WÄRE

Korrektur einer Entscheidung
Ein Selbst-Gespräch

Seit vierzehn Tagen gibt es eine neue Zeitrechnung. Die Zeit vor dem 16. Dezember '81 und die Zeit danach, und beide sind so verschieden voneinander wie zwei Leben.

In der Nacht warst Du noch lange bei mir, wie fast jede Nacht. Als Du gehst, bin ich seltsam unruhig, nicht unruhig genug, Dich festzuhalten. Am nächsten Morgen früh der Anruf: „Er ist heue Nacht schwer verunglückt!" Dieses merkwürdige Gefühl, als Du gingst. Ich habe es gewußt! Nichts habe ich gewußt, nichts!

Taxi, ich sollte ein Taxi nehmen! Mir ist schlecht vor Angst. Keine Zeit für ein Taxi! Aber fahr doch langsamer, Du Idiot! Nimm den Fuß vom Gas, die zwei Minuten nützen ihm auch nichts, komm, fahr langsam, es ist immer noch glatt!

Der Arzt an der Tür der Intensivstation: „Sind Sie seine Frau?" Nein, seine Freundin. „Ich darf Sie gar nicht hereinlassen", sagt er leise, dabei macht er die Tür schon auf. „Kommen Sie!" Oh Gott, Doktor, bist du ein Mensch, nicht nur eine Medizinmaschine?

Du an Schläuchen, die EKG-Elektroden auf Deiner Brust. Dein Gesicht verquollen. Ich sitze Stunden an Deinem Bett, rede zu Dir, obwohl Du mich nicht hörst, streichele Dich.

Zu Hause das Tigern durch die Wohnung: Wohnzimmer, Küche, Bad – hallo, Rasierpinsel –, Schlafzimmer und wieder von vorn. Kaffee, Zigaretten. Essen geht nicht. „Du mußt", sagen Freunde, „du mußt die Nerven behalten." Klar, aber wie macht man das? Schlafen geht nicht, Radio nicht, Lesen nicht. Musik geht: Brahms, erstes Klavierkonzert, nur Orchester am Anfang, spät der Klaviereinsatz.

Liebling, weißt Du noch, unser merkwürdiges Gespräch am Abend, bevor es passierte? Über Selbstmord – als letzte Möglichkeit, über

Krüppel: „Wenn Dir etwas passieren würde, ich würde Dich trotzdem weiterlieben." Ich Dich auch, Liebling.

Angst vor dem nächsten Jahr, 1982. Die Welt brennt: Polen, Afghanistan, Südafrika. „Ich liebe meine Kinder, hast Du gesagt, aber ich würde mich heute nicht mehr trauen, ein Kind in die Welt zu setzen. Es hätte keine Chance!"

Nein, auch deshalb keine Kinder! Ich habe noch viele Gründe, warum ich nie wollte: Meine verkorkste Mutter-Geschichte zum Beispiel, bis ich die im Kopf nicht klar habe, wäre ich eine Katastrophe für ein Kind. Mein Leben, das so gar nicht auf Kinder eingestellt ist, das ich liebe, das ich nicht ändern will, für ein Kind schon gar nicht – ich kann mit Kindern nicht viel anfangen.

Vor zwei Jahren einmal kurz die Irritation. „Die Geburt als der größte Orgasmus des Lebens", schreit es in der Frauenbewegung. „Ohne Kind nimmst du dir eine der wichtigsten Erfahrungen im Leben, du schöpfst deine Möglichkeiten nicht aus!" Die Irritation verfliegt schnell, ist nicht unter die Haut gegangen. Was heißt denn, ich schöpfe meine Möglichkeiten nicht aus? Wer denkt an das Kind, an seine Möglichkeiten? Kommt, Egoismus hat Grenzen!

„Du wirst sehen, wenn es erst einmal da ist, dann wirst du es lieben!" Ja, und wenn nicht? Ich kann es doch nicht zurückgeben wie einen kleinen Hund! Ich lasse mir von euch keine Schuldgefühle einreden, weil ich kein Kind habe. Ich bin keine halbe Frau, ich bin ganz, auch ohne Kind. Ich kämpfe mit Schreibmaschine und Mikrofon für humaneres Gebären, für Krankenhäuser, die die Kreißende nicht als Anlaß benutzen, ihre Apparate einzusetzen, für Hebammen und Ärzte, die die Frau als Person annehmen, nicht als Patientin. Eine Gebärende ist keine Patientin, ist nicht krank. Immer wieder laut sagen: Das ist meine Möglichkeit. Ich kann mithelfen, euch das Gebären leichter zu machen, schöner zu machen, menschlicher. Aber selbst ein Kind? Nein, nein. Das müßt ihr akzeptieren.

Vor ein paar Tagen plötzlich dieser wahnwitzige Gedanke: Wenn ich jetzt schwanger wäre? Liebling, Du wolltest kein Kind, ich wollte auch nicht. Wenn ich jetzt schwanger wäre? Du liegst noch immer bewußtlos auf der Intensivstation, seit fast zwei Wochen schon. Ich tigere noch immer durch die Wohnung, auf und ab. Nichts tun könne, nur warten, nur Angst haben. Wenn ich jetzt schwanger wäre?

Zehn Jahre die Pille ohne Aussetzen, damit bloß nichts passiert. Es ging mir, verdammt noch mal, schlecht mit dem Zeug! Aber bloß nichts riskieren. Dann sechs Jahre lang das Pessar: Schmerzen, Entzündungen, Antibiotika, Veränderungen am Muttermund – Krebs? Nein, das Fädchen hatte gescheuert. Zum Schluß Blutungen über vierzehn Tage. Da hatte ich endlich genug.

Ein neuer Arzt: „Ziehen Sie mir das Ding!" Und dann? „Nichts, Doktor, gar nichts. Sechzehn Jahre waren genug. Jetzt laß ich's drauf ankommen. Eine Abtreibung ist immer noch gesünder als dieser ganze Mist. Außerdem halte ich meine Chancen nicht mehr für sehr groß: 36 Jahre, da passiert das nicht mehr so schnell. Und drei schwere Eileiterentzündungen, ich nehme 'mal an, die sind völlig verklebt – da geht kein Ei durch!"

„Beweisen können wir es nicht", sagt der Arzt, „aber es spricht viel dafür, daß Sie Recht haben. Ich ziehe Ihnen das Pessar, und wenn es schiefgeht, helfe ich Ihnen. Reicht das?" „Das reicht, Doktor, das reicht."

Trotzdem, wie werde ich mich jetzt verhalten? Mein Kopf sagt: Da geht kein Ei mehr durch. Aber glaubt mein Gefühl dran? Sechzehn Jahre Verhütung, oft unter Qualen, damit bloß nichts passiert. Jetzt nichts mehr. Werde ich noch unbefangen ins Bett gehen, werde ich nicht doch rechnen?

Schon im ersten Monat weiß ich nicht, an welchem Tag ich bin. Im zweiten Monat habe ich die Möglichkeit einer Schwangerschaft völlig vergessen. Es ist wie eine Erlösung. Ich habe meinen Körper wiederbekommen.

Wenn ich jetzt schwanger wäre? Ich weiß nicht einmal, ob ich es mir wünsche, nur – der Gedanke läßt mich nicht los. Es wäre ein Stück von Dir. Es ist nicht einmal sicher, ob Du überlebst. Wie Du überlebst, werden wir erst in Monaten wissen. Es wäre ein Stück von Dir. Der Kopf sagt: Deine Gründe gegen ein Kind sind doch nicht plötzlich verschwunden. Er wollte schließlich auch kein Kind. Dagegen der andere Gedanke, aus dem Bauch: Die Gründe zählen nicht mehr. Die stimmten unter anderen Voraussetzungen. Dies ist eine neue Situation.

Aber ein Kind allein großziehen, so gut ist das auch nicht.

Ich würde das schon schaffen! Wie wird die Welt aussehen, wenn es groß ist? Mit Atomen und verseuchtem Wasser und verpesteter Luft. Kannst du das verantworten?

Mich hat auch keiner gefragt! Und würde es gesund sein, in deinem

Alter und dem ganzen Mist, den du deinem Körper und deiner Gebärmutter über all die Jahre angetan hast.

Man muß ja nicht immer gleich das Schlimmste annehmen! An das Kind denkst du überhaupt nicht mehr. Du denkst nur daran, ob es dir in dieser Situation mit einem Kinder besser gehen würde.

Ich wäre nicht die erste Frau, die aus Egoismus ein Kind bekommt. Dann denk an ihn wenigstens. Er würde kein Kind wollen.

Und wenn ich ihn nicht mehr fragen kann, weil es ihn nicht mehr gibt – muß ich auch dann noch Rücksicht nehmen?

Ich muß mich zusammennehmen. Ich habe zu viel Zeit zum Grübeln, da kann man auf sonderbare Ideen kommen. Versuch 'was zu lesen, geh spazieren, red' mit Leuten, fang' endlich wieder an zu arbeiten oder geh' ins Kino, irgendetwas. Tu irgendetwas! Du drehst langsam durch.

Und wenn ich doch schwanger wäre? Ich denke den Gedanken nicht zu Ende. Ich denke gar nicht an das Kind. Das Kind ist ganz weit weg. Im Moment ist nur dieses Ei mit dem Samen. Das Ei mit dem Samen, das irgendwann ein Kind werden würde – diese Möglichkeit eines Kindes.

Zwei Tage später ist es mit der Möglichkeit vorbei. Ich bekomme meine Periode fünf Tage zu früh und so stark, daß ich wegschwimme. Dabei nicht der leiseste Schmerz. Ich spüre nichts. Plötzlich wird es feucht. Dann schießt es nur noch aus mir heraus. Daß eine einzige Gebärmutter so viel Blut haben kann! Das Blut macht mich traurig. Es ist aus. Ich muß nicht mehr nachdenken, ich kann auch nicht mehr.

Hätte ich das Kind gewollt? Nein, wohl doch nicht. Aber ich hätte zum ersten Mal in meinem Leben gerne die Möglichkeit gehabt, es zu wollen.

Manfred Jahnke

ABGETRIEBENER KINDERWUNSCH

Beziehungsknatsch und Nachwuchssorgen
Eine Schilderung

Als sie sich kennenlernten, überließen sie auch in der Zeit der großen Liebe nichts dem Zufall. Zukunftsperspektiven wurden entworfen, Regeln für das Zusammenleben getroffen, Vorsorgemaßnahmen vereinbart für den Fall eines Unglücks, einer Lähmung, einer Erkrankung. Als sie eine gemeinsame Wohnung beziehen konnten, schien die Basis ihrer Beziehung diskursiv-argumentativ abgeklärt, die Zukunft positiv abgezirkelt.

Mit dem Einzug begann der Alltag. Allmählich entstand eine Leere. Dennoch gab es Augenblicke, da setzten sie sich wieder zusammen; versuchten, ihre Beziehung zu klären; analysierten ihre Situation; wollten Auswege aus den eingefahrenen Gleisen finden; versprachen sich, sich mehr Zeit füreinander zu nehmen. Aber es blieb bei Worten. Das Nebeneinander hatte längst das Miteinander verdrängt. Nach einem solchen Gespräch fiel ihm plötzlich auf, daß sie bei all ihren Diskussionen einem Thema ausgewichen waren. Nie hatten sie darüber gesprochen, ob in ihren Zukunftsplanungen ein Kind eine Rolle spielen würde. Während er noch forschte, warum sie ausgerechnet diesen Punkt ausgespart hatten, spürte er spontan den Wunsch: Ja, er wollte ein Kind.

Er verbarg den Gedanken, auch vor sich selbst. Als er sich endlich entschloß, ihn auszusprechen, war der Zeitpunkt falsch gewählt. Während er noch in mühsamen Worten – „bloß so'ne Idee" – abzumildern versuchte, rauchte sie nervös eine Zigarette. Es schien ihm, als ob seine Sätze viel zu lange in der Luft hingen, wieder herabstürzten, ihn zu erschlagen drohten. Endlich hörte er ihre Stimme. Sie hatte gerade, auf ärztliches Anraten, die Pille absetzen müssen. Ob er sie hereinlegen wolle? Ob er sich darüber im klaren sei, daß sie sich schon rein ökonomisch gar kein Kind leisten könnten? Ob ..., ob ... Er fühlte sich überfahren, ihr Ausbruch erschien ihm zu plötzlich. Aber er gab zu, bei Prüfung ihrer Argumente, daß der Schein der Vernunft für sie sprach. Er schwieg und stimmte der Vertagung des Themas zu.

In den nächsten Tagen spürte er Mißtrauen. Es wunderte ihn nicht mehr, daß sie mit einem Päckchen Pariser ankam. Er verzichtete auf eine Diskussion. Aber schon wenn sie begann, mit dieser Plastikhaut herumzuhantieren, empfand er Ekel. Er fühlte sich zur Maschine degradiert. Er ließ es mit sich geschehen. Es dauerte lange, bis sie es begriff. Sie, die sogleich wieder eine Lösung fand, forderte jetzt von ihm, dann, wenn sein Gefühl am stärksten war, abzubrechen. Er willigte ein. Weil er fürchtete, sein Widerspruch würde mißverstanden werden, weil er ihre Wärme suchte. Aber er spürte auch Entfremdung, die er erfolgreich verdrängte. Schon deshalb, weil er sich sagte, daß sie mit der Wahl dieser Methode des Beischlafs ihm vertraute. Denn die Verantwortung lag nun bei ihm.

Wenn er auch akzeptiert hatte, daß alle Vernunftgründe gegen ein Kind sprachen, ließ ihn der Gedanke daran nicht mehr los. Er verstand sich selbst nicht mehr. Er, der immer Vernunftgründen zugänglich war, er, der immer die Ratio über die Emotion stellte, er wollte plötzlich etwas, das eindeutig von Gefühlen getragen war, mehr noch, das seiner Vernunft widersprach. Hatte er nicht immer wieder nachgewiesen, wie unvernünftig es war, ein Kind in diese Welt zu setzen, die mit ihren drohenden Katastrophen keine Zukunft versprach? Warum spaltete sich jetzt sein Wünschen von seiner Vernunft ab? Warum dieser plötzliche, heftige Wunsch? Aus Männlichkeitswahn? Aus Verstrikkung in eine kleinbürgerliche Vergangenheit? Aus dem tradierten Bewußtsein von Familie? Oder: Endlich für einen Menschen Verantwortung tragen? Endlich einen Menschen neben sich haben, der ihn, wenigstens für ein paar Jahre, wirklich brauchte? Oder: Zuschauen, wie sich etwas entwickelt? Oder gar: Gefühl eigenen Versagens in einer emphatischen Zukunft aufzuheben? Das Kind als Anstoß, verlorenes Engagement zu reaktivieren, die Resignation des Schreibtischs wieder mit wirklich politischer Aktivität einzutauschen, weil es sich dann wieder lohnte, für eine Zukunft zu kämpfen? Oder diktierte diesen Wunsch nicht vielmehr das Bedürfnis, eine Beziehung, von der er fühlte, daß sie ihm entglitt, durch eine neue Bindung zu festigen?

Es gab etwas an dieser Beziehung, das nicht stimmte. Immer häufiger tauchten Schmerzen in der Magengegend auf, unbestimmt, nicht lokalisierbar, gegen die auch Beruhigungsmittel nicht mehr halfen. Es gelang ihm, sich in diesem Schmerz einzurichten, solange sie ihn nicht ständig mit ihrer Angst vor Krebs in Panik versetzte. Sie sprachen nur noch von ihren Schmerzen. Aber es lag an ihm, daß sie nie über deren Ursachen miteinander redeten. Er schwieg, weil er resigniert hatte; sie schwieg, weil für sie das Thema erledigt war.

Sie hatte gesagt, was zu sagen war, er hatte es akzeptiert, wenngleich sie sah, daß er Schwierigkeiten hatte. Sie hatte unmißverständlich Stellung bezogen. Sie spürte zwar seine Forderung, aber da er sich mit stummen Andeutungen begnügte, schien es ihr nicht gewichtig genug, noch einmal darauf einzugehen. Er war doch so stolz auf seine Sprache: Da konnte er die Anstrengung des Formulierens auf sich nehmen, wenn er wirklich wollte. Sie hatte genug damit zu tun, den Anforderungen des Berufsalltags zu entsprechen. Er bekam zunehmend Schwierigkeiten beim Schreiben seiner Artikel, wollte sie mit ihr besprechen. Sie entzog sich, verwies auf ihre Probleme mit der Schule, die sie aufzureiben drohten. Der Rektor. Die sogenannten Kollegen. Die Schulbürokratie. Er gab seine Versuche auf, schwieg, spürte, daß das Gemeinsame aufgebraucht war.

Das Arrangement wurde eines Tages gestört. Wie der Schwangerschaftstest verlaufen war, sah er ihrem bleichen Gesicht an. Er wollte beruhigend seine Arme um sie legen, aber sie stieß ihn zurück, beschuldigte ihn heftig, sie hereingelegt zu haben. Er verstand ihre Erregung, fühlte sich aber durch ihre Worte verletzt. Daß er deshalb schwieg, reizte sie umso mehr. Während sie eine Tirade von Schimpfworten herausstieß, ganz außer sich, saß er, unfähig, einen klaren Gedanken zu fassen, an seinem Schreibtisch, hüllte sich in die Rauchschwaden seiner Pfeife, hörte zu. Er spürte nur Leere. Ihren Redefluß zu unterbrechen, wagte er nicht; es erschien ihm außerdem sinnlos. Ihre Heftigkeit erstaunte ihn. Sie schrie ihn an – er solle gefälligst, wenn sie mit ihm rede, die Pfeife aus dem Mund nehmen; sie könne diesen Gestank nicht ertragen. Aber er schwieg. Und er blieb immer noch sprachlos, als sie ihm die Pfeife aus dem Mund riß, auf den Boden warf und solange auf ihr herumtrampelte, bis sie zerbrochen war.

Während er ihr zusah, bemerkte er, daß er ihr wie einer Fremden zusah. Es gab keine Nähe mehr. Dennoch erschrak er, als er sich plötzlich sagen hörte, das werde wohl einen Brandfleck im Teppichboden hinterlassen. Er hatte diesen Satz gesprochen – unwillkürlich, ohne Absicht. Sie sah ihn totenblaß an. Sie zitterte. Diese Gefühllosigkeit hatte sie nicht erwartet. Er stopfte schon wieder eine Pfeife.

Die Mitteilung, daß sie das Kind abtreiben lassen wollte, traf ihn hart. Jetzt fand er seine Sprache wieder. Er bat, sie möge mit einem solchen Gedanken noch warten; erregt, wie sie sei, könne man keine Entscheidung fällen; man müsse versuchen, miteinander zu reden, dahin zu kommen, eine Entscheidung gemeinsam zu tragen. Er verschwieg seine Betroffenheit, seine Traurigkeit darüber, daß sie ihn beschuldigte, sie hereingelegt zu haben.

Aber sie hörte nicht auf ihn. Sie beachtete ihn nicht weiter, nahm das Telefon und zog sich ins Schlafzimmer zurück. Sie brauchte es ihm nicht zu sagen – er ahnte, daß sie sich nun hektisch bei ihren Freundinnen nach Adressen erkundigte.

Er fühlte sich wie betäubt. Noch einmal versuchte er sich vorzustellen, wie es wäre, wenn sie ein Kind hätten. Obwohl er die Sehnsucht spürte, fühlte er, daß sein Wunsch nur eine abstrakte Hoffnung war. Daß er ihr eben wie einer Fremden zuschauen konnte, erfüllte ihn mit Schrecken. Auch wenn er sich klarmachte, daß sein Verhalten provozierend wirkte, auch wenn er einsah, daß sie gegen ihn den gleichen Vorwurf erheben konnte wie er gegen sie – daß sie sich nicht bemühte, ihn zu verstehen –, so erschien es ihm doch, als sei eine Grenze überschritten.

Am nächsten Tag kam sie erst heim, als die Nacht schon hereingebrochen war. Eine Freundin stützte sie. Sie war bleich und schwach. Von beiden wurde er ignoriert. Er wußte auch so, was geschehen war. Sie hatte ein Gespräch erst gar nicht abgewartet, sie hatte gleich Nägel mit Köpfen gemacht. Während die beiden Frauen nebenan hantierten, versuchte er sich darauf zu konzentrieren, das weiße Blatt vor ihm mit Buchstaben zu füllen.

Erst lange nachdem die Freundin gegangen war, fand er die Kraft, zu ihr hinüberzugehen. Sie war wach. Wortlos streichelte er sie. Sie ließ es sich gefallen. Schließlich fragte er doch, warum sie es getan habe, warum sie nicht ein Gespräch abgewartet habe. Sie lächelte schwach. Ob er denn immer noch nicht begriffen habe, daß sie nie ein Kind hätte haben wollen? Sie wolle ihre Freiheit, sie wolle leben; ein Kind würde sie binden, hindern an einem Leben, wie sie es wolle. Ein Kindskopf reiche ihr schon. Hätte er das wirklich nie begriffen? Nein, er hatte es nicht begriffen.

Sanft rückte er die Bettdecke zurecht, als sie ihn bat, er möge sie schlafen lassen. Alle Zärtlichkeit war noch nicht aufgebraucht. Leise ging er zu seinem Schreibtisch zurück. Irgendwann gegen Morgen fing er an zu weinen.

7 Wochen

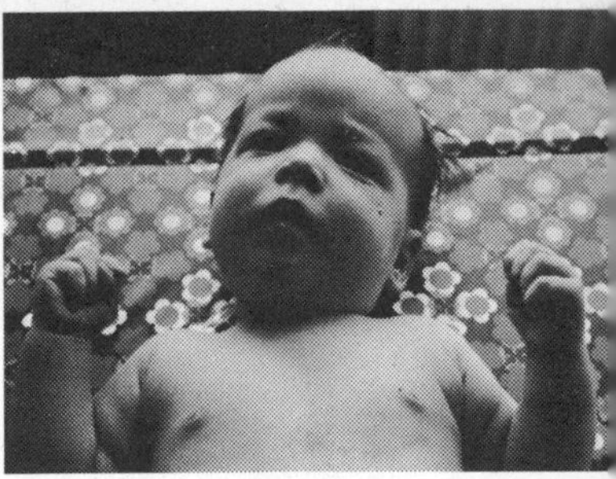

12 Wochen

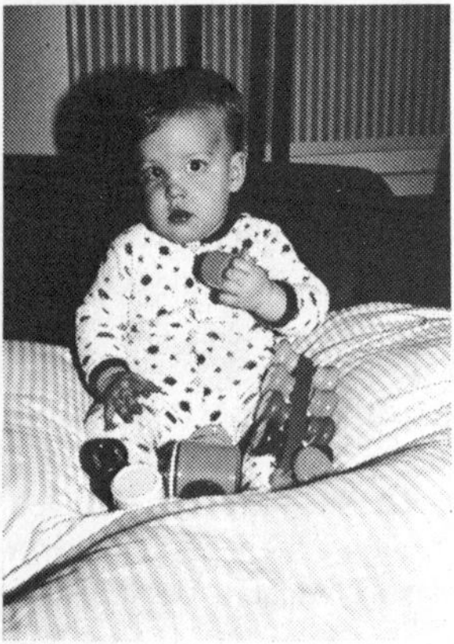

8–9 Monate

Heidi und Heinz Lange

UNSER JENS

Ein Wunschkind
Aus dem Fotoalbum

13 Monate

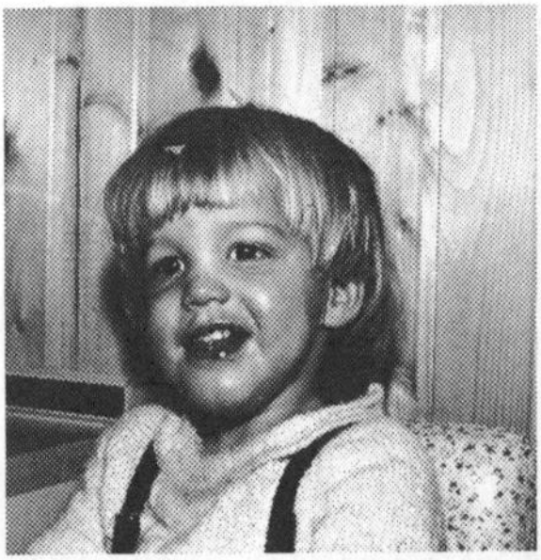

1½ Jahre

7 Monate

8 Monate – Weihnachten

15 Monate

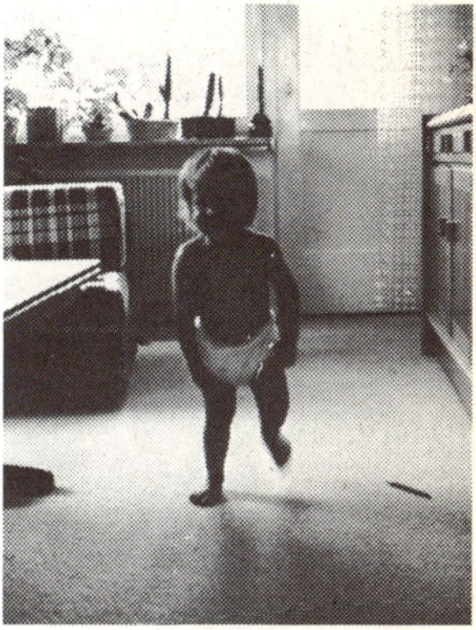

16 Monate

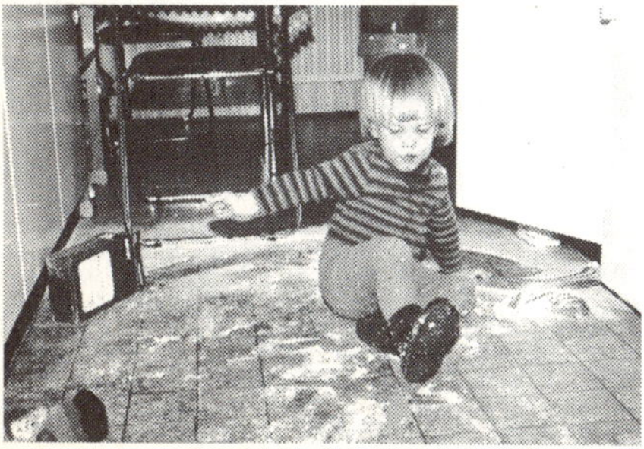

1½ Jahre

1¾ Jahre – Weihnachten

Helge Maria Heinze

SCHIEF GEWICKELT!

Gedanken eines Ungeborenen an seine potentiellen Eltern
Eine Rede

Ehe ihr mich zeugt, empfangt, gebärt, ehe ihr womöglich denkt, in meiner Ankunft auf diesem Stern liege euer ganz persönliches Glück, ehe ihr euch also zu der Entscheidung durchringt, ein Kind zu haben – laßt euch warnen. Ihr werdet es bitter bereuen. Ich bin nämlich kein süßer Wonneproppen, den man stolz den Großeltern vorführen kann, auf daß sie in ein entzücktes Aaah ausbrechen. Ich bin ich – und das ist alles andere als niedlich. Und ich lehne Eltern ab. Stellt euch vor: Alles, was ihr mit mir veranstaltet, werde ich boykottieren. Den Schnuller werde ich in hohem Bogen ausspucken, eure Beruhigungstees werde ich euch als Fontäne zurückgeben. Jede Nacht schreie ich aus Leibeskräften, denn ich bin gewillt, euch keine Ruhe zu gönnen. Seufzend werdet ihr euch ansehen und gar nicht mehr wagen, richtig einzuschlafen. Es wird so schlimm sein, daß ihr mich auch nicht bei Freunden, Großeltern oder Tanten unterbringen könnt, wenn ihr mal was vorhabt, denn ich bin berüchtigt für mein quengeliges Wesen. Nur wenn ihr mit mir spielt, mich streichelt, mich auf den Arm nehmt und mit mir sprecht, werde ich einigermaßen friedlich sein. Dann kann ich mich auch mal zu einem leichten Lächeln durchringen. Aber wehe, ihr wollt mich ins dunkle Bettchen legen, um ungestört euren dubiosen Geschäften nachzugehen! Feierlich erkläre ich, daß ich in solchen Fällen das ganze Haus, was sage ich: die ganze Nachbarschaft zusammenbrüllen werde. Als Kinderquäler steht ihr dann da, als herz- und lieblose Erwachsene, die nicht wissen, wie man einen Säugling behandelt. Die guten Ratschläge (in süßlich-schadenfreudigem Unterton vorgetragen) werden auf euch niederprasseln: Meiner hat auch immer ... das hat damals sehr gut geholfen ... Pustekuchen. Bei mir hilft nichts, absolut nichts, meine Lieben! Ihr habt euch mit mir einen

Total-Verweigerer eingehandelt. Das Absingen von Liedern, das Vorführen von Spielzeug – ob pädagogisch oder gerade in Mode –, Konsultationen bei allerhand Spezialisten – es beeindruckt mich nicht. Überhaupt nicht. Doch das wird erst das Vorspiel sein. Denn wenn ihr euch gerade einbildet, die Rolle der Eltern eines schwierigen Kindes recht gut zu meistern (ich sehe es schon richtig vor mir, wie ihr euch sonnt in eurem Leid), werde ich neue Nummern abziehen. Und was für welche. Ich freue mich schon darauf, daß ich, habe ich erst Laufen gelernt, nicht mehr so ohne weiteres von euch stillgelegt werden kann. Meine Devise wird sein, euch auch weiterhin ständig in Trab zu halten. Alles, was in meiner Reichweite liegt, jeden Gegenstand werde ich beschmieren, zerkratzen, kaputtmachen. Keine Minute sollt ihr Ruhe haben. Ich werde nicht brav aufs Töpfchen gehen. Den positiven Einfluß von gleichaltrigen Spielkameraden werde ich im Handumdrehen ins Negative verkehren. Den „Aufstand der Zweijährigen" werde ich ausrufen, auf daß alle anderen Eltern erschreckt und verstört ihren Nachwuchs unter Verschluß halten, damit sie meinem schädlichen Einfluß entzogen sind. Doch mein Kampf gegen euch geht weiter, auch wenn ich allein dastehe. Tischdecken, Geschirr, Elektrogeräte – nichts ist vor mir sicher, meine Zerstörungslust ist unersättlich und nicht zu bändigen. Autofahrten zum Beispiel, die ihr mit mir unternehmt (ihr könnt nur das Auto benutzen, denn in öffentliche Verkehrsmittel wagt ihr euch mit mir nicht) – Autofahrten also werden zur reinsten Qual. Zwar könnt ihr mich festschnallen, aber mein Schreien und Brüllen ist nicht zu unterbinden. Und so wird es weitergehen. Kindergarten, Schule, Lehre oder Studium ... ich prophezeie, daß es unerträglich mit mir werden wird. Alle Disziplinierungsversuche von euch Erwachsenen lehne ich nicht nur ab – das tun schließlich fast alle Kinder –, nein, bei mir werden sie das genaue Gegenteil bewirken. Es wird der reinste Horror-Trip für euch sein. Andere Eltern, die ebenfalls ab und zu Schwierigkeiten mit ihren Sprößlingen haben, werden sich angesichts eurer unübertrefflich miserablen Situation glücklich schätzen, trotz allem eine einigermaßen wohlgeratene Tochter oder einen halbwegs braven Sohn großgezogen zu haben.

Ihr fragt, warum ich euch dies alles zumuten will? Seht ihr – allein diese Frage beweist, daß ich recht habe mit meinem Vorsatz, euch das Elterngefühl auszutreiben. Denn ich habe schließlich mitgehört, wie ihr diskutiert habt, ob ihr mich nun das Licht dieser Welt erblicken lassen wolltet oder nicht. Das Für und Wider habt ihr stundenlang, ja monate- und jahrelang durchgekaut:

Können wir uns das leisten? Wer von uns gibt seinen Job auf, oder arbeitet nur stundenweise? Was wird, wenn das Kind mal krank ist? Und wie regeln wir das mit unseren gesellschaftlichen Verpflichtungen? Denn so alternativ wie viele andere, daß sie beispielsweise ihre Kinder überallhin mitnehmen, möchten wir uns denn doch nicht gebärden. Muß man seine Hobbies einschränken? Ja aber – die Geigerei im Laienorchester, die brauche ich nun wirklich, allein zur Entspannung. Nach dem Streß im Büro! Und meine Arbeit in der GEW? Erst neulich war das überaus wichtig, daß ich dabei war ... Gewiß, wenn man sich entschließt, ein Kind zu bekommen, muß man auf manches verzichten. Aber irgendwie gehört so ein Kind zur Selbstverwirklichung dazu. Als menschliche Grunderfahrung, meine ich. Und außerdem würde es mir viel geben, wirklich!

Gerade, wenn man eine depressive Phase hat, kann ein Kind sehr positiv wirken. Darüber hinaus muß ja auch gesagt werden, daß man nicht einfach so in den Tag hinein leben will. Irgendeine Sinnerfüllung muß es doch geben! Wenn ich bedenke, daß sonst gar nichts von einem übrigbleibt ... Und schließlich will man sich ja auch weiterentwickeln, nicht wahr? Immer im gleichen Trott, das ist auf die Dauer eminent frustrierend. Da bietet ein Kind, denke ich, wirklich eine Chance. Und dann wächst man ja auch mit der Aufgabe. Natürlich nimmt man da eine unheimliche Verantwortung auf sich, das ist schon klar. Aber irgendwie stelle ich mir das schon sehr schön vor. Allerdings muß man selbstverständlich generell überlegen, ob man tatsächlich ... ich meine, in dieser chaotischen Welt, unter diesen schlimmen Verhältnissen? Energiekrise, Umweltverschmutzung und das alles. Allein die Hochrüstung! Doch von den äußeren Bedingungen abgesehen – was wäre, wenn die Partnerschaft in die Brüche ginge? Und überhaupt, all die kleinen Alltäglichkeiten wie Urlaub usw., wie soll das geregelt werden?

So ging es endlos weiter mit euch, meine potentiellen Eltern. An mich habt ihr dabei am wenigsten gedacht. Alles Vorspiegelung. Von wegen bedrohte, unheile Welt. Ihr wollt euch nur nicht aus eurer Ruhe aufscheuchen lassen. Ihr Psycho-Chaoten! Ich soll für euch den Therapeuten spielen? Ihr Selbstverwirklicher! Ihr denkt, man könne mich abstellen wie einen Fernseher? Ihr Frust-Wiederkäuer! Ausgerechnet ich soll euch auf angenehme Weise die Langeweile vertreiben? Ihr Sensibelchen! Ihr sucht in mir den Sinn der Welt? Ihr Egotripper und Nabelbeschauer! Glaubt ihr tatsächlich, ich sei die Rettung aus eurer Not? Da seid ihr gründlich schief gewickelt. Ohne mich.

Regina Wallinger

Meine Eltern

Ich finde meine Eltern ganz in Ordnung. Einige Eltern sagen immer, wenn ihr Kind eine Drei nach Hause bringt, oder noch schlechtere Noten, sie hätten nur Einsen und Zweien geschrieben. Doch das ist Quatsch. Sie sind oft auch nicht viel besser. Bei meinen Eltern ist das nicht so. Einige Eltern schimpfen wegen jeder Kleinigkeit. Das finde ich blöd. Davon werden die Kinder auch nicht braver, im Gegenteil! Zu Hause sind sie zwar lieb, aber in der Schule sind sie furchtbar agressis und verkloppen jeden, der sie ein wenig beleidigt. Das hilft den Kindern auch nicht. Und wegen jeder Kleinigkeit zu schlagen, finde ich auch doof. Bei meinen Eltern ist das anders. Nur wenn es dick kommt, knallt es. Ist auch mal nötig. Sonst bin ich mit ihnen zufrieden. Nur das Taschengeld könnte ein wenig höher sein....

Petra Olschewski

BILD-KIND UND KINDER-WUNSCH

Wie Amateur-Fotos eine Geschichte erzählen
Thesen und Interpretationsversuche

Kind-Geburt heißt Kamera-Kauf!

Daß heutzutage jeder weiß, wie er als Kind ausgesehen hat und von welchen Menschen er umgeben war, verdankt er nicht nur der Erfindung der Fotografie. Sondern dem Wunsch seiner Eltern, das „Ereignis Kind" im Bild festzuhalten. Elternstolz steht in engem Zusammenhang mit der Bereitschaft zum Fotografieren. So ist denn auch die Geburt eines Kindes der häufigste Anlaß zum Kauf einer Kamera, falls die Eltern nicht schon zu jenen über 50 Prozent der Haushalte gehören, in denen bereits eine vorhanden ist. Daß Wertschätzungen und Wünsche sich in Fotos ausdrücken, hat auch etwas mit der Geschichte der Fotografie zu tun.

Jeder kann sich ein Bild machen!

Die Fotografie selbst ist gerade 150 Jahre alt und hat in dieser relativ kurzen Zeit einen Verbreitungsgrad erreicht, wie kein anderes abbildendes Medium zuvor. Mit der Erfindung und Entwicklung neuer Technologien und der damit verbundenen Aufnahme des fotografischen Verfahrens durch breite Bevölkerungsschichten haben sich verschiedene soziale Gebrauchsweisen entwickelt. So ist neben der berufsmäßig betriebenen Fotografie mit der Geburtsstunde von kleinen, schnellen und immer einfacher zu bedienenden Kameras die sogenannte Amateurfotografie entstanden. Deren Motive und deren Ausdruck haben sich nach ganz anderen Gesichtspunkten entwickelt als dies von den Bildern der Profis bekannt ist. Ihren Anfang nahm diese Entwicklung mit der *Kodak Nr. 1*, die George Eastman im Jahre 1888 mit dem Slogan „Sie drücken den Knopf, wir besorgen das übrige" auf den Markt brachte. Die Einfachheit, mit der diese Kamera bedient werden konnte, machte die Fotografie in breiten Kreisen der Bevölkerung populär. Seither kann jeder sich ein Bild machen – von sich, von den anderen und von allem, was ihm lieb, teuer und erinnerungswürdig ist.

Der Knipser ist Familienvater!

Um gleich einem Mißverständnis vorzubeugen: Es geht hier in erster Linie nicht um jene „anspruchsvollen“ Hobbyisten, die zwischen effektvoll fotografierten Sonnenauf- und Sonnenuntergängen die Welt ins rechte Licht rücken. Es geht um jene ganz einfachen Knipser, die, oberflächlich betrachtet, tatsächlich nur zur Erinnerung fotografieren. Es geht um den sozialen Gebrauch der Fotografie innerhalb des Alltagslebens. Deshalb hat man auch verschiedentlich von Alltagsfotografien und *Familienfotografie* gesprochen.

Private Fotos werden öffentlich!

Bislang wurden diese Fotografien als sentimentale Knipsbildchen abgetan. Sie wurden als Auswüchse eitlen Prestigedenkens eher bemitleidet, Motto: „Die wollen ja nur zeigen was sie haben und wo sie waren!“ So blieben diese Bilder das, was sie jahrzehntelang waren – privat. Das hat sich schlagartig geändert. Soziologen, Psychologen und Medienwissenschaftler entdeckten in diesem privaten Bilderberg ihr bevorzugtes Forschungsfeld. Was privat war, soll es nicht länger sein. Das Stöbern in alten Fotoalben ist in Mode gekommen.

Der eine sieht in den unscheinbaren Bildern sozialhistorisches Quellenmaterial, der andere versucht in psychoanalytischer Praxis über Familienfotografien an verschüttete frühkindliche Erinnerungen heranzukommen, und jetzt wurde sogar das Fotoalbum einer amerikanischen Entkleidungskünstlerin zum Ausgangspunkt wissenschaftlichen Diskurses.

Bild-Lese-Methode ist unklar!

Wie man sich methodisch den Unmengen existierender Amateurfotos nähern soll, ist weitgehend ungeklärt. Die Geschichte der Amateurfotografie ist noch nicht geschrieben, Forscher täten sich auch schwer. Denn es gälte, eine Aufgabe in Angriff zu nehmen, die etwa zu vergleichen wäre mit der Aufarbeitung von 150 Jahren privater Literaturproduktion. Man ist also auf Einzelfallanalysen angewiesen, auf Stichproben, und es existieren einige wenige wissenschaftliche Untersuchungen.

Das Nicht-Alltägliche wird Bildinhalt!

Was ich in diesem imaginären Fotoberg finde, ist immer wieder ähnlich, ähnlich schön, vom Alltag verschieden. Dominierend sind Motive aus dem Familienleben, aus dem Urlaub, durchsetzt von einigen Kuriositäten – auch diese schön, harmonisch und farbenfroh, geglättet. Die Familienfotografie begleitet die angenehmen Seiten des Lebens. Der Alltag ist gegenwärtig, drängend, muß bewältigt werden – kein Grund ihn mit einer Fotografie zu feiern. Oder wie ein Amateur es einmal ausgedrückt hat: „Früher habe ich meinen Arbeitsplatz öfter fotografiert, aber das kam bei der Familie nicht so an; deshalb mache ich das nicht mehr. Man hat ja heute auch nicht mehr so viel Grund, auf seine Arbeit stolz zu sein."

Beliebter bei der Familie sind da Fotos, die die Höhepunkte des Lebens wiedergeben: Private Feste, Weihnachten – alle Jahre wieder, Geburtstagsfeiern, Urlaub und natürlich die Eckpunkte jeder Biografie – Taufe, Erster Schultag, Konfirmation, Hochzeit. Diese Anlässe werden in allen Bevölkerungsschichten, seit der Erfindung der Fotografie, als bildwürdig angesehen. Das Foto unterstreicht die Wichtigkeit dieser Ereignisse. Es dokumentiert die persönliche Entwicklung, erinnert daran, wie einer war, wie er sich entwickelt hat, und es versammelt bruchstückhaft Träume, Wünsche und Hoffnungen. Die Bilder, die einer macht und die einer sammelt, folgen einem geheimen Plan. Sie sind nicht gradlinig, eher assoziativ aufeinander bezogen, und genauso wollen sie auch verstanden werden. Über die oberflächliche Abbildung hinaus, wie beispielsweise eine Person ausgesehen hat, können Bilder Auskunft geben über ihre Stellung in der Familie, über bestimmte Erziehungspraktiken usw.

Die Fotografie schafft Kontinuität und bietet Ersatzhandlungen!

Ein Fest etwa als Höhepunkt sozialen Lebens, zu dem die Familie zusammenkommt, belebt die Gruppenzugehörigkeit und beschwört Einheit. Die Fotografie gehört dazu! Sie hält Erlebtes über den aktuellen Moment hinaus fest und verleiht ihm Bedeutung. Sie dokumentiert damit einen Zusammenhang, wo unter Umständen zunächst gar kein ‚Zusammenhang' war. Ich habe eine Fotografie gesehen, die im Vordergrund ein Silber-Hochzeitspaar zeigt. Im Hintergrund sind die Köpfe der vier Kinder des Paares zu sehen; drei davon erscheinen merkwürdig groß. Des Rätsels Lösung: Diese drei Kinder waren am Festtage nicht anwesend. Der Fotograf hat auf Wunsch der Mutter das Foto am Jubiläumstag so aufgenommen, daß später mit drei Paßfotos der Abwesenden eine Collage hergestellt werden konnte – die „komplette“ Familie wird gezeigt. Ein „Kinderherbeiwunsch“, wenn man so will. Die Fotografie schafft ein Gefühl von Kontinuität in einer gesellschaftlichen Entwicklung, die die zunehmende Loslösung familiärer Bindungen mit sich bringt.

Foto 1

Foto 2

Fotos dokumentieren Kinderwünsche!

Zufallsfunde sind die Bild-Beispiele, die ich hier vorführe zum Thema Kind und Kinderwunsch. Die Fotos sind dem Bestand einer Familie entnommen. Da wird einmal eine Puppe auf dem Schoß der Mutter zum Symbol für ein Kind. Ein andermal wird die gleiche Puppe, ursprünglich ein Weihnachtsgeschenk für die Tochter, für eine Aufnahme vor das Haus geholt und steht stellvertretend für Geschwister. Der entsprechende Wunsch nach einem weiteren Kind in der Familie wurde in einem begleitenden Interview deutlich. Das ist im Foto präsent durch Gestik und Haltung, die der Puppe entgegengebracht wird. Als Spielzeug kam sie für die Tochter nie in Betracht.

Alltagsfotografien zu betrachten und zu entziffern erfordert eine Lesart, die sich an körpersprachlichen Elementen, an sozialem Background, am Zeitgeist und an konkreten Anhaltspunkten aus der Lebensgeschichte der betreffenden Person oder der Familie orientiert. Über ihren privaten, biografischen Gehalt hinaus transportieren diese Bilder eine objektive Bedeutung, die auf das Wertsystem der jeweiligen Gruppe zu ihrer historisch gewordenen Zeit verweist.

Foto 3

Foto 4

Kinderfotos sind Erziehungsmittel!

Kinderfotos mit Puppe sind nicht einfach Erinnerungsfotos an Weihnachten, an ein bestimmtes Lebensalter. Sie dokumentieren die Einübung in die Geschlechterrolle. Sie dokumentieren die Unterstützung dieser Erziehungspraktik durch die Fotografie selbst. Die Fotografie ‚an sich' und der Akt des Fotografierens schreiben eine Situation fest und verleihen ihr ein besonderes Gewicht. Das fertige Bild bestätigt noch einmal die Pose und deren Inhalt, wenn es später in der Familie betrachtet und besprochen wird. Die Kinder in den Beispielen wurden angehalten, für die entsprechende Fotografie die Pose eines bestimmten Rollenverhaltens einzunehmen. Das Foto bestätigt dieses Verhalten und ist zusätzlich Belohnung. Denn fotografiert zu werden heißt

Wertschätzung, Zuneigung und bedeutet Befriedigung narzißtischer Wünsche. Das Kind will umso mehr gefallen, da der Fotograf in der Regel eine nahestehende Bezugsperson ist, meist der Vater.

Verfolge ich nun diese Seh-Erfahrung durch den gesamten Fotobestand einer Familie, dann kann ich gerade anhand der immer wiederkehrenden Fotografier-Anlässe, Beispiel Weihnachten, interessante Veränderungen ausmachen. Hält das Mädchen in der Abbildung 3 beispielsweise ihre Puppe noch eher unbeholfen, stärker fasziniert vom fotografiert werden, so zeigt die vierte Abbildung, ebenfalls an Weihnachten aufgenommen, bereits ein rollenkonformeres, geradezu mütterliches Verhalten.

Die Wahl der Pose ist bei Kinderfotos meist vom Fotografen bestimmt. Später ist sie quasi verinnerlicht und zur Konvention geworden. Die Fotos 5 und 6 zeigen zwei junge Frauen, die mit Kindern posieren. Die Haltungen sind der des kleinen Mädchen mit seiner Puppe von Bild 7 sehr ähnlich. Die beiden jungen Frauen, dem Alter der Puppenmütter entwachsen, aber noch nicht selbst Mutter, spielen in diesen Aufnahmen die mütterliche Rolle durch, leihen sich für den Zeitpunkt des Fotografierens die dazugehörenden Kinder aus. Beide Fotos tauchen jeweils auf einer anderen Seite des Albums in

Foto 5

Foto 7

Foto 6

Kombination mit einem Ganzportrait der entsprechenden Frau wieder auf. Sie werden dort zur fotografischen Beschreibung der Person benutzt.

Bei Großeltern offenbart das Kinder-Spiel geheime Sehnsüchte. Im Alter richten sie sich die Kindheit ein, die sie gerne gehabt hätten. Klein-Kino und Wunscherfüllung demonstrieren die Schnappschüsse 8 und 9. In der Umkehr zeigt sich der Kinder-Wunsch als Regress, als Infantilisierung.

Foto 8

Foto 9

KLEIN KIND

Gisela Elsner

IM WOCHENBETT

„Sie müssen sie ganz einfach in den Arm nehmen"
Eine Erzählung

Vor ihrem Bett angelangt, blieb Olga Deisinger einen Augenblick unschlüssig stehen und warf einen Blick auf den Roman auf dem Nachttisch, den sie sich für den Klinikaufenthalt mitgebracht hatte. Doch sie hatte keine Lust zu lesen. Sie betastete ihren Bauch, der sich zu ihrem Ärger noch immer vorwölbte. Sie betastete ihre Brüste, die sich merklich vergrößert hatten. Und nicht zum ersten Mal seit der Geburt ihres Töchterchens überkam sie die Angst, daß ihre Figur durch die Schwangerschaft möglicherweise dauerhaft gelitten haben könnte. Aufseufzend streckte sie sich lang auf dem Bett und führte die gymnastischen Übungen aus, die ihr einer der Assistenzärzte, der dunkelhaarige, dunkeläugige, überaus männlich aussehende Doktor Borelli, am Morgen beigebracht hatte. Sie versuchte dabei, sich Doktor Borelli vorzustellen, der ihr sehr viel besser gefiel als ihr Mann. Sie fragte sich, ob sie ihn wohl ebenso beeindruckt hatte, wie er sie. Doch gleich darauf verflüchtigten sich ihre Gedanken an ihn. Die gymnastischen Übungen beanspruchten ihre volle Aufmerksamkeit. Sie geriet außer Atem. Sie fühlte, daß sie zu schwitzen begann. Trotzdem setzte sie die Übungen so lange fort, bis eine der Schwestern ihr Töchterchen ins Zimmer brachte.

Obwohl sie überhaupt nicht an das Kind gedacht hatte, ging sie unverzüglich dazu über, die glückliche Mutter zu mimen.

Ja, da ist sie ja endlich, rief sie und sie streckte die Arme nach dem Kind aus, das mit einem Mal leise zu wimmern begann.

Warum weinst du denn, wenn ich dich zu deiner Mama bringe, fragte die Schwester das Kind.

Du bist doch eine kleine Dame, sagte sie. Ein richtiges kleines Fräuleinchen. So ein kleines Fräuleinchen darf doch nicht weinen.

Das kleine Fräuleinchen wird Hunger haben, sagte Olga Deisinger.

Hast du Hunger, mein kleines Fräuleinchen, fragte sie das Kind, und sie öffnete die Jacke ihres pinkfarbenen Hausanzugs, tränkte einen Wattebausch mit Alkohol und fing an, die Brustwarze auf ihrer linken Brust zu reinigen. Als sie fertig war, legte ihr die Schwester das Kind in den Arm. Olga Deisinger schob ihm die Brustwarze in den Mund. Das Kind fing sogleich zu saugen an. Die Schwester blieb für einen Augenblick mit einem süßlichen Lächeln vor dem Bett stehen. Dann verließ sie das Zimmer.

Bist du schon ein richtiges kleines Fräuleinchen, fragte Olga Deisinger, die in einem Buch gelesen hatte, daß man von Anfang an mit einem Kind reden sollte.

Ja, du bist ein richtiges kleines Fräuleinchen, sagte sie, und sie betrachtete ohne Wohlgefallen ihr Töchterchen, das von der Geburt zwei riesige Beulen am Hinterkopf hatte. Seine Augen waren schlitzförmig und blaßblau wie die Augen aller Neugeborenen. Seine Nase wirkte etwas breitgedrückt. Seine Ohren standen ein wenig ab und hatten auffallend lange Ohrläppchen. Auf seinem Kopf sprossen zentimeterlange, dünne, dunkelbraune Haare. Über seiner Stirn hob und senkte sich mit dem Pulsschlag die Fontanelle. Reizend fand Olga Deisinger allein die kleinen Händchen, die zu Fäusten geballt waren. Sie öffnete vorsichtig eine der beiden Fäuste und schob ihren Zeigefinger in das Händchen des Kindes, das sich sofort um den Finger schloß.

Hältst du meinen Finger fest, fragte sie das Kind

Ja, du hältst ihn fest, fi-fa-fest hältst du ihn, sagt sie, ohne die Augen von dem Kind zu lassen. Sie fragte sich, ob sie es liebe. Sie horchte in sich hinein. Aber außer einem leichten Angstgefühl empfand sie nichts. Obwohl sie das Kind neun Monate lang ausgetragen hatte, kam es ihr fremd vor. Es hätte ebenso gut das Kind einer anderen Wöchnerin sein können. Mit einem gewissen Ekel beobachtete sie, wie gierig es an ihrer Brust saugte. In seinen Mundwinkeln entdeckte sie Reste der weißlichen Muttermilch. Plötzlich hörte das Kind zu saugen auf. Es drehte den Kopf zur Seite und die Brustwarze glitt aus seinem Mund. Wiederum fing es leise zu wimmern an. Erregt näherte Olga Deisinger die Brustwarze von neuem dem Mund des Kindes, das ein paar Mal daran saugte, ehe es sie aus dem Mund rutschen ließ.

Ja, warum trinkst du denn nicht mehr, fragte sie das Kind, und sie nahm ihre linke Brust in die Hand und drückte vergleichsweise heftig darauf. Zu ihrer Bestürzung stellte sie fest, daß die Brust keine Milch mehr enthielt. Sie schloß ihre Hausanzugjacke, legte sich eine frische

Windel über die Schulter und richtete das Kind dergestalt auf, daß es mit der Brust ihre Brust berühte und mit dem Kopf ihre Schulter überragte.

Machst du jetzt ein feines Bäuerchen, fragte sie das Kind.

Jetzt macht das kleine Fräuleinchen ein feines Bi-Ba-Bäuerchen, sagte sie, und sie rieb mit der Hand über den Rücken des Kindes, das nun heftig aufstieß und dabei einen Schwall Muttermilch von sich gab. Er durchnäßte außer der Windel auch die Schulterpartie des pinkfarbenen Hausanzugs.

Ärgerlich legte Olga Deisinger ihr Töchterchen auf das Bett und besah sich den Schaden. Der leicht säuerliche Geruch der Muttermilch widerte sie an. Sie ging ins Badezimmer, zog sich die Jacke aus und wusch die beschmutzte Stelle im Waschbecken. Während sie die Jacke über die Badewanne hängte, fing das Kind wiederum zu wimmern an. Mit dem Gefühl, überfordert zu werden, stürzte sie zu ihrem Bett und warf einen Blick auf das Kind, das in der Zwischenzeit noch einen weiteren Schwall Muttermilch von sich gegeben hatte. An seinem Kinn und auf seinem rosafarbenen Jäckchen klebte die weißliche, leicht säuerlich riechende Flüssigkeit. Sein Kopf war rot angelaufen. Sein Mund war weit aufgerissen, so daß seine zahnlosen Kiefer sichtbar waren. Seine Arme und Beine bewegten sich hastig auf und nieder.

Für einen Augenblick stand Olga Deisinger völlig fassungslos vor dem Bett. Zum ersten Mal fühlte sie, daß sie der Verantwortung, die sie das Kind betreffend zu tragen hatte, nicht gewachsen war. Sie bedauerte, daß ihre Mutter und ihre Schwiegermutter nicht da waren. Sie war den Tränen nah. Das einzige, was sie am Weinen hinderte, war die Tatsache, daß sie sich die Augen erst vor kurzem geschminkt hatte. Schließlich klingelte sie nach der Schwester. Als die Schwester nicht unverzüglich erschien, zog sie sich eine Pyjamajacke und einen Morgenmantel über und machte sich eiligst auf den Weg zum Schwesternzimmer. Doch auf halber Strecke packte sie die Angst, das Kind könnte womöglich aus dem Bett gefallen sein. Sie stürzte zurück ins Krankenzimmer, wo ihr Töchterchen aus Leibeskräften schreiend im Bett lag. Als sie sich dem Bett näherte, erschien die Schwester in der Tür. Sie warf Olga Deisinger einen fragenden Blick zu. Voller Erregung erklärte ihr die, daß sie nicht mehr wisse, was sie tun solle.

Sie hat zweimal einen Schwall Milch von sich gegeben, sagte sie.

Aber das ist doch kein Grund zur Aufregung, meinte die Schwester.

Sie hat ohnehin zu wenig Milch bekommen, sagte Olga Deisinger.

Warum schreit sie nur so, erkundigte sie sich.

Sie müssen sie ganz einfach in den Arm nehmen, sagte die Schwester, und sie ging auf das Bett zu, nahm das Kind in den Arm und spazierte mit ihm im Krankenzimmer auf und ab. Das Kind hörte sofort zu schreien auf. Olga Deisinger brach in ein hysterisches Gelächter aus. Die Schwester gab ihr das Kind.

Sie müssen es lernen, allein mit ihr fertig zu werden, sagte sie, ehe sie das Zimmer verließ.

Olga Deisinger ging mit dem Kind im Arm im Krankenzimmer auf und ab. Sie wußte nicht, was sie zu ihm sagen sollte. Mit einemmal kam es ihr abgeschmackt vor, ihm Fragen zu stellen und sich selbst darauf Antworten zu erteilen. Immer wenn sie am Fenster angelangt war, sah sie hinab auf den Park der Frauenklinik, in dem zu dieser Tageszeit vor allem Schwangere, die auf das Einsetzen der Wehen warteten, und ältere Patientinnen, die sich einer Unterleibsoperation hatten unterziehen müssen, spazieren gingen. Die Wöchnerinnen hielten sich derzeit allesamt mit ihren Säuglingen in den Krankenzimmern auf. Olga Deisinger schätzte, daß sie sich noch eine Viertelstunde mit ihrem Töchterchen zu beschäftigen hatte. Es kam ihr so vor, als verstriche die Zeit lähmend langsam. Sie sagte sich, daß es nicht anginge, daß sie sich schon jetzt in Gesellschaft ihres Kindes langweilte. Sie dachte an die Wochen, Monate und Jahre, die sie gemeinsam mit dem Kind zu verbringen haben würde. Ein großes Unbehagen und eine unterschwellige Furcht kamen in ihr auf. Sie fragte sich, aus welchem Grund sie nicht so glücklich war, wie es jedermann von ihr erwartete. Ihre Unglücksgefühle kamen ihr wie ein Verstoß gegen die guten Sitten vor. Nie hätte sie es gewagt, mit irgendwem darüber zu sprechen. Sie setzte sich auf den Bettrand und betrachtete das Kind, das zu ihrer Bestürzung nun wiederum aus Leibeskräften zu schreien anfing. Unverzüglich stand sie auf und ging von neuem im Zimmer auf und ab. Aber das Kind hörte nicht auf zu schreien. Sie wußte nicht, was sie tun sollte. Wiederum war sie dicht daran, nach der Schwester zu klingeln. Das einzige, was sie davon abhielt, war die Furcht, sich vor ihr eine Blöße zu geben. Sie versuchte, das Geschrei zu ignorieren. Doch dies gelang ihr nicht. Es setzte ihr nicht allein zu. Sie geriet darüber in Wut. Am liebsten hätte sie dem Kind einen Schlag auf den Kopf versetzt. Sie biß die Zähne so fest zusammen, daß sie knirschten. Gleichzeitig dachte sie daran, wie entsetzt sie gewesen war, als sie vor acht Monaten rund gerechnet das positive Ergebnis des Schwangerschaftstests zu Gesicht bekommen hatte. Sie dachte daran, daß sie damals die Adressen von Kliniken, die Abtreibungen ausführten, in Erfahrung gebracht hatte.

Sie dachte an die Gespräche mit ihrem Mann, mit ihren Freundinnen und mit ihren Eltern, die sie dazu überredet hatten, das Kind auf die Welt zu bringen. Sie dachte daran, daß sie sich schließlich mit dem Gedanken befreundet hatte, ein Kind zu bekommen, ja, daß sie sich während der letzten Schwangerschaftsmonate sogar auf das Kind gefreut hatte. Sie fragte sich, aus welchem Grund sie jetzt nicht so glücklich war, wie man es ihr vorausgesagt hatte. Sie hatte das Gefühl, von ihrem Mann, von ihren Freundinnen, von ihren Eltern hereingelegt worden zu sein. Wiederum setzte sie sich auf das Bett und betrachtete das Kind, das noch immer aus Leibeskräften schrie. Sie fragte sich, warum sie keine Beziehung zu ihm hatte. Mit einemmal kamen heftige Schuldgefühle in ihr auf. Sanft wischte sie mit der Hand die Tränen von seinen Wangen. Darauf wiegte sie es in ihrem Armen hin und her. Aber es schrie so lange weiter, bis die Schwester kam und es in den Arm nahm. In diesem Augenblick hörte es zu schreien auf. Erneut brach Olga Deisinger in ein hysterisches Gelächter aus. Die Schwester warf ihr einen merkwürdigen Blick zu, ehe sie das Zimmer verließ.

Als sie die Tür hinter sich geschlossen hatte, ging Olga Deisinger ins Badezimmer. Sie zog die Hausanzughose und den Schlüpfer herunter, warf die blutdurchtränkte Binde, die sie unter dem Schlüpfer trug, in den Abfalleimer hinter der Toilette und setzte sich auf die Toilette. Während sie Wasser ließ, brannte die Wunde an ihrem Damm, der bei der Geburt aufgeschnitten worden war, so heftig, daß sie leise aufstöhnte. Als sie aufstand, sah sie, daß sich im Klosettbecken eine Blutlache befand. Mit einem ängstlichen Gesichtsausdruck betätigte sie die Spülung. Dann ging sie zum Waschbecken, tränkte einen Wattebausch mit lauwarmem Wasser und wischte sich achtsam das Blut zwischen den Beinen weg. Währenddessen lief tropfenweise frisches Blut aus ihrem Geschlechtsteil auf den Wattebausch, der ganz rot wurde. Für einen Augenblick hatte sie das Gefühl, auszulaufen. Wiederum nahm ihr Gesicht einen ängstlichen Ausdruck an. Hastig schob sie sich eine frische Binde zwischen die Beine, zog dann den Schlüpfer und die Hausanzughose hoch und ging zurück ins Krankenzimmer. Dort legte sie sich ins Bett. Sie versuchte, an etwas Angenehmes zu denken. Doch dies gelang ihr nicht. Geradezu unaufhaltsam übermannte sie wiederum die Angst, den Anforderungen, die das Kind an sie stellte, nicht gewachsen zu sein.

Karla Krause

IN ERWARTUNG

Stationen einer Schwangerschaft
Ein Tagebuch

1. Eintragung

Ich bin also tatsächlich schwanger. Nach dem vergeblichen Bemühen der letzten beiden Jahre, dem täglichen Fiebermessen, dem Warten auf den Eisprung, der Liebe nach Kalender und den vielen Traurigkeiten und Aggressionen, wenn die Kurve verheißungsvoll, aber die Stimmung absolut nicht danach war, nach all dem hätte ich es eigentlich nicht mehr für möglich gehalten.

Als ich 36 wurde, gab ich's auf, holte das Thermometer nur noch sporadisch hervor. Das Hin und Her um Gregors berufliche Versetzung, die nächtlichen Diskussionen um meine Zukunft, bis ich dann schließlich doch – zähneknirschend aber einsichtsvoll – meine Redakteursstelle kündigte, um ihm zu folgen, all das hatte das Kind ohnehin eine Weile in den Hintergrund gerückt, bis ich mitten in der Hektik des Umzugs, nun doch schwanger wurde.

„Schwanger. Eindeutig", stellte der Gynäkologe fest. Und als mein Strahlen ausblieb, ich schweigend, mit Herzklopfen und verlegenem Lächeln vor ihm saß, weil ich ihm die erwartete Begeisterung nicht liefern konnte, da meinte der verständnisvoll: „Sie brauchen gar nichts zu sagen. Ich weiß, zuerst ist es wie ein Rausch." Ich habe ihm nicht widersprochen.

Er nahm sich viel Zeit für mich. Ganz unnatürlich schien mir das, ein Arzt, der Zeit hat; ein Gynäkologe, der sich nicht nur für meine Gebärmutter, sondern auch für meine Geschichte interessiert. Und er ließ mich erzählen: wie sehr ich auf meinen Beruf fixiert bin, und daß ich deshalb eigentlich nie heiraten wollte. Und Kinderkriegen schon gar nicht. Bis ich Gregor und seinem stürmischen Kinderwunsch begegnete. Und da war ich schließlich schon 33. Und ich erzählte ihm von der Fehlgeburt vor zwei Jahren, und wie ich danach unbedingt wieder schwanger werden wollte, fast, als wäre es meine Schuld, mein Versagen, daß ich das Kind im 4. Monat verlor.

Ich hörte mir zu und wunderte mich, daß ich gar nichts empfand. Keinen Jubel, keine Freude. Da war nur ein Kloß im Hals und ein Dröhnen im Kopf und ein Gefühl von Gespaltenheit, als hätte die, die da schwanger war und ihre Geschichte erzählte, gar nicht mit mir zu tun.

„Mensch!“ sagte Gregor nur, als ich nach Hause kam. „Mensch!“ Und er schluckte heftig. „Nun werden wir vielleicht doch noch glücklich hier.“

Ich habe ihm das Leben schwer gemacht in den letzten Wochen, ihn angeklagt und ihm Vorwürfe gemacht, weil ich seinetwegen eine Arbeit aufgegeben habe, die mir Freude machte und Anerkennung brachte. Ich habe ihm Vorwürfe gemacht, obwohl wir diese Entscheidung gemeinsam, nach langem Abwägen der Vor- und Nachteile, getroffen haben.

Ich finde die Stadt hier abscheulich, die tristen Straßen, die Menschen und ihren Dialekt, ich vermisse Freunde und Kollegen und beneide Gregor um jeden Arbeitstag.

Und wärend der jetzt anfing zu träumen, wie es sein würde, eine richtige Familie zu sein, begann es in mir zu bohren: Was wird jetzt aus mir? Wozu die Entbehrungen der Ausbildung? Wozu alle Qualifikationen? Das ganze Leben bin ich auf Leistung getrimmt, angewiesen auf Anerkennung, Erfolge. Und jetzt bekomme ich ein Kind.

Das Wochenende in Berlin – gestorben. Der Kongreß in Brüssel, gestorben. Keine Drehreise, keine Recherche außerhalb der Stadt. Jetzt nicht, wegen der Gefahr einer Fehlgeburt. Später nicht wegen des Kindes.

Und, genauso heftig, die andere Sorge: Hoffentlich ist es gesund. Habe ich Medikamente genommen in den letzten Wochen? Gottseidank keine. Geraucht und getrunken in Maßen. Aber immerhin.

Und schließlich bin ich schon 36. Eine Risikoschwangerschaft. Und gleichzeitig meine letzte Chance für ein Kind.

Ich habe Angst, das Kind zu bekommen, und ich habe Angst, es zu verlieren. Und schon habe ich diesem winzigen Zellgebilde gegenüber, das einmal mein Baby werden soll, ein schlechtes Gewissen wegen all der Vorbehalte, Wenns und Abers: Es hat Anspruch darauf, geliebt zu werden.

2. Eintragung

Ich fühle mich all dem einfach nicht gewachsen. Habe Angst vor dem geordneten Leben mit Hausfrau- und Mutterpflichten und der lebenslänglichen Verantwortung. Nie wieder werde ich ohne Angst sein, grüble ich, nie wieder unbeschwert etwas unternehmen, ohne Sorge, was dem Kind passieren kann. Immer werde ich im Zwiespalt sein. Wenn ich arbeite, Gewissensbisse, weil das Kind zu kurz kommt. Wenn ich mich auf das Kind konzentriere, Unzufriedenheit, weil ich den Beruf vernachlässigen muß.

Also noch keine Lösung in Sicht. Irgendwie werde ich mich arrangieren müssen. Aber es fällt mir schwer, Kompromisse zu schließen, und ich wehre mich mit Händen und Füßen. Und weil sonst niemand in der Nähe ist, wird Gregor zum Ziel meiner Aggressionen. Gregor, der ein Kind bekommt, ohne verzichten zu müssen. Gregor, der ein Kind bekommt, ohne fett und häßlich zu werden. Gregor, der ein Kind bekommt, ohne die Schmerzen der Geburt. Gregor, der ein Mann ist, und meine Situation nie ganz verstehen wird.

„Und die Mühen der letzten beiden Jahre," fragt er mich, „die Medikamente für den Eisprung, das Röntgen der Gebärmutter, das penible Führen der Fieberkurve – es war Dir doch bitter ernst?! Und Deine Freude, wenn die Periode sich verzögerte, die Tränen, wenn sie dann doch eintraf. War das denn nur Theater?"

Ich bin trotzig und sage „vielleicht". Und ich weiß, daß das nicht wahr ist und auch, daß ich Gregor Unrecht tue. Und in seiner Ohnmacht und Traurigkeit sagt Gregor, der so gern Vater werden will: „Dann mußt Du eben abtreiben". Ich werde still und zucke zusammen. Nein, das kommt nicht in Frage. Dieses Kind will ich haben. Unbedingt.

„Ich habe mir alles ganz anders vorgestellt", sagt Gregor bitter und enttäuscht. Und ich würde ihn so gerne trösten.

3. Eintragung

Je mehr das Kind jetzt in mir wächst, desto mehr wächst auch die Angst, ich könnte ein krankes Kind gebären, ein geistig oder körperlich behindertes. Ich frage meinen Arzt nach der Fruchtwasserpunktion, mit der sich Erbschäden, vor allem Mongolismus, bereits während der Schwangerschaft feststellen lassen. „Nein," sagt der, „ich kann Sie nicht daran hindern, aber ich selbst lehne das ab. Das grenzt an Euthanasie." Natürlich, ich weiß: Diese Untersuchung ist nur sinnvoll, wenn man gewillt ist, ein schwer geschädigtes Kind auch abtreiben zu lassen. Ich würde mich dazu entschließen. Mein Arzt ist dagegen. Und er erzählt mir von der Lebensfreude mongoloider Kinder, von der Möglichkeit, sie zu erziehen und in Werkstätten arbeiten zu lassen. „Wer will entscheiden,“ fragt er, „ob ein solches Leben nicht lebenswert ist?“ Aber mein Leben, möchte ich ihn anbrüllen, und Gregors – und unsere ganze Beziehung – gilt das nichts? Aber ich wage es nicht, habe Skrupel, fühle mich wie ein moralisches Monster, viel egoistisch, überhaupt ein Kind zu haben. „Aber“, versuche ich mich zu verteidigen, „ein mongoloides Kind, in unserer Gesellschaft, das kann doch nur in einer Art Ghetto existieren.“ „Machen Sie sich nichts vor,“ sagt er, „es geht Ihnen nicht um das Kind, es geht um Sie selbst.“ Ich schweige, fühle mich ertappt. Er hat Recht. Es geht mir um mich.

Immer wieder drehen sich meine Gedanken im Kreis: Fruchtwasseruntersuchung oder nicht. Ich kenne das Risiko: Die Untersuchung kann eine Fehlgeburt auslösen. Und zwei Todesfälle bei den untersuchten Müttern weist die Statistik auf, durch Infektion der Bauchhöhle. Wenn ich ein gesundes Kind verlieren würde, das letzte, das ich wahrscheinlich bekommen kann, wie soll ich damit fertig werden.

Ein zweiter Arzt. Eine Ärztin. Dann entscheide ich mich für die Untersuchung. Seitdem bin ich etwas ruhiger. Natürlich bleibt die Angst. Die Angst vor der langen Nadel, die durch die Bauchdecke in die Fruchtblase stößt. Die Angst, Blutungen könnten ausgelöst werden, ich könnte das Kind verlieren. Auch die Angst um mich selbst.

Und ich sorge mich auch um den Winzling in meinem Bauch, der auf seinem Wege, ein Mensch zu werden, immer wieder aufgestört wird.

4. Eintragung

Ultraschalluntersuchung. Keineswegs die erste dieser Untersuchungen. Schon oft hatte ich es auf dem Bildschirm flimmern sehen, hatte der Arzt Messungen angestellt, auf einen flirrenden Fleck gewiesen, der das Herz sein sollte, auf einen anderen, den er als den Schädel ausmachte. Aber bisher hatte ich ihm immer nur glauben müssen. Erkennen konnte ich nichts. Diesmal aber: das war ganz deutlich die Gestalt eines Kindes: die Wirbelsäule, das Köpfchen. Selbst der Gesichtsschädel war zu erkennen. Es strampelte mit den Beinen und ruderte mit den Armen und sah aus, als mache es Schluckbewegungen. Gregor, der zur Ultraschalluntersuchung immer mitkommt, war ganz aus dem Häuschen, und auch ich hätte diesem Wesen mit Vergnügen zugesehen, wäre da nicht die bevorstehende Untersuchung gewesen, die mich angesichts des konkreten Menschleins nun um so mehr ängstigte.

5. Eintragung

Daß drei Wochen so lang sein können! In der 17. Woche meiner Schwangerschaft ließ ich eine Fruchtwasserpunktion machen, weil ich sicher sein wollte, daß mein Kind keinen Erbschaden hat. Schließlich bin ich nicht mehr im besten Gebäralter. Am Ende der 20. Woche sollte das Ergebnis kommen, das endgültig darüber entscheiden sollte, ob ich diese Schwangerschaft austragen könnte oder abbrechen müßte. Ich versuchte, so gut es ging, die Ängste zu verdrängen. Ich stürzte mich in Arbeit, wir trafen uns mit Gregors Kollegen, gingen häufig ins Kino, lenkten uns ab. Dafür nistete sich die Panik dann nachts bei mir ein – Schlaflosigkeit, Alpträume. Und schließlich sorgte das Kind schon mit eigenen Kräften dafür, daß es mit der Verdrängung nun absolut nicht mehr klappte: Es nahm total von mir Besitz.

Ordnungsgemäß in der 19. Woche spürte ich zum erstenmal, wie es sich bewegte. Zunächst war es eher wie das Gluckern einer Wasserblase, und ich wußte nicht: War das nun mein Darm – oder war es das Baby. Aber das Gefühl wiederholte sich von da an ständig, vor allem dann, wenn ich mich hinlegte. Und Gregor wollte sogar zweimal gesehen haben, wie für einen kurzen Augenblick ein winziger Hügel auf meinem ohnehin schon leicht gewölbten Bauch entstand und wieder verschwand: ein Fuß oder eine Hand unseres Kindes.

Spätestens von diesem Zeitpunkt an war ich voll und ganz schwanger. Wenn ich spazierenging, dachte ich daran, daß das Schaukeln meines Gangs dem Baby wohl tut, ihm das Gefühl von Geborgenheit gibt – wie eine Wiege. Wenn ich in einer spannenden Diskussion die Bewegung des Kindes spürte, dann hielt ich schon manches mal mitten im Gespräch inne, legte verstohlen die Hand auf den Bauch und setzte mich entspannter hin, damit es das Baby bequemer hatte. Abends drehte ich mich gleich auf die Seite, um ihm das harte Lager auf meiner Wirbelsäule zu ersparen. Und manchmal sprach ich sogar mit ihm, wenn es allzu heftig zappelte und strampelte.

Ich staune selbst über mich: Wie sehr hat sich meine Einstellung gegenüber dieser Schwangerschaft gewandelt. Gewiß: Besinnungslose Euphorie stellt sich auch jetzt nur selten ein. Auch jetzt noch sind die Sorgen, die mich überfielen, als ich von meiner Schwangerschaft erfuhr, nicht total ausgeräumt: die Angst vor Isolation und Immobilität, vor beruflicher Untätigkeit und lebenslänglicher Verantwortung. Aber daneben wächst auch das Vertrauen, daß ich – mit Gregors Hilfe, die neue Situation bewältigen kann ohne eine totale Beschneidung meiner Pläne und Interessen. Und vor allem, daß dieses Kind meinem, unserem Leben eine ganz neue Qualität geben könnte.

Jetzt noch die Schwangerschaft abrechen zu müssen, jetzt, nachdem ich das Baby per Ultraschall deutlich gesehen, jetzt, nachdem ich es täglich spürte, das wäre tatsächlich eine Katastrophe.

Ich war auch jetzt noch, für den Fall eines schweren Schadens, zur Abtreibung bereit, aber längst nicht mehr so ungebrochen wie noch vor ein paar Wochen. Und ich hatte vollstes Verständnis für die Frauen, von denen man mir in der Klinik erzählt hatte: Frauen, die sich, wissend, sie würden ein mongoloides Kind bekommen, doch zum Austragen der Schwangerschaft entschlossen hatten.

Drei Wochen lang wartete ich auf das Ergebnis der Untersuchung, rannte zu den unmöglichsten Zeiten mit Herzklopfen zum Briefkasten. Dann hielt ich es nicht mehr aus. Ich rief in Heidelberg an, bei der genetischen Beratungsstelle.

„Wir haben Ihren Befund hier vor uns liegen", hörte ich die Stimme und hielt den Atem an. „Er zeigt einen ganz normalen Chromosomensatz. Auch ein Verdacht auf eine offene Rückenmarkspalte besteht nicht. Sie können die Schwangerschaft also ganz beruhigt fortsetzen." Ich weiß nicht, was ich gestammelt habe, wahrscheinlich aber habe ich gar nichts gesagt. Jedenfalls hörte ich nur: „Hallo, sind Sie noch da? Wollen Sie denn das Geschlecht nicht wissen? – Es ist ein Junge."

Ich habe erst mal tüchtig geheult, dann Gregor angerufen. Der kam abends mit Rosen und Sekt – wie in jeder ‚besseren' Frauenzeitschrift. „Ist schon eine Schande," murmelte er verlegen, daß einem vor Freude nichts besseres einfällt als solche Klischees."

Wir haben unseren Sohn dann ausgiebig durch den Wald geschaukelt. Und im Bett hat er, strampelnd und zappelnd, mit uns kommuniziert.

„Gib Ruhe, Junge," habe ich gesagt. „Laß uns erst mal schlafen. Wir haben's uns redlich verdient!"

6. Eintragung

Caroline nannten wir das Wesen in meinem Bauch, bis wir – als Nebenergebnis der Fruchtwasseruntersuchung – erfuhren, wir würden einen Sohn bekommen. Mein Frauenarzt, der dieser Untersuchung ja ohnehin skeptisch gegenübersteht, hatte mich auch wegen der Geschlechtsbestimmung, die dabei automatisch erfolgt, vorgewarnt: Er erzählte mir von Patientinnen, die während der Schwangerschaft eine starke Abneigung gegen ihr Kind entwickelten, als ihnen mitgeteilt wurde, es sei eine Tochter. Schließlich wollten die meisten Eltern einen Sohn.

Ich wies diese Unterstellung weit von mir. Die Stammhalter-Ideologie ist mir fremd, in Artikeln und Sendungen habe ich mich für gleiche Rechte und Chancen bei Jungen und Mädchen eingesetzt; ich habe mich gegen meinen Schwiegervater empört, als der auf die Geburt einer zweiten Enkelin enttäuscht mit „ach, wieder ein Mädchen!" reagierte; ich selbst habe mir auch nie gewünscht, ein Mann zu sein. Und doch wußte ich ganz im geheimen: auch ich wollte lieber einen Sohn, und – ungeachtet seines Widerspruchs unterstellte ich auch Gregor diese Vorliebe, obwohl der beteuerte, er freue sich auf ein Kind, ob Junge oder Mädchen, das sei ihm gleich.

Mir selbst hat mein heimlicher Wunsch ziemliche Gewissensbisse verursacht: meiner potentiellen Tochter gegenüber nämlich. Ich war auch wütend auf mich, weil ich offensichtlich in die gleichen überkommenen Verhaltensmuster verfiel, die ich bei anderen ablehnte und bekämpfte. Ich verstieg mich sogar bis zu Anklagen Gregor gegenüber: im Grunde sei er es, der mich durch seinen uneingestandenen Traum von einem Stammhalter unter psychologischen Druck setze, weil ich ihn nicht enttäuschen wolle. Gregor aber reagierte trocken wie immer: „Mach dich nicht mit Dingen verrückt, die du ohnehin nicht beeinflussen kannst", sagte er nur.

Ich aber machte mich doch verrückt und nannte den Fötus in meinem Bauch beharrlich Caroline, um den Wunsch nach einem Sohn abzuwimmeln und mich ganz und gar auf eine Tochter einzustellen.

Dennoch: Ich träumte nun sogar von einem Sohn, träumte von meinem Kind als einem Wesen, das in einer Pfütze liegt, noch gestaltlos, eher einem gefrorenen Huhn als einem Menschen ähnlich, aber bereits mit einem Penis ausgestattet.

Warum nur? War es etwa der Penis-Neid, den ich jetzt erst auslebte? War es der Elektra-Komplex, der sich in solchen Bildern dokumentiert? Freud hin – Freud her: Ich glaube eher, daß ich mich der

Erziehung einer Tochter weniger gewachsen fühle. Allzuviele Erfahrungen zum Mutter-Tochter-Verhältnis habe ich in meiner Kindheit und Jugend gemacht, mache ich immer noch. Allzu beflissen wäre ich, die Fehler meiner eigenen Erziehung zu vermeiden, meiner Tochter all die Ängste, Heimlichkeiten, Gewissensbisse zu ersparen, die mir selbst zu schaffen machen. Ich wäre gefährdet, meine eigene Geschichte in ihrer Erziehung aufzuarbeiten, mich selbst in meiner Tochter zu sehen oder die Möglichkeiten, die ich gehabt hätte. Allzu eilfertig würde ich zu wissen glauben, was sie denkt, wie sie fühlt, worunter sie leidet, anstatt sie als eigenständigen Menschen mit einer eigenen Gefühls- und Erlebniswelt zu akzeptieren.

Deshalb, ehrlich gesagt, war ich ganz froh, als ich von der genetischen Beratungsstelle erfuhr: Es wird ein Junge. Ich denke, ich gehe an seine Erziehung vorurteilsloser, unbelasteter heran. Mit weniger Erfahrungen und Erinnerungen, mit gesünderer Distanz. Hoffentlich.

Ursula Eisenberg

LUXUSERZIEHUNG

Nur wenige Leute
leisten sich
für ihre Kinder
schadhafte Fußböden
zum Murmelspielen,
alte Möbel
die auch einen Kratzer vertragen,
ungepflegte Gärten,
in denen man sich
verstecken kann
und Fernseher,
die abgeschaltet bleiben ...
– eine Kostenfrage.

Ute Büsing

HAUSBESETZERKIND

Mutter und Kind im Häuserkampf
Eine Reportage aus Berlin

„Kein Zutritt für Zoobesucher – Exoten gibt's im Tierpark." Ein handgemaltes Schild an der Eingangstür einer Wohnung im Berliner Bezirk Kreuzberg. Um Gaffer abzuschrecken, angebracht von der 29jährigen Rosi, die hier allein mit ihrem gerade acht Wochen alten Sohn Peter lebt.

Typischer Babygeruch hängt im Zimmer, eine Mixtur aus den Ausdünstungen von Öl und Puder. Der Kohleofen ist überreichlich angeheizt, Peter soll gebadet werden. Die Zimmereinrichtung, auf Kleinkind zugeschnitten: Wickelkommode, Wiegebett, eine Plastikrassel mit Marienkäfern, Plüschtiere – das zugige Fenster mit einer dicken Wolldecke abgedichtet. Ein „richtiges" Kinderzimmer also – die leibhaftige Mutter sitzt bei meinem Besuch auf ihrem Bett und stillt ihr leibhaftiges Kind. Nichts Exotisches ist in dem Raum – warum also das Besucher-verschreckende Schild an Rosis Wohnungstür?

Ganz einfach: Rosi lebt mit 30 anderen zusammen in einem besetzten Haus. Seit einem guten Jahr gehört sie zur „Besetzerszene", seit in Berlin-West der Instandbesetzerboom begann. Und weil Instandbesetzer für viele „Normalbürger" etwas Exotisches sind, schauen sie halt „einfach so" mal in einem besetzten Haus vorbei. Berliner Hausbesetzer wissen ein Klagelied von den Besuchen ganzer Touristen-, Lehrer-, Schüler- und Jugendgruppen zu singen. Rosi wurde der Besucherandrang zu bunt, als sie hochschwanger im Bett lag, und immer neue Gruppen ihr „schön" aussehendes Zimmer anerkennend begafften. Sie brachte das Schild an und hatte ihre Ruhe.

„Ich lebe hier wie andere in normalen Mietshäusern auch. Ich akzeptiere nicht, wenn Leute kommen und denken, wir wären wer weiß was und bei uns sehe es wer weiß wie aus!"

Die gelernte Stenokontoristin ist weder die „typische Hausbesetzerin“ noch der Typus der „bewußten Feministin“, die ihr Kind unbedingt ohne Mann aufziehen will. Bei Rosi erscheint alles eher zufällig. Sie wollte nicht länger alleine leben, und da kamen ihr die Freunde, die ein Haus besetzen wollten, gerade recht.

So hielt sie im Februar 1981 mit einer Gruppe Kreuzberger Jugendlicher Einzug in ein stadteigenes, leerstehendes Haus, ohne „große Vorstellungen, wie das alles ablaufen sollte“, mit ein bißchen Angst vor unmittelbarer Räumung und mit dem Hochgefühl des „tollen Erlebnisses“. Was Rosi von ihren Mitbewohnern unterschied: Sie war schwanger.

Wie kam es dazu, daß Du Dich entschlossen hast, ein Kind in die unsichere Situation eines besetzten Hauses hineinzugebären?

„Ich habe mir überlegt: Entweder ich gehe jetzt zurück in meine Einzimmerwohnung und bleibe mit dem Kind alleine oder ich bleibe hier, gehe einige Risiken ein, habe aber dafür immer Leute, die mir helfen können. Und das hab' ich dann vorgezogen. Ich kann mir nicht vorstellen, mit dem Kind alleine in 'ner Einzimmerwohnung zu leben, weil ich festgestellt habe, wenn ich nicht hier im Haus wohnen würde und die Leute nicht hätte – ich würde irgendwie schlecht klarkommen. Wenn ich zum Beispiel einkaufen oder mal abends alleine weggehen will, weiß ich immer, da sind Leute, die achten auf das Kind. Für die Entwicklung des Kindes finde ich das auch sehr gut, wenn es mehr mitkriegt, wenn die anderen Kinder hier im Haus mit ihm reden oder irgendwas mit ihm machen, oder die anderen Erwachsenen sich mit ihm beschäftigen. Peter reagiert jetzt schon unheimlich stark auf alles, was so um ihn 'rum passiert, guckt unheimlich interessiert. Wenn er im Gemeinschaftsraum alleine daliegt, dann quengelt er. Sobald sich jemand mit ihm beschäftigt, wird er ganz munter und lacht und freut sich. Das wäre natürlich nicht so, wenn ich mit ihm alleine wohnen würde.“

Mittlerweile hat sich Rosi – viel mehr als andere Mitbewohner – auf den Alltag im besetzten Haus eingelassen. Die Auseinandersetzungen, kleinen Anmachereien, Sticheleien, die untereinander ausgetragen werden, berühren sie kaum. Ihr wird das Leben mit dem Kind so einfach wie möglich gemacht: „Es wird viel Rücksicht genommen!“ Das gilt letztlich auch für die jüngeren Mitbewohner unter 20, denen Rosi bescheinigt, selbst manchmal noch eine Mutter zu brauchen, die hinter ihnen herräumt, oder die sie ermahnt, sich auch für den gemeinsamen Großhaushalt verantwortlich zu fühlen.

Rosi fühlt sich im besetzten Haus sicher. Die Vorstellung, daß der gemeinsame Zusammenhang ohne großes Wenn und Aber eines Tages einfach abgeräumt werden könnte, ist ihr fremd. „Das einzige, wovor ich manchmal Angst habe, ist, daß irgendwelche Rechtsradikalen kommen und uns aufmischen." Angst hat sie aber auch vor gewaltsamen Auseinandersetzungen bei Demonstrationen. Seitdem sie Peter hat, traut sie sich nicht mehr auf die Straße, „weil ich mitgekriegt habe – wenn geknüppelt wird, ist es egal wodrauf, und ich befürchte, wenn ich den Peter vorm Bauch habe, daß die dann zuschlagen, ohne zu gucken, was da überhaupt ist." Dennoch, wenn das Haus geräumt werden sollte, würde sie ganz bewußt drinbleiben – mit Peter. „Das geht mir zu weit, mich dann irgendwohin zu verdrücken, weil dieses Haus für mich 'ne ganze Menge bedeutet. Man muß denen zeigen, was sie damit anrichten." Auch wenn die Erfahrung einer Räumung für Kinder zunächst mal traumatisch wäre, Rosi ist fest davon überzeugt, daß die Erwachsenen ihnen die Zusammenhänge schonend erklären könnten. Damit es aber gar nicht erst soweit kommt, strebt sie als Mutter die vertragliche Absicherung des besetzten Hauses an. „Ganz illegal hier leben will ich nicht!"

Rosi könnte ebensogut irgendwo in der Stadt mit einer Handvoll Leuten in einer ganz normalen Mietwohnung leben. Aber sie wohnt in einem besetzten Haus. Jetzt schon über ein Jahr und das ganz bewußt. Und sie lebt dort allein mit ihrem Sohn Peter, obwohl der Vater des Kindes, auch er Besetzer des gleichen Hauses, mit ihr die Gemeinschaftseinrichtungen, Küche, Bad, die gemeinsamen Ängste vor einer Räumung und die ungewisse Zukunft des Zusammenlebens teilt. Ein wunder Punkt, den Rosi am liebsten nicht berühren möchte, nicht nur aus Angst vor Sozial- und Jugendamt, denen sie den Vater – aus finanziellen Gründen – nicht „ausliefern" will.

Rosi, ist das nicht eine beklemmende Situation für Dich, gemeinsam mit dem Vater des Kindes im selben Haus zu wohnen, obwohl Eure Beziehung kaputt ist?

„Der Vater existiert für mich nicht. Klar, er existiert ‚irgendwie' schon, weil ich ja hier in dem Haus mit ihm in einer Gemeinschaft lebe. Aber, ich red' da eigentlich nicht drüber. So 'ne Beziehung ist das, wie zu jedem anderen im Haus auch. Beklemmend ist die Situation nur deshalb, weil ich manchmal nicht so richtig weiß, wie ich mit dem Vater meines Kindes umgehen soll. Weil er das selber auch nicht weiß und von sich aus auch nichts sagt oder nichts tut, was er für richtig hält. Er hält sich im Gegensatz zu allen anderen Leuten hier im Haus dem Kind gegenüber total zurück. Aus Angst wahrscheinlich, daß ich was dagegen haben könnte."

Wäre es dann nicht besser, wenn einer von Euch ausziehen würde?

„Nee. Ich wüßte nicht warum. Anfangs hab' ich unheimliche Angst gehabt, daß er irgendwelche Ansprüche stellt. Obwohl ich mir klar darüber war, daß er nicht das Recht dazu hat. Er hat sich bisher ja auch nicht um das Kind gekümmert. Von daher bräuchte ich keine Befürchtungen zu haben. Der hat wahrscheinlich überhaupt keine Beziehung zu dem Kind. Das war immer meine Sache, von Anfang an. Alles, was ich erlebt habe, schon in der Schwangerschaft, das hab *ich* erlebt, und er hat davon nichts mitgekriegt. Nur, nach der Entbindung im Krankenhaus, da hat er die ganze Zeit vor dem Babywagen gestanden und ‚so' geguckt. Das war mir 'n bißchen komisch. Ich hab das noch einmal erlebt: Da hat 'ne Frau aus unserem Haus das Kind auf dem Arm gehabt und hat es dann an den Vater weitergegeben. Ich bin bald heulend rausgerannt, hab das nicht ausgehalten, war total eifersüchtig. Das hab ich hinterher gesagt, und seitdem ist sowas auch nicht mehr vorgekommen."

Hast Du dich denn damals alleine entschlossen, das Kind auszutragen, oder war das noch ein gemeinsamer Entschluß?

„Nee, das hab' ich alleine. Das lief eigentlich ganz komisch. Ich bin schwanger geworden, ganz kurz bevor ich in Urlaub gefahren bin. Dann war ich zwei Monate weg. Na ja, danach hab' ich gemerkt, daß ich von der Beziehung nichts mehr wissen wollte. Heute kann ich mir eigentlich nicht erklären, wieso, weil wir uns vorher immer sehr gut verstanden haben. Jedenfalls, ich hatte nur noch das Bedürfnis, alleine zu sein."

Also ging der Bruch eher von Dir aus? Er hat sich nicht entzogen wie manche Männer, die weglaufen, wenn die Frau schwanger wird?

„Nee. Als ich ihm das erzählt habe, hat er zwar gesagt, er hätte sich noch keine Gedanken darüber gemacht, wie das wäre mit Kind, aber schlimm fände er das nicht. Nee, ich glaub, der hätte sich von sich aus nicht total rausgezogen. Dadurch, daß wir überhaupt nicht mehr oder nur noch wenig miteinander geredet haben, hat sich das so von selber geklärt. Praktisch, daß es eben aus ist. Wegen dem Kind hab ich dann nochmal mit ihm geredet. Da hat er nur gesagt, er hätte sich keine Gedanken darüber gemacht bisher oder hätte das vermieden. Er hätte versucht, sich auf andere Sachen zu konzentrieren. Entweder er wußte es wirklich nicht, oder er wollte es nicht sagen, weil ich von mir aus von Anfang an klargemacht hab: Das ist mein Kind, und ich will das alles allein machen!"

Dann hast Du ihn auch ein Stück weit weggestoßen, wenn ich das so sagen darf. Du wolltest unbedingt ein Kind, aber nicht unbedingt von ihm, hast ihn als Vater „billigend in Kauf genommen"?

„Ja, klar. Ich weiß auch nicht. Ein Kind wollte ich schon ganz gerne. Na ja, und daß es von ihm war, das hat mir ja anfangs auch nichts ausgemacht. Das macht mir jetzt auch nichts aus. Daß die Beziehung dann irgendwie – vielleicht durch die Schwangerschaft – kaputtgegangen ist, kann ich mir auch nicht erklären. Mir fehlt das jetzt auch manchmal, eine wirkliche Beziehung zu jemand. Weil, im Augenblick gibt's zwar 'ne ganze Menge Leute, die sich mit mir und dem Kind beschäftigen. Aber, es ist eben sehr schwer, immer zu einer bestimmten Person zu gehen. Ich fänd' das ganz gut, auch für das Kind, wenn ich 'ne Beziehung hätte. Auch, wenn ich diese ganze Verantwortung nicht alleine tragen müßte. Der Peter ist zwar erst acht Wochen alt, aber ich mach' mir jetzt schon ständig Gedanken darüber, wie das später mal wird, wenn der mal größer ist. Wenn ich wieder arbeiten und all diese Sachen mit dem Jugendamt und allem Krams alleine regeln muß."

Die Hausbesetzerin Rosi als Mutter verschwindet hinter der Rosi, die modisch „Beziehungsprobleme" hat, Probleme, mit denen sie als alleinstehende Mutter langfristig, auch im besetzten Haus, ziemlich allein dastehen wird.

Es rutscht ihr nur so nebenbei raus, als sie Peter, „der schon wieder geschissen hat", neu wickelt, daß der Vater des Kindes sehr jung ist, neun Jahre jünger als sie. „Für ihn ist das so: Dann kriegt man eben ein Kind. Aber ich hab' mir vorgestellt, daß das kein Spaß ist, den man sich mal für ein paar Wochen oder ein Jahr macht. Und irgendwie hab ich Befürchtungen gehabt, daß das mal abflachen könnte."

Rosi hat nicht nur Befürchtungen. Sie hat Erfahrungen. Sie war nämlich schon einmal schwanger und hatte im dritten Monat eine

Fehlgeburt. Ihr damaliger Freund stellte sie vor die Alternative: Entweder das Kind oder ich. Rosi litt, sie wollte ihn *und* das Kind. Und verlor beides. „Ich glaube, daß meine Angst, sowas wieder erleben zu müssen, auch dazu beigetragen hat, daß die Beziehung zum Vater von Peter kaputtgegangen ist."

Während ich es mir ziemlich schwierig vorstelle, wenn Peter älter wird und immer noch beide Eltern im selben Haus leben, sieht Rosi da keine Schwierigkeiten. „Mir ist schon klar, daß das Kind irgendwann mal fragen wird, wer der Vater ist. Ich hab' auch keine Lust, ihm das zu verheimlichen. Was der Peter dann für 'ne Beziehung zu seinem Vater aufbaut oder der Vater zum Peter, daran kann ich im Endeffekt nichts ändern. Kinder suchen sich die Leute immer aus, mit denen sie besser oder schlechter können. Unter Umständen muß ich dann auch hinnehmen, daß sich da was entwickelt, was ich nicht so schön finde."

Allein diese Beziehungsproblematik würde mir ausreichen, kein Kind zu bekommen.

Warum hast Du dich überhaupt angesichts der gesamten weltpolitischen Situation, atomare Bedrohung, Kriegsgefahr etc. entschlossen, ein Kind zu bekommen?

„Weil ich eben gerne ein Kind haben will und jetzt in so 'nem Alter bin. In ein paar Jahren ist es vielleicht nicht mehr so leicht, und ich möchte eben ganz gerne eines. Ich hab keine Lust, mich durch irgendwelche Situationen beeinflussen zu lassen. ‚Das wird noch schlimmer' und ‚Kriegsgefahr' und ‚tust dem Kind nur 'nen Gefallen, wenn du's nicht auf die Welt bringst'. Ich hab keine Lust, mich dermaßen einschränken zu lassen, obwohl ich mir schon Gedanken darüber gemacht hab', was kommt und in was für 'ne Welt das Kind gesetzt wird und was es vielleicht alles aushalten muß. Ist wahrscheinlich alles nicht so schön, aber auf der anderen Seite sag ich mir: Ich bin auch auf die Welt gekommen, und es hat schon immer Kriege gegeben. Ich nehm' das einfach in Kauf. Wenn man ein Kind haben will, dann aus Vernunftgründen zu sagen, ich krieg kein Kind – hab ich früher mal vertreten! – Das kann ich jetzt nicht mehr!"

Die ‚Welt', in die Rosi vor 29 Jahren gesetzt wurde, war zerstritten. Ihre Eltern haben sich scheiden lassen, als sie sieben Jahre alt war. „Also richtig Familie, das gab's bei uns eigentlich nicht!" Gibt es noch immer nicht, denn Rosis Mutter kann nicht verstehen, daß die Tochter in einem besetzten Haus lebt und in diesem Haus ohne ‚eindeutigen'

Vater ein Kind bekommen hat. Ihre Schwester, die immerhin mal eine Woche bei „Besetzers“ zu Besuch war, hat ähnliche Schwierigkeiten mit Rosi: Arbeitslos, mit Kind, ohne Mann, in einer illegalen Wohnsituation – unvorstellbar!

„Solange die nicht akzeptieren können, was ich mache, interessiert mich meine Familie nicht!“

Rosis Zukunftsvorstellungen sparen aufgrund ihrer eigenen Erfahrung die traditionelle Kleinfamilie aus. Sie favorisiert das Leben in der kleineren Gruppe von sechs, sieben Menschen, sie bevorzugt den Partner ohne Trauschein. Und wenn sie noch mehr Kinder haben will, dann adoptiert sie: „Es gibt ja genug in Heimen!“

Arnfried Astel

ERFAHRUNG BEIM UMZUG

Gedicht (1961)

Für Hänschen
selbst Vater inzwischen

Auch kann es sein,
daß dein Liegebett
mitten im Zimmer steht,
mittags,
daß dein zweijähriges Söhnlein
sein Spielauto um dich fahren läßt,
über dich,
sanft über deinen Kopf,
deine Brust,
die Arme und Beine entlang,
summend
mit psalmodierendem Motor –
das sind Geräusche
wie von Bienen,
du schläfst ein,
dein Baum blüht ja.

Unheimlicher Kinderwunsch
Also meine Mutter wollte ein Kind obwohl sie in dieser Gesellschaft lebt. Trotzdem.
Hat es sich echt nich' leicht gemacht meine Mutter!
Meine Mutter war berufstätig hat sich politisch beschäftigt, hat monatelang in der Frauenbewegung mitgearbeitet. - Alles.
Aber irgendwie war das alles unheimlich theoretisch und total abgehoben von ihrer realen gesellschaftlichen Individualität...
und dann hat meine Mutter durchgeblickt, daß es für sie unheimlich viel wichtiger ist...
daß sie erstmal zu sich selbst findet ihre eigene Identität hinterfragt und ihrem Leben einen echten Sinn gibt.
Ja. Deshalb hat meine Mutter sich entschieden ein Kind haben zu wollen.
Unheimlich toller Entwicklungsprozeß von meiner Mutter.
Für mich wird das Leben viel leichter sein, weil meine Mutter ihre Erfahrungen an mich weitergibt.
Klar, mir werden diese Irrwege erspart bleiben
spätestens wenn ich 13 bin werd ich ein Kind kriegen - wenn ich Glück hab klappt's schon mit 12
Dann kann ich endlichmal meine Identität finden und meinem Leben einen Sinn geben.
Eva H.

Stefanie Majer

ABGRENZEN

Mutter – Tochter – Mutter
Eine Fall-Geschichte

Tina setzte sich in den Sand und starrte vor sich hin. Sie ließ eine kleine rosafarbene Muschel durch ihre Handflächen rollen.

Das Kind begann an ihr zu zerren. ‚Mit, mit' rief es, sein Mund verzog sich.

‚Wohin denn'. Sie wollte sitzenbleiben und dösen, die Umrisse der Dinge mit den Blicken streifen, ohne eine Verbindung herzustellen. Flatternde Wäsche auf den Leinen zwischen den Wohnwagen, Frauen mit großen Sonnenbrillen und Kopftüchern, Kinder, Hunde, die im Sand scharrten.

Aber das Kind ließ sie nicht in Ruhe, zog an ihrem Arm, stampfte ungeduldig mit den Füßen, fing an zu kreischen, rot vor Erregung.

Tina wollte nicht aufstehen. Erst mit der Bedrohung durch den Störenfried wurde ihr klar, daß sie hier sitzenbleiben wollte, hier, genau an dieser Stelle im Sand, keinen Zentimeter weiter vorne zum Wasser hin und auch nicht in den Dünen weiter hinten. ‚Nein, ich bleibe hier', hörte sie sich sagen, ‚geh alleine'. Sie versuchte die Aufmerksamkeit des Kindes auf die Muschel zu lenken, die in ihrer Hand lag.

Das Kind aber war nicht zu beruhigen, wollte nur das Eine, schrie seine Entschlossenheit durch den Wind in ihre Ohren und ließ nicht ab von ihr. Tina spürte, wie es sich in ihr zusammenzog. Etwas Hartes, Festes zwang sie zur Abwehr. Das Kind tyrannisiert mich, schoß es ihr durch den Kopf. Sie schüttelte sich. Diese kleine Klette sollte von ihr abfallen. ‚Nein, jetzt nicht'. Ihre Stimme klang schrill, und die Beklemmung trieb ihr den Schweiß aus den Poren. Tina ließ keinen Einwand mehr gelten. Hier wurde nicht diskutiert. Jetzt wird einmal gemacht, was ich will, dachte sie, entschlossen, sich durchzusetzen.

Aber der Tonfall der eigenen Stimme ließ sie innerlich zusammenzucken.

Das Herumkommandieren im elterlichen Haus. Mach jetzt endlich, daß du runter kommst, die andern sind schon längst fertig, und wie sie die Treppe herunterstürzt, die Kleidungsstücke flattern um sie herum, sicher wird es auch dafür eine Rüge geben, und wie sie an dem Bauch des Vaters vorbei noch gerade seiner Ohrfeige entgeht, zur Haustür hinaus ins Freie stolpert, um endlich den allsonntäglichen Spaziergang anzutreten.

Das Kind schrie. Es hatte sich ein Stück weit von ihr entfernt, wie um eine bessere Wirkung zu erzielen mit dem Berge versetzenden Schrei, der aus dem rotverzerrten Gesicht in sie eindrang. Tina wollte sich abgrenzen. Tina war überzeugt, sich abgrenzen zu müssen. Warum blieben die Strandbesucher plötzlich stehen. Das fehlte noch, daß sie aus angemessener Entfernung mit ihren Blicken sich einmischten, aus Mitleid für das Kind und aus Verachtung für die Mutter. Tina sah sie mit erhobenem Zeigefinger dort stehen, eine ganze Abordnung, gerüstet, ihr den Prozeß zu machen. Mutter läßt ihr Kind schreien, sitzt selbst faul und behäbig auf dem Fleck, unternimmt nichts. Womöglich hat sie das Kind mißhandelt. Zuzutrauen wäre der das, so wie die da rumhängt. Wo ist eigentlich der Ehemann. Ja, anscheinend handelt es sich um eine dieser Trümmerfamilien! Na, da weiß man ja Bescheid. Das arme Kind.

Tina saß da und hörte auf ihr Herzklopfen. Manchmal sah sie zur Seite, wo das Kind wie festgewachsen stand. Tina blickte es an, bitte, hör auf, ich flehe dich an; sie hätte sich ihm zu Füßen werfen mögen, bettelnd wie eine Heruntergekommene, nur noch von dem Wunsch beseelt, das Strafmaß zu lindern, das ihr zuteil wurde.

Aber das Kind stand da, ganz starr, preßte unter Anstrengung den Schrei aus dem roten Gesicht, eins mit diesem Schrei, die verquollene Stirn wie eine offene Wunde ihr zugewandt. Mit schlechtem Gewissen stand Tina auf, nahm das Kind an der Hand und tippelte mit ihm zum Wasser, wo es nach kurzer Zeit allein weiterspielte, kleine Muscheln vergrub und vor sich hin brabbelte.

Sie setzte sich auf einen der großen, rund gewaschenen Steine, die Ellbogen auf den Knien, das Gesicht in den Handflächen, sah aufs Meer hinaus, streifte mit den Blicken über den Horizont, der hinter einem Felsvorsprung verschwand. Aber die Ruhe stellte sich nicht mehr ein, in der sie die Dinge spüren konnte in ihrer Beliebigkeit und sich selbst wie ein offenes Auge mitten unter ihnen.

Tina diskutierte heftig. Nachgeben. Wieder hatte sie nachgegeben. War das nicht wie aufgeben, sich selbst aufgeben. Und die Wut in der Stimme darüber, daß sie es doch nicht schaffte. Wie häßlich klang dieses Nein, gequetscht, die Stimme verunstaltend. Es war keine Überzeugung, die sich in ruhigem Tonfall ihrer selbst versicherte. Nein, es war ein Kampf mit klirrenden Waffen und dem gepanzerten Entschluß, der Bedrohung zu trotzen. Das war die Simme ihrer Mutter, die leicht hysterisch sich überschlagende, kleine Peitschenhiebe verteilende Stimme der Mutter, mit der sie die Rasselbande unter Kontrolle hielt.

Tina fühlte sich mies. Ihre Mutter! Die sollte unter der Erde weiterschlafen, wenn sie ihr schon nicht helfen konnte. Die Mutter hatte sie doch längst aufgegeben. Seitdem lebte sie für das Kind, lebte mit dem Kind, über das Kind, ohne das Kind, mit Gedanken an das Kind, die das Gefühl der Befreiung von dem Kind beinhalten mochten oder den Wunsch nach Nähe mit dem Kind. Das war dann die Lust, das Kind zu drücken, mit ihm im Zimmer herumzutanzen und das glucksende Lachen aus ihm heraus zu schütteln oder sich mit ihm im Spiegel zu betrachten. War das Kind nicht bei ihr, etwa beim Vater, so kam es vor, daß Tina an sich heruntersah und jede Falte im Rock und auch darunter, jeden Fleck auf dem Pullover registrierte, Wahrnehmungen, die sonst das Kind verdeckte, das auf ihrem Arm hockte. Tina kam sich mitunter abgenutzt und schmuddelig vor, begann sich zu pflegen, das strapazierte Gesicht zu glätten, und allmählich gefiel sie sich wieder, so unbeschwert, so frei.

Der Wind blies heftig, und sie zog dem Kind die Kapuze auf. Das Kind buddelte in einem Loch, Hände und Anorakärmel mit Matsch beschmiert, ein Rotzfaden baumelte aus der roten Nase, tropfte dann in das Loch hinein, in dem das Kind bei seiner Wühlarbeit fündig zu werden schien und freudestrahlend das Wasser begrüßte, das ihm jetzt entgegengluckste, da es mit dem ganzen Arm im Loch verschwand.

Sie hatte sich also wieder gefügt. Der Erfolg bestätigte sie zwar. Das Kind war friedlich. Was vergab sie sich schon, wenn sie aufstand und dem Wunsch des Kindes folgend, sich an einer anderen Stelle wieder hinsetzte. Ja, was denn eigentlich? Oho, eine ganze Menge, hörte sie sich aufbrausend sagen. Die Ungestörtheit beispielsweise, auch einmal im Beisein des Kindes für sich sein zu können, diese honigsüße Verführung, wegzutreten, das ganze Schicksal zu vergessen, dieses, ich muß noch und wir gehen dann gleich, ja, ich mache dir einen Kakao, und dann legen wir uns ins Bett und schmusen.

Wieder hatte sie nachgegeben. Für wen tat sie das? Doch nicht für das Kind. Das Kind wäre mit Eindeutigkeit besser bedient als mit der Berührung ihres weichen Körpers. Warum konnte sie es nicht aushalten, daß das Kind schrie. In seinem Schrei hatte sich das Kind bis zur Grenze emporgearbeitet, bis zu einem Punkt, an dem es eben nur noch diesen Schrei gab. Warum schlug ihr schlechtes Gewissen dann immer so, daß sie tat, wovon sie meinte, es sei für das Kind im Augenblick nützlich. Also aufstehen, etwas holen, oder auch sich hinsetzen und von einer Beschäftigung ablassen. Als wenn es dem Kind darum ginge, daß sie einen Meter mit ihm zum Wasser hinlief. Schrie das Kind nicht geradezu nach Eindeutigkeit, in welcher Richtung auch immer. Tina dachte auf einmal, ich bin unfähig, ein Kind zu erziehen, ja, ich bin wirklich unfähig. Müßte ich nicht in jedem Moment wissen, was das Richtige ist und diese Sicherheit dem Kind entgegen strahlen, damit es sich umso klarer bewegen könnte. Wie beim hellsten Sonnenschein.

Tina zog das Kind am Ärmel und winkte es zu sich, schob dabei den Kopf zwischen die Schultern und schnitt eine Grimasse. Das Kind lachte und stampfte mit den Füßen im Sand, lief dann strahlend zu Tina, die ihre Arme ausgebreitet hatte und warf sich in ihren Schoß. Sie hielten ihre vom Wind geröteten Gesichter aneinander und wiegten eine Zeitlang hin und her. Dann befreite sich das Kind aus der Umarmung und lief zu seiner Fundstelle zurück.

Tina zog sich die Regenhaut um die Schultern und setzte die Kapuze auf. Sie fror und dachte kurz an einen Dauerlauf mit nackten Füßen im Sand, und wie es ihr danach warm wäre, blieb dann aber sitzen und zündete sich noch eine Zigarette an.

Sie waren doch längst zwei verschiedene Personen, sie und das Kind. Warum mußte sie das Kind an sich drücken, beinah so wie sie Luft holen mußte, um atmen zu können. Sie waren zwei verschiedene Personen, sie und das Ding, das mit einem unbeschreiblichen Druck zwischen ihren Beinen hervorgeschossen, dort liegengeblieben war und die Empfindung von etwas Warmem, Weichem hinterlassen hatte. Bis ein Schrei sie von der Empfindung abgeschnitten und sie sich erstmals betroffen aufgerichtet hatte in Sorge um das Kind.

Zwei getrennte Personen. Warum fühlte sie sich dem Kind jetzt viel näher als damals, wo es noch an der Nabelschnur gehangen hatte? Wenn sie dem Kind heute ins Gesicht sah, entdeckte sie einen dunklen Ring um die Pupillen, einen kleinen Schmollmund mit leicht hängender Unterlippe und vor allem die Scham im kess verstohlenen Blick, der sich von einem allzu intensiven Betrachter abwandte und doch von der

Seite zu ihm blinzelte. Zwei getrennte Personen. Aber das war doch sie selbst. Das Wonneklößchen. Papas tägliches Schnullewulle an ihren Speckärmchen und die Verlegenheit, daß Mama und die Geschwister sich über das Vertrauliche amüsierten, ungeniert lachten. Das war doch sie, die sich beim Aufsagen eines Gedichts für Mama das Kleid über den Kopf gezogen hatte, weil sie nicht wußte wohin mit der Unbeholfenheit. Für wen hatte sie sich das Kleid über den Kopf gezogen, so daß Mama sich das Lachen nicht verkneifen konnte. Papa mußte dabei gestanden haben, so wie er später schmunzelnd im Sessel saß, wenn sie Klavier spielte. Natürlich nicht ausgesprochen für ihn, aber insgeheim doch.

Langsam stand Tina auf und sammelte die verstreut herumliegenden Sachen in die große Tasche. Sie war so müde, als hätte sie einen Berg erklommen. Sie ging zu dem Kind, hockte sich zu ihm, vor das fantastische Loch, das inzwischen mit Muscheln, Tang und Flaschendeckeln gefüllt war und an einer Seite einen Ausgang hatte, durch den das Wasser entweichen konnte. ‚Fantastisch' sagte Tina und hob sich das Kind, das auch gleich einverstanden war, auf die Schultern und stapfte mit ihm und der Tasche durch den Sand zu dem versteckt in den Dünen liegenden Fahrrad. Und während sie unter der Last ins Schnaufen kam, dachte Tina, es ist beschwerlich, das eigene Kind zu tragen, und das Kind in mir verdoppelt das Gewicht. Aber mit dem Kind auf den Schultern konnte sie das Kind in sich spüren, und plötzlich zündete in ihr der Gedanke, daß sie an dem Kind auch wieder gutmachen konnte, was sie selbst vermißt hatte. Ein verwerflicher Wunsch, das wußte sie schon. Aber auf einmal fand sie alles nicht mehr so tragisch. ‚Schlaf gut, Mama', sagte sie lachend. ‚Und ich will nie so perfekt sein wie du.'

Auf dem Heimweg durch die wolkenschwere Dämmerung, das Kind war auf dem Rücksitz eingeschlafen und sein Kopf baumelte lose, der Spur des Rades folgend hin und her, suchte Tina angestrengt nach Wörtern, die sich auf Mutter reimten und fand Kutter, Butter, Futter, Luther und einige, die nicht so gut paßten wie Schlotter, Otter und Dotter.

Joachim Koch

DIE REDEN DES FABIAN

Foto-Essay

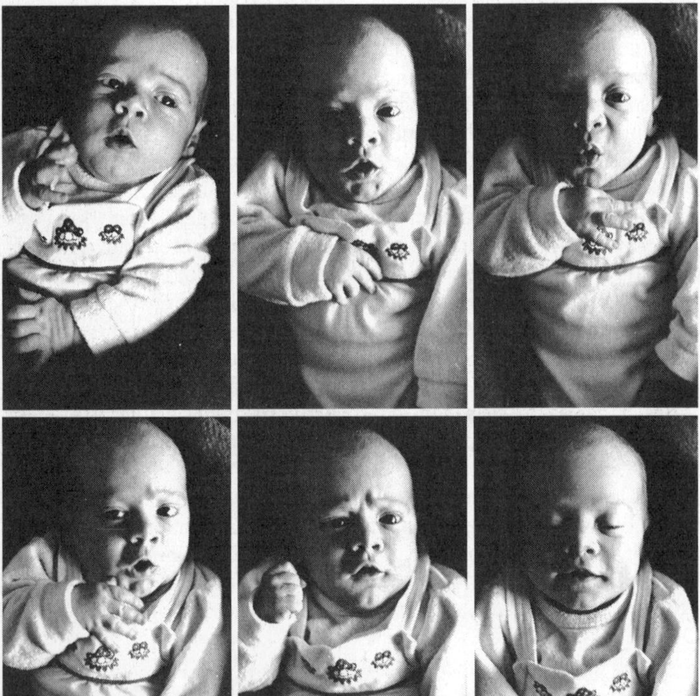

Achim Wannicke

DER DREIJÄHRIGE PHILOSOPH

Über Weltgewinn und Kindheitsverlust
Ein Fragment

Das plaudernde Gepladder von Regen. Das Drinnenkind ist schon lange unterwegs durch eine noch träge Welt. Sonntagmorgen. Halbausgeschlafene Erwachsene hatten schon Mühe, einen vorerst noch kleingeratenen Marco Polo von Entdeckungsfahrten abzubringen. Deren ständiges Basislager ein wunderschön warmes und zerknautschtes Wochenendausschlafbett ist.

Am Frühstückstisch sind wir dann besser gewappnet für die Wunder des Tages, auch für die Tatsachen. An Unordnung fehlt es nicht, trotz der frühen Tageszeit. Ein Tonband läuft mit John Lennon. Seitdem der Plattenspielerarm als Lastkran benutzt wurde, haben Tina und ich uns auf Kassetten umgestellt. Ich sehe zwei kleine Hände über den Tisch phantasieren, immer kurz davor, die Gravitätsgesetze mit jedem einzelnen Geschirrstück neu zu bestätigen. Newton muß ähnlichen Spaß und ähnliche Beharrlichkeit gehabt haben. Immer, wenn ich in die blauen Kinderaugen schaue, fühle ich mich unbehaglich eingeklemmt zwischen Wolken und Verzicht. Ich bilde mir nicht ein, in die gefühlsduselige Art von alten Männern zu verfallen, wenn sie über Kindheit als ihre ewig „Unvollendete" reden. Aber diesem unbestimmten Übermaß der Handlungen entzieht sich keiner, der guten Willens ist; und keiner, der nicht automatisch zuordnet und wertet. Wissenschaftler haben Erklärungen dafür, ich nicht. Wir bekindern uns heute also, wollen zuschauen. Ich will mir ein paar Notizen machen, will wie mit einem Sprachzoom an das Kind herankommen und damit auch ein Stück weit zu mir. Übergangslos ist Spiel im Zimmer und entkorkt die Phantasie.

Vor mir also, eierbecherumschmeißend, die Gestalt eines nicht ganz dreijährigen Philosophen, der alle Höhen und Tiefen menschlichen

Kommunizierens schon erlebt hat, es nun vorzieht, eine Mischung von allen Möglichkeiten anzubieten, wozu er stets den Einsatz des ganzen Körpers braucht. Sprache ist jedenfalls der unwichtigste Teil des Ganzen, meist brabbelt er ohne jemanden zu meinen, auch hierin den Weisen nicht unähnlich. Jetzt will er vom Tisch. Und kaum auf dem Boden angekommen, baut er mit seinen Klötzen wie an einer Burg, uneinnehmbar für zudringliche Blicke.

Eine unbedingte Erinnerung von Spielen durchzieht meine Gedanken, ein Geruch von Kleinsein ist mir in der Nase. Immer sind es die Anfänge, die bleiben. Die Geschichten überholen uns irgendwo, treiben uns ohne Zuflucht zu der Person zusammen, die wir selbst erfunden haben. Als ob es meine Gedanken erriete und heimlich einverstanden sei, steht das Gesicht des Kindes auf einmal in einem Lachen. Ein Lachen für große Horizonte, das auch noch den Rest der Zimmerwände bröckeln läßt. So angestoßen fühle ich mich kühn genug, für Momente mein Erwachsensein zu vergessen.

Doch der Eifer der Liebe, die rigide Fürsorge, die ständig mit uns Eltern ist, bringt mich schnell wieder in die gewohnten Bezüge zur Welt. Wir beiden *Großen* verständigen uns mit den wohlvertrauten kurzen Blicken, entscheiden wider besseres Wissen, das Verhalten des Kindes als rührend zu empfinden. Also setzen wir uns in seine Zusehrnähe, es läßt's geschehen, nimmt in seine Welt nur einen Fuß, der breit vor seinem Spielkreis steht.

Flüchtig streift das Kind mit seiner ganzen Person unsere Angst, Falsches zu tun, oder es zu lassen mit all unserer Kenntnis. Kurz scheint sein Spielen aufgeschoben, es verweilt in Übergängen, hält still in ihnen. Völlig ruhig. Dann nimmt es ihn wieder auf, den Streifzug des Körpers durch ein Brachland der Freude, den wir uns angewöhnt haben, Wohnung zu nennen: mit Tisch, Schrank, Stuhl und Teppich. Es formt sich selber eine Gültigkeit, mit Lachen und Strenge, scheint außerstande, sich zu irren, – unbeugsame Ganzheit. Wir liegen währenddessen für ihn im Ungewissen, und doch notwendig anwesend in seinem ununterbrochenen Fühlen, bleiben aber ohne Widerstand und Widerspruch dem Murmeln der Dinge ohne Namen zugeordnet.

Die Verführung, die so ein kleines Wesen ausstrahlt, liegt in der Art von Glück, die mit ihm ist; jedes Zaudern ist noch abgrundtief und jedes Staunen rührt selbst Jene an, die so die Welt zu sehen lange schon verlernen mußten. Unwiderstehlich nimmt es die unsäglich Erwachsenen mit in die Landschaft des Zufalls, ein kleines Stück, doch weiht es niemanden ein in sein Geheimnis. Nur die Gewohnheit – die greift es vernichtend an. Durch irgendein Geräusch, eine Bewegung, entführt es unsere in einer Flaute liegenden Sinne auf die offene See der Empfindungen. Doch dann, an einer Stelle, verschütten wir uns wieder mit Fragen oder Antworten und sind viel zu traurig, um weiter zu erinnern.

Auf einmal schaut das Spielkind mich an, und ich habe unabweisbar das Gefühl: Es gibt mir zu verstehen, daß dies alles Dinge sind, die eigentlich der Verschwiegenheit bedürfen, ohne Spiegelung und Spuren in einer sich alles anmaßenden Vernunft und ihrer Sprache. Ich senke den Blick. Und doch wird nichts um das Kind von einem grenzenlosen Vergessen verschont. Noch zu keiner Sünde wider die Sehnsucht fähig, wird es von keiner Freude eingeschüchtert und von keinem Schmerz. Dazwischen scheint es ohnehin nur für Ältere etwas zu geben. Es jauchzt schon wieder, übt die Rückverwandlung einer Zeitung zu Papiermasse.

Wir haben wohl ein unmerkliches Gemüt erworben, uns sind Verstecke lebensnotwendig geworden. Das Kind ist Grenze aller Verwandlungen, keine gleicht der anderen. Wenn ich mich selbst mehr lieben würde, wäre ich dem kleinen Menschen dort erst wirklich nahe, denn sein Hiersein kann mit nichts verglichen werden, außer mit Liebe. Kommt es daher, daß Kinder bei ihrem Spiel – mehr als Erwachsene je bei ihrem ernsten Tun – so sehr sterblich sind?

Während ich so dem zerstreuten Liebkosen seiner Hände zuschaue, aus denen die Gegenstände immer wieder unbegonnen entkommen, geht mir ein Gedanke nicht mehr aus dem Kopf: Es geht maßlos um mit seiner Zuwendung! Ein Vorrübergehender, zur Hoffnung berufen, ganz aus und doch ohne Schwäche. Entgegenkommen wird es uns, unserem strikten Bedürfnis nach Plänen und Zusammenhängen, dem scheinbar unerläßlichen Teil unseres Begreifens. Unaufhaltsam wird es großkindlicher werden, eine große Hilfe für gemeinsame Sehnsucht.

Langsam kommt es her durch die Geschlechter, gewinnt wunschgemäß an Deutlichkeit für uns, fügt sich unsern tausend einsamen Taten als Täuschung hinzu. Wir alle werden ihm kaum etwas lassen können von seinem edlen, raumlosen Besitz; wir werden ihn verstehen lernen – und vergessen.

Draußen bricht die Sonne durch, heller Kinderzimmernachmittag im Spiel, ausstaffiert mit erwachsenen Gästen, so obenhin. Eine kleine Hand streicht über mein Gesicht. Nein, ich sag jetzt nichts mehr, laß es gut sein; bin nur still, meinetwegen ein bißchen durcheinander, mitten im Tag.

Sven 12 Jahre

Ich weiß noch nicht recht ob ich später einmal Kinder haben möchte. Es kommt darauf an ob mir einmal der Partner für's Leben über den Weg läuft. Aber eigentlich habe ich nichts gegen Kinder. Warum ich Kinder möchte? Na ja ich finde man sollte seine Familie fortsetzen

Bochum den 21.1.82

Kinderwunsch

Wie ich mir meine allerliebsten Eltern vorstelle? Meine Eltern sind mir lieb genug.

Dirk Tesch

Ulrich Raschke

EINS, ZWEI, ZÄHLEN LERNEN MUSS MAN

oder
Anfangs war alles ganz anders
Literarischer Wetterbericht

In der zweiten Monatshälfte des Februar, in einer vorwiegend unbeständigen Zeit mit zunehmender Milderung, bei mäßigem Frost, geboren, besonders in den Bergen, als zwischen die Kartoffeln Torfmull gestreut wurde, damit eine gute Wurzelmasse gebildet wird. Bald danach, in den Keller gestellt, trieben die jungen Triebe, teils in Frost und Schnee, in der Frühlingsluft. Alte Wege wurden ausgebessert, neue angelegt. Er lag in den Windeln, an geschützten Stellen, damals, eine wird schon durchkommen, hat der Großvater Mohrrüben gesät, trocken und mild. Die Berge waren oft in den Wolken, milchig, die Brüste gefüllt, freundlich und warm. Keiner durfte den Boden begehen, den feuchten, damit er nicht verhärtet. Bei Tauwetter und Schneematsch hatte er händevoll zu trinken. Zwischen erhöhten Spargelwällen und unbeschnittenen Beerensträuchern, unbeständig, rauh, wurde er getauft, kein Mist für Zwiebeln. Die Windeln waren sauber, trotz Schneeschauer in den höheren Lagen und der alten Rharbarberbeete, umgegraben und gedüngt. Noch bevor die Erbsen ausgesät wurden, gerade als der Boden eine Stickstoffgabe mit Kalksalpeter erhalten hatte, obwohl Gewitterneigung zu befürchten war, weil er nicht Papa sagte, sagte er Mama. Daraufhin, ausgiebig, lüftete der Großvater die Mistbeete, pflanzte Sellerie an und Spargel. Seinen Vater hat er nie gesehen; er fiel, anfangs warm, dann gewitterhaft, meist sonnig, als die Komposthaufen umgesetzt und die Gurken über dem fünften Blatt entspitzt wurden, im Krieg, in einem kurzen, aber kühlen Abschnitt im August, als der Großvater Küchenkräuter trocknete, an einem luftigen Ort, kurz bevor er dazu kam, die Himbeerruten über dem Boden abzuschneiden. Nebel kam auf in den Morgenstunden, in die leeren Mistbeete säte der Großvater Radieschen. Bei

Frostgefahr wurden die Mäuse mit Gift und Fallen bekämpft, die Gedanken in Wolken, naßkalt, unfreundlich, in den Morgenstunden jedoch aufheiternd und wärmend. Der Großvater hat damals die Erdbeerbeete mit Mist abgedeckt. Die Bomben fielen, als die Tauwettergefahr vorüber war, bei starkem Frost, auf die ausgebesserten Zäune, neben die nicht umgesetzten Komposthaufen, ins feuchte Laub, einer Unfallquelle auf Gartenwegen, wie Schneefälle. Ein Jahr ging zu Ende, ein neues fing an. Eins, zwei, zählen lernen muß man. Nach strengem Frost, während eines Abschnitts milderen Wetters, hat der Großvater gesagt, Fremdsprachen sind wichtig, one, two.

KUNST
KIND

Bettina Uhrig

ICH HABE ABGETRIEBEN

Wider-Sprüche während der ‚sozialen Indikation'
Ein Stenogramm

Als ich noch ein Kind war, wollte ich gerne ein Brüderchen. Als meine ältere Schwester ein Kind bekam, war die Begeisterung groß. Stolz fuhr ich mit dem Kinderwagen spazieren. Glaubten die Leute, ich sei die junge Mutter, fühlte ich mich geschmeichelt.

Später dachte ich, daß man älter sein sollte, um die Verantwortung für ein Kind übernehmen zu können. Mit 15 nahm ich die Pille und schlief zum ersten Mal mit einem Freund. Ich war vorsichtig. Schwanger werden wollte ich nicht, sondern: zur Schule gehen, Abitur machen, reisen, studieren, etwas erleben. Mit Kindern war ich gerne zusammen, eigene wollte ich noch nicht. Das blieb neun Jahre so – fünf Jahre Pille, drei Jahre mit zwei Spiralen, danach Diaphragma, Temperaturmessen und Präservative. Ob ich einen Mann liebte, erkannte ich an der selbstgestellten Frage: Kannst du dir vorstellen, von ihm ein Kind zu bekommen? Nie konnte ich mir dies längere Zeit vorstellen, und ohne Mann wollte ich kein Kind.

Aber ich hatte öfter über eine mögliche Schwangerschaft nachgedacht. Je nachdem, wie intensiv sich in diesem Moment die Beziehung zu dem Mann, mit dem ich schlief, darstellte, konnte ich mir vorstellen, das Kind zu bekommen oder nicht. In welchen Situationen ich bzw. der Freund waren, spielte bei diesen hypothetischen Überlegungen keine wesentliche Rolle. Manchmal dachte ich beim Beischlaf daran, in diesem Moment schwanger zu werden; dann empfand ich den Geschlechtsverkehr als besonders intensiv.

Im Sommer 1980 passierte es dann. Ich dachte schon: Das ist so lange gut gegangen, vielleicht kannst du gar nicht schwanger werden. Noch vor der Frage, ob ich mir vorstellen könnte, mit diesem Mann zusammen ein Kind zu haben, wurde ich schwanger.

Ich erfuhr erst im Krankenhaus, daß ich schwanger war. Die Wochen davor hatte ich es mir machmal gedacht. Aber ich verließ mich auf die Untersuchung des Frauenarztes und auf eine Ultraschalluntersuchung, die beide einen negativen Befund ergaben. Wegen immer wieder auftretender Unterleibsschmerzen ging ich ins Krankenhaus. Man nahm eine Bauchhöhlenschwangerschaft an. Ich war froh, der Entscheidung, ob ich das Kind wollte oder nicht, enthoben zu sein. Einige Tage später wurde durch eine erneute Ultraschalluntersuchung jedoch festgestellt, daß eine normale Schwangerschaft vorlag. Ich blieb im Krankenhaus, und vier Tage später wurde der Embryo durch eine Kürettage entfernt.

Jetzt wirklich vor die Entscheidung gestellt, ein Kind zu bekommen oder nicht, fanden Gefühl und Verstand in meinem Kopf nicht zusammen. Wenn mich die ständig wechselnden Ärzte fragten, ob ich jetzt einen Kinderwunsch hätte, antwortete ich mit Nein. Gleichzeitig kam ich mir nicht wie ich selbst vor. Das körperliche Gefühl, Mutter zu werden, empfand ich trotz der Schmerzen als angenehm, empfand es als schön, daß meine Brüste größer und fester wurden. Ich dachte daran, das Kind zu bekommen. Konnte mir vorstellen, mit dem Mann, mit dem ich geschlafen hatte und befreundet war, ein Kind zu haben. Ich erinnerte mich an Situationen, in denen ich mir ein Kind gewünscht hatte. Freunde, die mich besuchten oder anriefen, sprachen von den negativen Seiten einer Schwangerschaft, eines Kindes in meiner jetzigen Situation. Verbal stimmte ich ihnen zu: mein Zustand sei „ungünstig". Meine und die Situation des betroffenen Mannes – wir waren erst seit drei Monaten befreundet, hatten uns beide vor kurzem zur Magister- bzw. Diplomprüfung angemeldet, wohnten in unstabilen Wohngemeinschaften und hatten keine weitere Lebens-Perspektive – diese Situationen waren nicht ideal zum Kinderkriegen und -erziehen. Ich fühlte mich unverstanden, wollte das Kind nicht und hätte es doch gerne bekommen.

Auf der Station im Krankenhaus lagen Frauen mit Fehlgeburten und mit Komplikationen während der Schwangerschaft. Viele waren jünger als ich, wollten Kinder, auch wenn sie in „ungünstigen" Situationen waren. Ich war verärgert. Wäre ich nicht eine „progressive" Studentin mit dem Anspruch, Kinder nur in idealen Situationen zu bekommen, brauchte ich meinen Wunsch nach einem eigenen Kind jetzt nicht zu unterdrücken. Ich empfand meinen Anspruch und den meiner Freunde, unabhängig leben zu können, als Zwang. Als einen Zwang gegen Gefühle, die bei anderen Frauen als *schöne Gefühle* anerkannt werden. Andererseits fand auch ich es vernünftiger, das Kind nicht auszutragen. Die Vernunft siegte, die Gefühle gingen baden.

Aus dem Krankenhaus entlassen, fühlte ich mich einsam und depressiv. War ich, als ich aus der Narkose aufwachte, noch froh, daß das Ding weg war – jetzt hatte ich das Gefühl: mir fehlt etwas. Begegnete ich schwangeren Frauen, war ich neidisch. Babys und kleine Kinder mochte ich nicht sehen. Zu dem Gefühl, mir selbst mein Kind genommen, kam das schlechte Gewissen, einen Menschen abgetrieben zu haben. Meinen Eltern wagte ich nicht von Schwangerschaft und Abtreibung zu erzählen. Ich wollte sie nicht enttäuschen. Ich hatte Angst, sie würden mich nicht verstehen. Ich versuchte mir klar zu machen, daß berechtigte Gründe für eine Abtreibung vorhanden waren: erstens meine Situation und die meines Freundes; zweitens die Angst, daß das Kind nicht gesund sein könnte – während der Schwangerschaft wurde eine Mammographie gemacht, ich hatte Schmerztabletten genommen und auch öfters Alkohol getrunken; drittens die Überlegung, daß es ohnehin nicht sinnvoll ist, in dieser Leistungsgesellschaft ein Kind zu bekommen; daß es viele Kinder gibt, von denen man eines adoptieren könnte.

All diese Gründe sind wichtig und jetzt, drei Monate nach der Abtreibung, finde ich es auch besser, nicht mehr schwanger zu sein. Der Kinderwunsch jedoch ist geblieben. Öfter träume ich von einer neuen Schwangerschaft. Ich kann mir vorstellen, die Verantwortung für die Erziehung eines Kindes zu übernehmen. Kann mir das jetzt auch ohne einen Mann denken; besser erschiene es mir aber, mit dem Partner zusammen ein Kind zu bekommen und zu erziehen. An Verhütungsmitteln benutzen wir vorläufig nur Präservative. Wenn ich wieder schwanger werden sollte, würde ich mich freuen, würde das Kind behalten, trotz aller wichtigen, rationalen Gründe dagegen. Eine erneute Abtreibung fände ich im Moment nur angebracht aus medizinischen Gründen.

Meine Situation ist nicht so schlecht, daß sich ein kleiner Mensch nicht mit mir, nicht mit uns wohl fühlen könnte.

Dewi, 15 Jahre

Ich möchte später keine eigenen Kinder haben, aber ich möchte zwei adoptieren. Allerdings erst, wenn ich meine Berufsausbildung fertig habe, das ist aber der früheste Zeitpunkt. Ich finde, es gibt so viel Kinder in Heimen, die kein richtiges Zuhause haben, daß man nicht noch mehr Kinder in die Welt setzen muß, sondern lieber diesen Kindern ein Zuhause bieten sollte. In einem Leben mit Kindern ist sicher nicht nur Sonnenschein, aber ein Haus ohne Kinder wirkt unnatürlich ruhig. Kinder bringen Lachen in eine Wohnung und Leben. Man kann sich um sie kümmern und ihnen helfen, sich später in ihrem Leben zurechtzufinden. Aber ich möchte nicht nur ein Kind haben, weil Einzelkinder stets maßlos verwöhnt werden und dadurch, daß sie gewöhnt sind, alles für sich allein zu bekommen, auch später nur schwer lernen können, einmal zu verzichten. Wenn es 2 oder mehr Geschwister sind, können sie miteinander spielen, sich helfen und haben später einen Rückhalt aneinander. Denn wenn Geschwister sich auch oft streiten, so gehören sie doch zueinander und können sich im allgemeinen aufeinander verlassen.

Marianne und Jürgen Corsepius

WIR HABEN DIE KINDERSACHEN ERSTMAL WIEDER WEGGEPACKT

Über das Auf und Ab der Adoption
Stationen

Irgendwann hatten wir einfach genug. Jeden Monat um den 14. Tag herum die gleichen Ängste: Gibt es wichtige Termine, die man nicht streichen kann? Haben wir genügend Zeit füreinander? Wird es diesmal klappen?

Danach zwei Wochen lang mehr oder weniger gebremste Hoffnung: Vielleicht hat es diesmal geklappt! Schließlich Enttäuschung, manchmal auch Ärger, gegenseitige Vorwürfe und neuen Mut fassen: Vielleicht beim nächsten Mal. Irgendwann muß es doch klappen!

Allmählich werden die Erwartungen höher geschraubt, der Streß um den 14. Tag herum nimmt zu, die Enttäuschung auch, wenn bei Marianne die Regel da ist. Verdammt! Unser Sexualleben verliert immer mehr an Spontaneität. Daß es bis zur Pflichtübung verkommt, wollten wir nicht erleben. Inzwischen waren wir zu allen möglichen Ärzten gerannt. Eisprung messen, Tuben durchblasen, Spermiogramm, Varecocelen-Operation. Erfolg: Null. Hatten wir irgendetwas vergessen? Den Ärzten fiel auch nichts Neues mehr ein. Sie empfahlen eine Wiederholung der Prozedur. Ein ersichtlicher Grund, warum wir keine Kinder bekamen, war nicht festzustellen. Also noch einmal alles von vorne? Wieder Hoffen, Bangen, Enttäuschtsein? Nein, wir hatten genug!

An unserem Kinderwunsch hatte das alles nichts geändert. Wir konnten uns nicht vorstellen, ein Leben lang ohne Kinder zu sein, wir wollten uns mit dieser Vorstellung nicht anfreunden, wir hatten Angst, unser Leben könnte in ein paar Jahren hohl und unwichtig werden, wir würden immer nur von unseren angeblich so tollen Reisen erzählen, wenn andere von ihren Kindern erzählten. Jedesmal, wenn wir mit Kindern zusammen waren, versicherten wir uns: Es wäre schön!

In unserer Bekanntschaft gab es Leute, die Kinder adoptiert hatten. Wenn wir beispielsweise mit denen zusammen waren, erschien es uns völlig unwichtig, wer die Erzeuger unserer Kinder waren. Belustigt haben uns immer die Beobachtungen der Adoptiveltern, daß Fremde zwischen ihnen und ihren Kindern die auffälligsten Ähnlichkeiten entdeckten. Solche Erfahrungen machten uns mehr Mut als die Diagnosen der Ärzte. Wir setzten uns einen Zeitpunkt: Wenn es bis dahin nicht klappen sollte, wollten wir zur Adoptionsvermittlungsstelle gehen. Noch länger warten, dabei immer älter werden – das war nichts für uns.

Wir erkundigten uns vorher über die Prozedur: Man dürfe sich von der Behörde nicht alles gefallen lassen, die spielten ihre Macht gerne aus. In Berlin gibt es für jeden zur Adoption freigegebenen Säugling zirka zehn Bewerber. Das schockte uns zuerst. Gleichzeitig hatten wir den Eindruck, unsere Chancen stünden nicht schlecht: Relativ lange verheiratet, gesicherte Existenz, pädagogische Berufe, ärztlich bescheinigte Schwierigkeiten mit dem Kinder kriegen.

Trotzdem. Wir waren sehr aufgeregt, als wir das erste Mal Kontakt mit der Vermittlungs-Behörde aufnahmen. Die nach dem Alphabet für uns zuständige Sachbearbeiterin war gerade in Urlaub. Ihr Vertreter bot uns ein erstes Gespräch an. Wir sagten zu, obwohl wir Zweifel hatten – hat das einen Sinn?

Vor seiner Tür war die Aufregung groß. Wir wußten: Der persönliche Eindruck ist sehr wichtig. Objektive Daten zählen wenig. Wir fühlten uns auf einem Persönlichkeitsprüfstand. Es hing so verdammt viel davon ab!

Das Gespräch lief gut und verhältnismäßig entspannt. Warum wir denn Kinder haben wollten? Wie wir an seine Stelle geraten seien? Ob wir uns denn über die Risiken im Klaren wären, die mit einer Adoption verbunden seien. Man wüßte nicht viel über die Kinder. Niemand stecke in ihnen drin. Garantien könnten nicht gegeben werden, das sei ja auch bei eigenen Kindern nicht der Fall. Ob wir lieber einen Jungen oder lieber ein Mädchen wollten. Wie alt das Kind denn sein sollte. „Soso, möglichst klein!" – das wollten die meisten, verständlicherweise. Dann beschrieb er uns den Adoptionsweg: Daß die Mutter erst nach acht Wochen ihre verbindliche Einwilligung geben könne, daß es Mütter gäbe, denen man hinterherrennen müsse, um die Unterschrift zu bekommen, daß die Mutter bis zu ihrer Unterschrift das Recht habe, ihr Kind zurückzufordern, daß die Chancen für uns, *es* endgültig behalten zu können, nach einem halben Jahr mit jedem Tag zunähmen. „Ich kann erklären, sie können zur Kenntnis nehmen. Aber verstehen werden sie es nicht, wenn ich zum Beispiel anrufe und sage: ‚Es tut uns leid, wir müssen Ihnen Ihr Kind wieder wegnehmen. Die Mutter hat sich umentschieden!‘ Das ist sehr schlimm. Eins Ihrer Risiken!“

Es gibt nicht nur Risiken bei einer Adoption, es gibt auch besondere Zwänge.

Wir hatten uns für die Erfüllung unseres Kinderwunsches vorgenommen, beide auf halbe Arbeits-Stellen zu gehen, um aus der traditionellen Rollenverteilung herauszukommen, um uns zu gleichen Teilen mit unserem Kind beschäftigen zu können. Als Lehrer hätten wir, im Gegensatz zu vielen anderen Berufen, dazu die Möglichkeit. Unser Vorschlag wurde im Amt mit bedenklichem Gesicht quittiert. Der Kindervermittler erklärte, daß Frauen, die ihren Nachwuchs zur Adoption freigaben, meist nicht zu ihrer Schwangerschaft stünden, alles Mögliche täten, sie zu leugnen oder zu verheimlichen. Was dabei herauskomme, seien Kinder, die besonderer Fürsorge, Pflege und Liebe bedürften. Sie hätten Nachholbedarf. Und sie bräuchten eine feste Bezugsperson. Eigentlich könne das nur eine Frau sein. – Natürlich könne niemand Marianne dazu zwingen, ihren Beruf aufzugeben. Aber wir müßten davon ausgehen, daß, bei sonst gleichen Voraussetzungen, ein Ehepaar, bei dem die Frau bereit sei, ausschließlich die Mutter-Rolle zu übernehmen, uns gegenüber bevorzugt würde.

Nicht unsere Wünsche waren gefragt, sondern die Vorstellungen der Behörde. Was tun? Wir wollen ein Kind, und wir wissen: Für jedes Baby gibt es zehn Bewerber. Wir entscheiden uns für die Chancensteigerung.

Die Vorstellung, auf die Schule verzichten zu müssen, fällt Marianne schwer. Sie fürchtet um ihre guten Kontakte zu den Kollegen, sie fürchtet, daß ihr die Bestätigung durch den Beruf fehlen wird, sie fürchtet, neidisch auf mich zu werden. Wir beide ahnen, daß die ungleichen Rollen zur Belastung unserer Beziehung werden können. Wir trösten uns erst einmal damit, daß das erste Kinder-Jahr ein überschaubarer Zeitraum ist. Und wir sind wütend auf den Vermittler. Er stellt Forderungen und bietet Risiken.

Auf welchen Warte-Zeitraum wir uns denn einstellen sollten, wollten wir wissen. Da öffnete er die Hintertür. Das sei unterschiedlich. Mal klappe es nach einem halben, mal erst nach zwei Jahren – das hänge ganz von den Umständen ab und von den Bewerbern. Manche wollten nur ganz bestimmte Kinder, z. B. keine Kinder von Drogenabhängigen oder Alkoholikern – da dauere es dann meist noch länger.

Bei einer Schwangerschaft weiß man: In neun Monaten ist es soweit. Wann wird es bei uns so weit sein? Wird es überhaupt dazu kommen?

Als wir draußen vor der Amts-Tür waren, hatten wir ein gutes Gefühl. Der Sachbearbeiter schien von uns angetan. Prüfung bestanden? Hoffentlich! Aber was bedeutete das nun? Worauf sollten wir uns konkret freuen? Wir haben ja gar nichts in der Hand. Sofort mischte sich Unsicherheit in die Freude, denn „unser Mann" fällt die Entscheidung nicht allein. Er hat nur eine Stimme im Entscheidungsgremium. Wer sind die anderen? Sie kennen uns nicht, werden uns auch nicht direkt kennen lernen. Wir kennen sie nicht. Wonach entscheiden sie? Lassen sie sich von unserem Sachbearbeiter beeinflussen? Haben sie andere Kriterien? Wer setzt sich durch? Zu viele Unwägbarkeiten, sich

einfach zu freuen. Da haben es die Frauen einfacher, denen der Arzt verkündet: „Gratuliere, Sie sind schwanger!" Sie wissen, woran sie sind. Wir bekommen ein Kind vermittelt – vielleicht, und wir wissen nicht, wann.

Trotzdem sammelten wir im Laufe der nächsten Wochen und Monate die ersten Utensilien zusammen: Babykleidung, Kinderwagen, Bettchen. Wir tun so, als wäre Marianne schwanger. Wir haben große Kinder-Lust und wünschen uns, daß alles bald zum Einsatz kommt. Dann bremsen wir uns gleich wieder: Vielleicht dauert es noch ein Jahr? Wir haben Angst, ob unsere Stimmungskurve sich so lange dehnen läßt. Vielleicht ist das Kind schon ein paar Wochen alt, und wir brauchen die kleinsten Strampelanzüge gar nicht, die uns jetzt so gefallen.

Vier Monate, nachdem wir pflichtgemäß alle Formalitäten – Lebenslauf, polizeiliches Führungszeugnis, Fragebögen, Gespräche mit einer Sozialarbeiterin vom Jugendamt, amtsärztliche Untersuchung – hinter uns gebracht haben, rufen wir bei unserem Vermittler wieder an. Er macht sofort einen Termin mit uns, und wir sitzen ihm aufgeregt gegenüber. Wie wird es jetzt weitergehen? Was wird er uns heute sagen?

Er ist erstaunlich konkret. Marianne soll bei ihrer Schule alles vorbereiten, der nächste Stundenplan solle ohne sie aufgestellt werden. Er habe zwar noch kein konkretes Kind für uns, aber wir sollten uns darauf einrichten, bald sei es so weit. Ob wir in den Weihnachtsferien verreisen wollten, oder ob er sich da gegebenenfalls melden könne ...

Es haut uns fast um. So schnell! In ein paar Wochen! Da fehlt uns ja noch eine Menge Kinderkram. Jetzt können wir die Handbremse endlich lockern. Jetzt wird's Ernst. Wir malen uns aus, daß irgendwo in Berlin eine Frau mit einem dicken Bauch herumläuft, vielleicht im siebenten, vielleicht im achten Monat. Das Kind, das sie austrägt, werden wir großziehen, wir werden ihm einen Namen geben, und es wird irgendwann Vater und Mutter zu uns sagen. Irgendwann wird es Marianne auch fragen, ob es in ihrem Bauch gewesen sei. Wir werden ihm alles erklären. Was werden wir über seine leibliche Mutter erfahren? Was wird es für ein Kind sein?

Zwei Tage vor den Weihnachtsferien kommt ein Anruf von der Adoptionsvermittlungsstelle. Marianne ist am Apparat. Ob wir heute Zeit hätten. Natürlich. Er hätte ein Kind für uns. Zuerst will er gar nichts weiter dazu sagen, aber Marianne will es wissen: Es ist 14

Monate alt. Ein Junge. Die Mutter ist im Knast. Vier Jahre. Das Sorgerecht ist ihr entzogen. Sie hat gedealt, ist selbst drogenabhängig. Das Kind ist seit einem halben Jahr im Heim. Wir sollen es uns in Ruhe überlegen. Er sei sich bewußt, daß sein Angebot nicht ganz unseren Vorstellungen entspräche, aber er habe uns trotzdem fragen wollen. Es sei ein lieber Junge, blond mit blauen Augen.

Wir sind furchtbar enttäuscht. 14 Monate: Der Kleine kann schon laufen. Ich versuche mir vorzustellen: Übermorgen läuft hier jemand durch die Wohnung, schaut sich alles an, nimmt dies und jenes in die Hand, in den Mund, hat Hunger, muß pinkeln, bleibt über Nacht – die erste Nacht bei uns. Vielleicht gefallen wir ihm gar nicht, vielleicht will er gleich wieder weg. Vielleicht hat er Angst in unserer Wohnung. 14 Monate: Das ist schon ein richtiger kleiner Mensch, mit dem man sich auseinandersetzen muß, kein Winzling im Körbchen, der nur Hunger haben und schreien kann. Darauf hatten wir uns eingestellt, nicht auf ein 14 Monate altes Kind mit einer völlig verkorksten Vergangenheit, die vielleicht schon irreparable Schäden hinterlassen hat. Und trotzdem: Kann man überhaupt „nein" sagen? Was hätte das für Konsequenzen für uns? Sind wir dann bei der Vermittlungsstelle erst einmal weg vom Fenster?

Der Druck der Entscheidung ist groß. Wir brauchen einen Tag Bedenkzeit. Bei einem zweiten Telefongespräch erfahren wir, daß die Mutter ihr Kind gar nicht zur Adoption freigegeben hat. Was passiert, wenn sie aus dem Gefängnis kommt und ihr Kind haben will? Schlimmstenfalls kommt es zu einer gerichtlichen Entscheidung, antwortet der Sachbearbeiter. Um unser Kind nach vier Jahren vor Gericht streiten? Eine wahnsinnige Vorstellung. Wie soll man ein Kind aufziehen, von dem man nicht genau weiß, ob man es behalten darf oder nicht?

So schwer es uns fällt: Am nächsten Tag sagen wir *nein.* Wir wollen einen Säugling, und wir wollen kein Kind, das uns vielleicht wieder weggenommen wird. Nicht nach einem Vierteljahr – unser „normales" Risiko – nein, nach vier Jahren. Das ist unzumutbar.

So sind wir noch immer zu zweit und wissen nicht, wie es weitergeht mit unserem Kinderwunsch. Wir wissen nicht, ob sich unsere Chancen durch die Absage verschlechtert haben, wir wissen nicht, ob wir noch einmal „nein" sagen können, wenn uns ein ähnlich problematisches Kind angeboten wird. Wir haben die Kindersachen erstmal wieder weggepackt, aber wir warten weiter. Unsere Angst vor dem nächsten Anruf ist größer geworden.

Irmela Körner

PRIMA MATERIAL, PREIS 25 000 MARK

Über Leihschwangerschaft zwischen Liebesdienst, Rassentheorie und Geschäft
Eine Reportage

Ein Wort zuvor

„Weißt Du, während meiner Schwangerschaften war ich richtig stark. Mit jeder Bewegung des Kindes in mir fühlte ich meine immense Fähigkeit, Leben geben zu können. Und bei der Geburt kam ich mir vor wie ein Künstler, der ein Meisterwerk vollendet hat."

Dieses Bekenntnis einer Freundin ließ mich tagelang nicht los. Ich beneide sie keinesfalls um ihr Los, Mutter dreier Kinder zu sein, die eigene Ansprüche nur nach dem Stundenplan der Babysitter formuliert. Nein, um nichts in der Welt würde ich mit ihr tauschen wollen. Nur dieses Körpergefühl, die Möglichkeit, die ureigenen, natürlichen Anlagen für die Vollendung eines Meisterwerkes einsetzen zu können, diese Erfahrung neidete ich ihr.

Ich wüßte so brennend gerne, ob mit der Entwicklung des kleinen Zellgefüges im Körper auch die Mutterliebe keimt. Ob sie neun Monate lang Gestalt annimmt, bis sie am Tag der Geburt endgültig und allumfassend da sein würde.

Ich würde brennend gerne alle Fähigkeiten meines Körpers entdekken, meine natürlichen „Ressourcen" einsetzen, um zu erfahren, wozu ich fähig bin. Aber ich möchte nie im Leben Kinder haben, nie im Leben Mutter werden.

Da hörte ich von dem ersten Vermittler von Leihschwangerschaften in der Bundesrepublik. Ganz bewußt klammerte ich vor meinem ersten Besuch bei Alfred Hinzer alle Fakten, alle „vernünftigen" Pro- und Contra-Argumente aus, ich wollte mich neugierig, gespannt und unvoreingenommen überraschen lassen.

Jahrelang hatten sich Peter, 37 Jahre, und Astrid S., 34 Jahre, ein Kind gewünscht. „Wir haben langwierige Untersuchungen in Kauf genommen, die Riege der medizinischen Kapazitäten durchkonsultiert, alle möglichen Stellungen, Hormone und Mittel getestet, erinnert sich die Buchhändlerin Astrid. Das Ergebnis: bei ihr ein Nervenzusammenbruch, bei Peter akute Potenzstörungen. Der ersehnte Nachwuchs blieb allerdings aus.

Nun wollen die beiden einen letzten, hoffnungsvollen Versuch starten, um doch noch zu dem Wunschkind zu kommen. Sie wollen es bei einer gebärfähigen Leihmutter quasi als Fremdproduktion außer Haus in Auftrag geben.

Diese Leihschwangerschaft, auch Surrogat-Mutterschaft genannt, geht folgendermaßen vor sich: Das Sperma eines mit einer unfruchtbaren Frau verheirateten Mannes wird einer Ersatzmutter mit einer Spritze injiziert. Kommt es zur Empfängnis, trägt die Ersatzmutter das Baby aus und gibt es unmittelbar nach der Geburt an die Eltern ab. Diese bezahlen bei der Übernahme ein vorher festgesetztes Honorar.

In den Vereinigten Staaten, dem Land der unbegrenzten Möglichkeiten ist diese Form der Kindproduktion seit rund drei Jahren üblich. Der Frauenarzt Dr. Levine aus Louiseville in Kentucky, der sich „auf Fruchtbarkeitsprobleme" spezialisiert hat, rief diesen Leihmutter-Vermittlungsdienst ins Leben und hat ein gut florierendes Geschäft daraus entwickelt. Die ersten erfolgreichen Vermittlungen und Geburten von auf diese spektakuläre Art in die Welt gesetzten Kindern wurden in der amerikanischen Presse unter rührseligen Aspekten – „ich habe ein Ehepaar glücklich gemacht", „das größte Geschenk für mich, daß ich ein Kind verschenken durfte", und ohne Berücksichtigung der damit verbundenen Probleme publizistisch ausgeschlachtet.

Der Heilpraktiker und Psychotherapeut Alfred Hinzer aus Bad Oeynhausen will nun in die Fußstapfen von Dr. Levine treten und tritt als „erster Vermittler von Leihschwangerschaften" in der Bundesrepublik auf. Der 59jährige, der, wie er berichtet, „sehr viel Eheberatung macht", ist zu dem Schluß gekommen, daß viele kinderlose Paare deshalb an psychosomatischen Störungen oder Krankheiten leiden, weil sie ihre Kinderlosigkeit nicht verkraften. Ihnen, so argumentiert Hinzer, kann mit einer Adoption nicht geholfen werden, nur durch ein eigen geborenes Kind. „Schließlich ist es die Aufgabe, die die Natur der Frau zugedacht hat". Dem Mann darf außerdem „das Recht auf einen Stammhalter nicht einfach dadurch vorenthalten werden, weil die Frau ihre Gebärfunktion nicht erfüllen kann".

Hinzer sieht in der Surrogat-Mutterschaft, die hier Abhilfe schaffen soll, eine reine Variante der heterologen Insemination. Bei diesem Vorgang wird der Ehefrau eines unfruchtbaren Mannes – das sind 40 Prozent der Fälle bei kinderlosen Paaren – der Samen eines fremden Spenders injiziert. Diese Methode wird in der Bundesrepublik aufgrund einer Entscheidung des Deutschen Ärztetages von 1970 nicht mehr als standeswidrig angesehen und in einigen Universitäts- und Privatkliniken unter ärztlicher Kontrolle und Wahrung der Anonymität bereits erfolgreich angewendet.

Um seine Vermittlerrolle beginnen zu können, inserierte Hinzer in der lokalen Presse und in einer deutschen Illustrierten folgenden Text: „Kinderlosigkeit kein unabwendbares Schicksal mehr, Hilfe durch Leihschwangerschaft".

Dabei hat er ganz bestimmte Vorstellungen in Bezug auf die möglichen Leihmütter: „Studentinnen, die nach erfolgtem Studienabschluß noch ein Jahr überbrücken müssen, sind besonders geeignet, denn die stellen sich gleich richtig darauf ein und erheben später keinen Anspruch auf das Kind". Doch nicht nur arbeitslose Akademikerinnen, die in dieser Gebärfunktion eine Möglichkeit des Broterwerbs erhalten sollen, sind ihm willkommen. Alfred Hinzer wünscht sich auch Ehefrauen, die schon mehrere gesunde Kinder haben: „Die wissen, auf was sie sich bei einer Geburt einlassen und bieten Sicherheit in Bezug auf gesunde Kinder".

Von der Freude an einer Geburt ist bei ihm nie die Rede. „Nachkommenschaft", „Aufzucht der Brut", „Arterhaltung", „Frau als Fruchthalter", „Mühsal einer Schwangerschaft" – das sind die Vokabeln, wenn er über die Leihschwangerschaft redet.

Doris W. aus B. ist eine der möglichen Leihmütter, die aufgrund einer Zeitungsannonce bei Hinzer ihr Interesse bekundete. Die 25jährige Näherin hat bereits drei Kinder: „Ein achtjähriges Mädchen, einen fünf- und einen vierjährigen Jungen – mit denen hab ich mehr als genug!" Sie will nun ein viertes Kind für ein kinderloses Ehepaar in die Welt setzen.

Nachdem sie alles mit ihrem Mann besprochen hat – „bei uns wird diskutiert und was der eine macht, macht der andere auch, wie sich das für eine Partnerschaft gehört" – hat sie sich die Spirale entfernen lassen.

Vor der Schwangerschaft will sie sich gleich klar machen, daß das Kind dann gar nicht ihr gehört. „Da wird dann auch die Bindung gar nicht erst entstehen". Ihren drei Kindern will sie dann erzählen, daß das Geschwisterchen bei der Geburt gestorben ist. Auch ihren Gynäkologen will sie über die Zeugung und Zukunft des Kindes im Dunkeln tappen lassen. „Ich fahre kurz vor der Geburt in Urlaub, der kann mich ja nicht anbinden, naja, und wenn dann im Urlaub was passiert, wer weiß". Wie die Nachbarn oder Verwandten reden und denken ist ihr egal: „Ich mache, was ich will!"

Doris W. ist selbst bei Pflegeeltern groß geworden und kann sich vorstellen, wie schlimm es ist, wenn man keine Kinder bekommen kann. Auch ihr Mann ist „sehr kinderlieb". Beide sehen in der Möglichkeit einer Leihschwangerschaft einen reinen Akt der Nächstenliebe und Hilfe für kinderlose Paare. „Ein Kind der Liebe wird es nicht, aber dafür ein Kind der Nächstenliebe. Das kommt bei mir ganz von innen heraus!", sagt sie. Da sowohl bei ihrer als auch bei der Familie ihres Mannes keine Krankheiten vorliegen, und sie auch während der Schwangerschaft vorsichtig sein wird, hat sie keine Befürchtungen, ein krankes oder behindertes Baby zu gebären. „Ich hab da keine Bedenken, und mit der Befruchtung klappt das bei mir auch. Ich mußte schon sechs Wochen nach der Geburt einen Abbruch machen, weil es bei mir so gut annimmt", erzählt sie.

Dafür, daß die Leihmutterschaft als „Verkauf von Kindern" bezeichnet wird, hat sie keinerlei Verständnis. Sie bekommt hektische rote Flecken im Gesicht und eine laute, schrille Stimme, so sehr ereifert sie sich. „Ich verkaufe doch mein Kind nicht, ich verschenke es! Verkaufen, das tut man eine Ware, die angeboten wird. Ich biete mein Kind doch nicht an, ich schenke es her und bekomme dafür eine Gegenleistung". Die Gegenleistung für das selbstlose Geschenk aus Nächstenliebe findet sie selbstverständlich. „Ich mache da einiges mit – die Geburt ist ja kein Klacks".

Mit 25000 Mark möchte Doris W. ihren Liebesdienst honoriert bekommen. „Wenn man bedenkt, was heute ein Mittelklassewagen kostet, den schon fast jeder fährt, dann sollte ein Kind doch etwas mehr wert sein", unterstützt sie Alfred Hinzer in ihrem Tarif. Er selbst geht vergleichsweise bescheiden aus dem Geschäft hervor, 3500 Mark für die Vermittlung, 500 Mark für die Insemination, die er selbst vornimmt. Das stellt er sich an Bezahlung vor. Später soll da wohl die Menge das Geschäft machen. Dieses „Kindergeld", das sich Doris W. verdient, will Hinzer allerdings nur deutschen Frauen zukommen lassen. Dem Heilpraktiker geht es bei der Vermittlung von Leihschwangerschaften nicht nur um die Hilfe für verzweifelte kinderlose Ehepaare, sondern auch darum, dem Aussterben der deutschen Rasse vorzubeugen: „Die bundesdeutschen Bürger sehen sich einem Problem gegenübergestellt, das eine Herausforderung für die ganze Bevölkerung bedeutet. Es ist eine nicht wegzuleugnende Tatsache, daß die Zahl der Deutschen an der Bevölkerungszahl abnimmt und dieser Schwund nur durch die in der Bundesrepublik lebenden und einreisenden, sehr fruchtbaren Ausländer ausgeglichen wird. Während die Zahl der Deutschen abgenommen hat, ist die Zahl der Ausländer auf heute 4,6 Millionen angewachsen, und sie wächst ständig weiter. Nach einer vertraulichen Studie des Statistischen Bundesamtes wird es in der Bundesrepublik bis zum Jahr 2000 sieben Millionen ausländische Mitbürger geben. Man schätzt, daß etwa jede fünfte Ehe kinderlos bleibt. Können wir es uns noch leisten, dieses Potential für die Aufzucht unserer Nachkommenschaft ungenutzt zu lassen?"

Solche Formulierungen und ausländerfeindlichen Äußerungen finden sich bei Hinzer in seinen verschiedenen Merkblättern zur Leihschwangerschaft. Diese Methode soll seinen Vorstellungen nach auch bei genetischen Fragen angewendet werden. „Wenn sich ein verheiratetes Paar aus genetischen Gründen einer Leihmutter bedient, statt im Sinne der sexuellen Zwangswirtschaft ein eigenes Kind zu zeugen, dann ist dies als ein Beweis hohen verantwortlichen Denkens anzusehen. Neben dem obersten sittlichen Gebot ‚Du sollst nicht töten', müßte der Satz aufgerichtet werden, ‚Du sollst nicht unbefugt Leben geben'. Nur so können wir der Entartung unseres Volkes vorbeugen und das Siechtum von einer Generation zur anderen stoppen." Das hat er in einer seiner Schriften dick unterstrichen.

Aufgrund dieser Vorstellung von Volk und Rasse ist Hinzer auch bemüht, bei der Auswahl der Leihmütter ganz besonders sorgfältig zu sein. Alle Daten – Augenfarbe, Haarfarbe, Körpergröße und positive Charaktereigenschaften – speist er in einen Computer ein. Die Wünsche der Kaufeltern sollen so präzise wie möglich erfüllt werden, „selbstverständlich berücksichtigen wir Sonderwünsche". Wenn ein blondes Kind geplant ist, kommt auch nur eine blonde Mutter von der Angebotsseite in Betracht.

Ganz wichtig ist für Hinzer auch ein möglichst hoher Intelligenzquotient beim samenspendenden Erzeuger: Damit's ein Prachtkind wird.

Einer dieser potentiellen Kaufväter ist Rainer K., der mit seiner Frau Monika bereits ein erstes Kontaktgespräch in Hinzers Kurpraxis geführt hat.

Auf den promovierten Chemiker, der zur Zeit noch ein Medizinstudium dranhängt, setzt Hinzer große Hoffnungen. „Der ist intelligent, beste Voraussetzungen, prima Material". Die K's sind jedoch noch nicht endgültig entschlossen, ihr Wunschkind anderweitig in Auftrag zu geben. Monika weiß zwar seit einer Eileiterschwangerschaft, daß sie selbst keine Kinder gebären kann, aber sie kann sich ihr Leben auch ohne Nachwuchs vorstellen, „mit Kind wäre es nur abgerundeter". Auch eine Säuglingsadoption ist für sie durchaus vorstellbar.

Das Ehepaar lebt in einer der unzähligen Zweifamilien-Reihenhaus-Vorstadtsiedlungen, die sich von Flensburg bis Konstanz überall gleich präsentieren. Häkelgardinen hinter blankgeputzten Fensterfronten, ein sauber gewienerter Mittelklassewagen vor der Tür, ein schmuckes Vorgärtchen, gepflegter Rasen, irgendwo ein Café, in dem man den Sonntagskuchen holt und mit der Nachbarin zwei Worte wechselt. Das sind die Attribute dieser Wohngegend, in der Kinder zum guten Ton gehören.

Rainer K. will hier nicht aus der Rolle fallen: „Es gehört einfach zum Leben, Vater zu sein. Ohne Kind entgeht mir da etwas, was ich bei meinen Freunden erlebe, ich kann da nicht mitreden – und dann noch die Einsamkeit als älterer Mensch ohne Kinder".

Eine Adoption hält er allerdings nicht für den geeigneten Ausweg. „Man weiß nie, wie das Kind schon geprägt ist. Bei der Adoption bekomme ich da einfach so eins zugeteilt, bei der Leihschwangerschaft bin ich ja mit meinen Anlagen beteiligt." Ihn hemmt zu dem endgültigen Entschluß in erster Linie der Preis. Seine Frau Monika hat Angst, daß die Leihmutter das Kind dann nicht hergeben will.

Ihre Bedenken sind alles andere als Hirngespinste und übertrieben, denn die Leihschwangerschaft beruht auf keiner gesetzlichen Regelung. Alle Vereinbarungen, die im Zusammenhang mit einer Leihschwangerschaft getroffen werden, sind nicht einklagbar, da sie nach Paragraph 138 des Bürgerlichen Gesetzbuches sittenwidrig sind.

Im deutschen Ehe- und Familienrecht kommt der Begriff Leihschwangerschaft nicht vor, eine Anfrage beim Bundesministerium der Justiz brachte nur schwammige Ergebnisse. „Die Erteilung von Auskünften gehört nicht zum Bereich des Bundesministeriums der Justiz", hieß es da lapidar.

Hinzer, der den Geschäftspartnern eine fertig formulierte Vereinbarung vorlegt, in der unter anderem die Honorarhöhe und der Verzicht auf Schadensersatzansprüche sowie die Annahme eines jeden Kindes unterzeichnet wird, konnte bisher auch keinen Notar finden, der diese Vereinbarung beglaubigt. „Es kann kein Vertrag über die Geburt eines Kindes abgeschlossen werden. Das sind Konstruktionen am Rande der Legalität", urteilt Jost Wömpner über den Fall. Er promoviert zur Zeit am Institut für Arzneimittelrecht der Universität Göttingen zum Thema „Heterologe Insemination und Leihschwangerschaft". Unerlaubter Kinderhandel kann seiner Ansicht nach Hinzer aber auch nicht vorgeworfen werden – dies ist eine rechtspolitische Diskussion in den USA zum Thema Leihschwangerschaft –, da das fremdproduzierte Kind nach der Geburt adoptiert werden soll.

Ob dies dann tatsächlich reibungslos über die Bühne gehen kann, ist allerdings noch ungewiß.

Geplant ist jedenfalls, daß die Kaufeltern der in Frage kommenden Leihmutter eine Bescheinigung über ihre Adoptionsfähigkeit vorweisen. „Das muß schon garantiert sein, denn ich will das Kind ja nicht", meint auch Doris W., die bei der Diskussion um die Adoption so in Fahrt kommt, daß sie von „Auktion" redet.

Wie in diesem Fall dann die von den Beteiligten gewünschte Anonymität gewahrt werden soll, kann auch Hinzer nicht ganz sicher und schlüssig beantworten.

In der Vereinbarung heißt es außerdem, das Adoptionsverfahren werde unmittelbar nach Feststellung der Schwangerschaft eingeleitet. Nach den Vorstellungen Hinzers ist das bestellte Kind bei seiner Geburt bereits adoptiert. Dies jedoch, so Jost Wömpner, widerspricht dem deutschen Adoptionsrecht, das der leiblichen Mutter eine Einspruchsfrist von acht Wochen nach der Geburt zusichert.

Sollte sich bei der Adoption abzeichnen, daß das Kind an ein anderes, bei der Behörde auf der Warteliste stehendes Paar gegeben werden soll, muß sich der Erzeuger zu erkennen geben. „Wie die Zeugung zustande kam, geht ja keinen was an – das kann ja ein Urlaubserlebnis gewesen sein," beschwichtigt Hinzer. Dem Vater wird dann das Sorgerecht zugesprochen, auf das die leibliche Mutter verzichtet, die Ehefrau adoptiert das Kind ihres Mannes.

Nicht ausgeschlossen werden kann der Fall, daß die Leihmutter so eine intensive Bindung zu ihrem Kind entwickelt, daß sie es nicht weitergeben will. Dieser Fall wurde kürzlich in USA bekannt. Dann haben die Eheleute einfach Pech gehabt, wie beim Glücksspiel.

Auch die Zahlung von Alimenten und eventuelle Erbschaftsansprüche des Kindes an den Erzeuger sind nicht auszuschließen, meint Jost Wömpner. Da die Vereinbarungen über die Geburt des Kindes als sittenwidrig gelten und beide Parteien darüber informiert waren, bestehen keinerlei Möglichkeiten, die Vereinbarungen einzuklagen. Dadurch ist auch der Vermittler Hinzer fein heraus. Gegen ihn können Schadensersatzansprüche nicht erhoben werden.

Möglich ist nur, daß bei einer juristischen Auseinandersetzung die Insemination, die Hinzer selbst vornimmt, zum Stein des Anstoßes wird. „Die Juristen", so betont Jost Wömpner, „gehen davon aus, daß dieser Eingriff von einem Arzt vorgenommen wird, obwohl es keine juristische Grundlage gibt, die es dem Nichtmediziner Hinzer verbietet."

Alfred Hinzer hat jedoch für den Fall, daß diese Unsicherheiten das Geschäft mit den Leihschwangerschaften schmälern, gut vorgesorgt. „Mit den Leihmüttern kann ich doch keinen Blumenpott verdienen", deshalb hat er – „ich hab doch das ganze Material da", auch eine Samenbank für Frischsperma eingerichtet. Heterologe Inseminationen nimmt er in der auf die Behandlung von rheumatischen Beschwerden eingerichteten Kurpraxis ebenfalls vor.

Auch die Einrichtung einer privaten Adoptionsvermittlungsstelle scheint ihm nicht unmöglich zu sein. Vorbild ist ihm hierbei eine Ärztin aus Süddeutschland: Sie setzt die Jugendämter nach dem Motto „entweder die Adoption läuft, oder die Frau treibt ab" unter Druck und hat Erfolg damit.

Hinzer will ein ähnliches Ansinnen an Pro Familia richten: „Ich weiß, daß bei denen der Abbruch ganz vorne ansteht." Wenn die die Frauen zu mir schicken würden, ließe sich da doch was machen. Immerhin gibt es 1,3 Millionen kinderlose Ehepaare".

Es verwundert nicht, daß Vertreter der Kirchen böse Protestbriefe an den Leihmüttervermittler Hinzer schicken und sein „Herumgemendle" verurteilen. „Das ist doch alles schon mal da gewesen" – Äußerungen, die ihm in Briefen vorgeworfen werden.

Ein Gynäkologe wies einer Patientin, die mit dem Ansinnen zu ihm kam, Leihmutter zu werden, prompt die Tür, und auch andere Mediziner halten das Geschäft von Alfred Hinzer „für erschreckend und unlauter".

Hinzer kann gar nicht verstehen, daß er so verkannt wird. Besonders betrübt ihn, daß auch seine Tochter und sein Sohn von seinen Ideen nichts wissen wollen. Dabei liegt es doch auf der Hand, meint er, daß der „sexuellen Zwangswirtschaft und der unkontrollierten Fortpflanzung als Ursache der Überbevölkerung" etwas entgegengesetzt werden muß. „Man darf nicht länger den Eigentumsanspruch auf die ausschließliche Benutzung der Genitalien eines anderen Menschen halten. Wer ein Kind will, darf nicht irgend ein Bambino wollen, sondern ein glückliches Geschöpf, das zur Freude seiner Nächsten leben kann".

Ein Wort danach

Die Gebärfähigkeit bringt es seit Jahrtausenden mit sich, daß die Frau domestiziert, auf Mutterrollen fixiert, als schwaches Geschlecht definiert und zum empfindsamen Seelchen mit kleinem Verstand reduziert wird. Nun soll sie auch noch Testobjekt von Forschern und Genmanipulateuren werden. Verfügbare Gebärmaschine mit Fließbandproduktion. Nun soll die Frau ihren Körper vermieten, unter Hinweis auf die „Arterhaltung der Rasse". Sie soll reduziert werden als Kinder-Warenproduzentin. Und wenn ich ewig den Traum vom „Meisterwerk" träumen werde, wenn mich ewig die Frage nach dem Ursprung der Mutterliebe plagen wird, wenn ich ewig darauf verzichten muß, einen Teil meines Körpers zu entdecken: Der menschenverachtenden Methode des Leihmutter-Vermittlers Hinzer kann ich nur mit Schrekken und Abscheu begegnen.

Ich habe wenig Verständnis für Familien, die „um jeden Preis" ein eigenes Kind haben wollen, die vor einer Adoption zurückschrecken, weil ihr Erbgut nicht beteiligt ist. Aber noch verwerflicher finde ich, aus Kinderwünschen ein Geschäft, unter dem Deckmäntelchen der Nächstenliebe Kinder zur käuflichen Ware zu machen. Ich weiß, daß Frauen gebären können. Diese Fähigkeit unter Beweis zu stellen, überlasse ich anderen Frauen.

Claudia Storz

DUNKLE MÜTTER HABEN DUNKLE KINDER

Liebevolle Zwangsvorstellung
Eine Kurzgeschichte

Möchten wir Kinder? fragte Flora leise in Richtung Samuel, an dessen Seite sie unter der Decke lag. Er hatte die Augen geschlossen und brummte fragend. Flora fuhr fort, in sein Ohr zu sprechen: Dann würdest du dich verändern, vielleicht, du wärst ein Vater. Kein Junge mehr, der es sich leisten kann, frei zu leben, die Hälfte seiner Zeit an Dingen zu arbeiten, die nichts einbringen. Du kämest abends nach Hause und würdest das Kind baden. Was hat das Kind heute gemacht?, würdest du fragen, und ich erzählte dir, wie es entdeckt hat, daß man mit dem roten Ball Fußball spielen kann, und daß wir zwei uns dann den Ball hin und her geschubst hätten wie die kleinen Tanzbären im Zirkus. Und du wärst erstaunt und wolltest das Kind holen, um zu sehen, wie es in seinem zotteligen Schlafanzug den Ball von einer Ecke in die andere stößt.

Was erzählst du da vom Zirkus? fragte plötzlich Samuel und drehte sich gegen Flora, berührte mit seinem Mund ihre Stirn. –

Wir könnten nicht mehr so endlos liegen und die Welt verändern, denn das Kind stände auch sonntags um sechs Uhr an der Türe.

Was für ein Kind? fragte Samuel, du überforderst mich mit deiner Geschichte.

Ein Kind mit gelbem Haar, sagte Flora. – Was? sagte Samuel und richtete sich auf, Kinder mit meinem Haar haben mich verfolgt. Jahrelang sah ich sie, im Zug, in der Straßenbahn, auf der Straße. Plötzlich war da ein kleiner gelber Schopf, und ich begann zu rechnen, wie alt es sein könnte, suchte den Vater und war erst froh, wenn er dabei war, mit Bart vielleicht, oder Glatze, aber immer noch erkennbar blond, hellbraun oder rothaarig. Da fiel mir dann jeweils ein Stein vom Herzen.

Ich wußte nicht, daß du Mühe hast mit deinen gelben Haaren, ist doch schön, der eidottergelbe Schopf. Hast du denn als Kind da ... –

Nicht als Kind, – als Student, erst von diesem unglückseligen Tag an, im ersten Studienjahr, als Moritz mich überredete, mitzukommen mit den Medizinstudenten und zu spenden für die Samenbank. Moritz hat oft solche Jobs gewußt, er hat sich auch fotografieren lassen für Cordialis. Und wurde dann abgebildet für die Computerpartnersuche, in der Annonce, manchmal in einer herzförmigen Fotografie oder mit einer jungen Dame unter einem Schirm. Mit solchen kleinen Arbeiten hat Moritz sich das Studium finanziert, sagte Samuel zögernd.

Und ihr habt beide euren Samen dort einfrieren lassen? fragte Flora entgeistert. Nur ein einziges Mal bin ich mitgegangen, entgegnete Samuel leise. Und dann wurde ich nachher jahrelang von künstlich befruchteten Müttern verfolgt. Dunkelhaarigen Eltern mit blonden Kindern.

Ach Dummkopf, sagte Flora, die passen schon auf und etikettieren das Fläschchen richtig: blond kommt zu blond. Und außerdem, sagte Flora und warf ihm mit einem Ruck eine dunkle Strähne ins Gesicht, haben dunkle Mütter dunkle Kinder.

Das müßten wir eben ausprobieren, sagte Samuel.

Mechthild Zschau

STERILISATION

Nirgendwo ein Kinderwunsch
Eine Erklärung

Ich bin eine Frau und lebe allein, ich bin 34 Jahre alt und arbeite freiberuflich. Ich habe mich sterilisieren lassen.

Ich hatte noch nie den Wunsch, Nachkommen in die Welt zu setzen. Mit 27 Jahren fragte ich zum ersten Mal eine Frauenärztin nach der Sterilisation. Sie sagte mir, sie würde sie nicht vor dem 35. Lebensjahr durchführen – mit dem üblichen, von mir auch ernst genommenen Argument, daß sich die Einstellung zum Kindergebären noch stark ändern könne. Diese Ärztin riet mir damals von der Spirale zur Empfängnisverhütung ab: sie verursache Entzündungen, Bauchhöhlenschwangerschaften etc. Das sicherste und immer noch nebenwirkungsfreieste Mittel gegen Schwangerschaften sei die Pille – wenn man sie vertrüge. Ich habe sie immer glänzend vertragen. Aber im Laufe der Zeit wurde mir die permanente Zufuhr von künstlichen Hormonen unheimlich. Ich hatte das Bedürfnis, mich davon unabhängig zu machen. Und so habe ich jetzt den endgültigen Schlußstrich unter die „natürliche Lebensbestimmung der Frau" gezogen.

Meine Gründe dafür sind – selbstverständlich – subjektiver Natur. Ich komme aus einer kaputten Familie, in der ich keine Geborgenheit erfahren habe. Ich habe seit frühester Kindheit sehen müssen, daß Ehe eine höchst komplizierte, nur in seltenen Fällen funktionierende Gemeinschaft ist. Ich habe erfahren, wie viel Eltern, vor allem Mütter, bei der Erziehung ihrer Kinder falsch machen können, und wie wenig richtig. Ich habe kein Vertrauen in meine Fähigkeiten, alles besser zu machen.

Ich habe Angst vor der ungeheuren Verantwortung, die es heißt, einen Menschen zu „schaffen“. Ich fühle mich nicht „berufen“ zum Beruf der Mutter. Ich habe Angst vor der großen Macht, die eine Mutter über ihr Kind hat, das viele Jahre lang total von ihr abhängig ist. Ich habe Angst vor der Macht überhaupt und möchte sie deshalb in keinem Lebensbereich ausüben. Lieber setze ich mich mit gleicher Intensität mit mehreren Menschen auseinander, die gleichberechtigt sind und ebenso wie ich versuchen, ihr Leben selbständig zu meistern.

Ich meine, daß ein Kind unbedingt in einer Paarkonstellation aufwachsen sollte. Es braucht die Erfahrung des Spannungsverhältnisses der beiden Geschlechter, braucht die Auseinandersetzung mit Mann und Frau, um lebenstüchtig zu werden. Ich habe ein gebrochenes Verhältnis zur Dauer. Ich kann mir die Zukunft nicht vorstellen – mit Mühen schaffe ich es, einen groben Umriß für die nächsten zwei Jahre zu entwickeln. Wie kann ich dann eine Beziehung zu einem Mann eingehen: „bis daß der Tod euch scheidet“? Wie soll ich den für ein Kind notwendigen Glauben an Kontinuität entwickeln? Wie kann ich mit meiner Unfähigkeit zur Zukunft ein Faktum schaffen, das Verantwortung und Bindung für etwa 20 Jahre mit sich bringt?

Nur am Rande gilt für mich das übliche Argument, daß unsere Zukunft sowieso so trostlos aussieht, daß man sie eigentlich niemandem wissentlich zumuten kann. Atombedrohung und Umweltzerstörung sind nur die einen Faktoren, wichtiger ist für mich, daß alles zu zerbröseln scheint: Wirtschaftsformen, Regierungsstrukturen, gesellschaftliche und moralische Wertsetzungen, Kleinfamilie, Verhältnis von Mann und Frau, Sinngebung. Ein Ersatz für all das, eine Utopie, scheint zur Zeit nicht einmal denkbar.

Natürlich bin ich auch egoistisch. Ich habe mir mein Leben so eingerichtet, daß ich mir die Aufgabe meines Berufes, meiner Selbständigkeit, meiner Ungebundenheit nicht mehr vorstellen kann. Ich würde schnell verzweifeln, wenn ich zu vieles zurückstecken müßte, wenn ich meinen Lebensrhythmus umstellen und meine Bedürfnisse nach Freiheit, Kontakt zu Menschen und Spontaneität gänzlich den Anforderungen eines kleinen, von mir abhängigen Wesens unterordnen müßte.

Ich fühle mich nicht „unvollständig“ ohne Kind, ich vermisse diese Erfahrung nicht, weil meine Lebensform mir genug Raum läßt für andersgeartete Erfahrungen, für kommunikative und berufliche Produktivität.

Der konkrete Anstoß zur Sterilisation war höchst alltäglich: Ich war wieder einmal umgezogen in eine neue Stadt, meine Pillen gingen zu Ende, die alljährliche Krebsvorsorge war fällig, ich mußte mir einen neuen Arzt suchen. Und wenn schon ein neuer Arzt, dann doch bitte gleich einen, der auch sterilisiert. Ich ging zu Pro Familia, erhielt dort verschiedene Adressen und ging zu der, bei der ich den frühesten Termin erhielt. Es war eine gute Adresse – eine der seltenen positiven Frauenarzt-Erfahrungen: Der Gynäkologe akzeptierte meinen Wunsch nach Sterilisation ohne weitere Nachfragen, auch nicht die nach einem Mann, nicht einmal, ob ich verheiratet sei oder nicht! Das gab mir Vertrauen. Er informierte mich detailliert über den medizinischen Vorgang der Operation und die möglichen Komplikationen. Es gibt zwei Verfahren: Beim irreversiblen wird ein Stück aus den Eileitern herausgenommen, die offenen Enden „verschweißt"; bei der reversiblen Methode werden die Eileiter lediglich mit einem Clips abgeklemmt. Der Gynäkologe sagte mir, daß er ausschließlich die irreversible Methode der Sterilisation anwende, weil nur sie eine Empfängnis mit Sicherheit verhindere. Und die Frau, die sich sterilisieren ließe, müsse es auch wirklich ganz und bewußt wollen.

Die Operation selbst war harmlos und schnell überstanden. Unter Vollnarkose werden etliche Liter Gas in die Bauchhöhle gepumpt, durch einen kleinen Einschnitt im Nabel wird ein Sichtgerät eingeführt, durch einen zweiten Schnitt in der Leistengegend dann die Operation vollzogen. Die kleinen, nicht vernähten Schnitte taten nicht einmal nach dem Aufwachen aus der Narkose weh, der Kreislauf funktionierte gut, ich ließ mich gegen den Widerstand der Krankenschwestern am nächsten Morgen aus dem Krankenhaus entlassen. Nach einer Woche wurden die Pflaster entfernt, die Narben sind kaum sichtbar. Danach fühlte ich mich ungemein befreit und war sehr gespannt darauf, wie sich mein „natürlicher" Hormonhaushalt einpendelte. Daß ich keinerlei Folgeprobleme nach der Operation hatte, führe ich darauf zurück, daß auch das letzte Winkelchen meines Unterbewußtseins damit einverstanden war. Auch jetzt noch fühle ich mich frei, sicher, locker und viel selbstverständlicher als in meiner langen Pillenzeit, auch im Verhältnis zu meiner Sexualität.

Vor und nach der Operation habe ich mit vielen Leuten gesprochen. Die Reaktionen waren gemischt. Bei den Männern herrschte Betroffenheit vor. Die einen hatten schon vor Jahren die eigene Sterilisation erwogen, weil ihre Frauen die Pille nicht vertrugen. Sie hatten diese Idee aber auf die lange Bank geschoben und schließlich einfach „verschlampt". Sie fühlten sich von mir provoziert, den Gedanken noch einmal genauer zu reflektieren. Die anderen fühlten sich bedroht durch meinen Entschluß, waren entsetzt und versuchten, ihn mir auszureden. Fürchteten sie die Überlegenheit der Frau, ihre neue Freiheit? War ihre Potenz bedroht durch die Unmöglichkeit einer Befruchtung? Zeugungswahn? Ich bin nicht dahintergekommen.

Bei den Frauen war die Spannweite der Reaktionen sehr breit: von der totalen Ablehnung („Also dagegen bin ich grundsätzlich!") bis zu Bewunderung („Dein Entschluß erscheint mir in gleichem Maße wohlüberlegt wie radikal"). Die meisten akzeptierten den Entschluß, sagten aber von sich selber, daß sie „noch nicht so weit seien" oder „das nicht könnten", ohne genau zu wissen, warum nicht.

Am verblüffendsten war meine Mutter. Sie begrüßte meine Entscheidung unumwunden. Grund: Sie machte sich seit geraumer Zeit Sorgen um meine Gesundheit im Zusammenhang mit den schädlichen Nebenwirkungen der Pille. Ich bin eine starke Raucherin – die Gefahren der Pille steigen ab Mitte 30 rapide an: Thrombose, Herz/Kreislauf, Krebs.

Resümee: Ich würde niemals jemandem zur Sterilisation raten. Das ist eine Entscheidung, die jede Frau und jeder Mann ganz allein für sich treffen muß. Wenn nur das kleinste Eckchen eines auch noch so irrationalen Kinderwunsches vorhanden ist, meine ich, sollte man es lassen. Es ist wichtig, diesen Entschluß bis in den letzten Winkel der Seele hinein zu prüfen und nur, wenn keinerlei Widerstand auffindbar ist, ihn auch umzusetzen.

Ich fand bei mir kein einziges „Nein" vor – und jetzt bin ich froh und erleichtert, die Konsequenz aus meinem bisherigen Leben, Denken und Fühlen gezogen zu haben. Ich habe seither sehr viel weniger Angst – überhaupt im Leben.

MANN
KIND

Ingo Cesaro

IM KINDERWAGEN

Nicht erwachsen werden können
Eine wirkliche Phantasie

mit einundzwanzig schrieb ich meinen ersten brief, mit einundzwanzig im kinderwagen, von mama geschoben, einundzwanzig jahre lang immer geschoben, überall draufzu. auf entgegenkommende, auf häuser, mauern oder ... eben auf alles. ab achtzehn wurde ich ängstlich. drücke die augen zu, wenn ich meine, jetzt müsse es zum zusammenprall kommen, aber mama schafft es immer. gewiß, ihnen wird aufgefallen sein, daß mein kinderwagen anders ist, weil ich in fahrtrichtung sitze. doch mich unterscheidet einiges mehr von den üblichen sitzern oder liegern in kinderwagen. trotz meiner einundzwanzig fährt mich mama tagtäglich in die stadt, in den park, zum einholen, einfach überall hin.

wir haben nicht überlegt, warum ich in fahrtrichtung sitze. jahrelang habe ich darüber nachgedacht (zeit hatte ich genug). sicher, es gibt argumente dafür, weil ich kein baby mehr bin zum beispiel, das seine mama jeden augenblick sehen will. früher war der wagen anders, aber mama wird mich nicht mehr anschauen können. „unmöglich" werden sie sagen, wo mama mich überall hinfährt. ich verstehe mama. sie kann mein gesicht nicht mehr sehen. ich habe runde wäßrige augen, immer gerötet, ein aufgedunsenes gesicht, wie es blöde kinder haben. ich bin nicht blöd, das möchte ich klarstellen, daran darf kein zweifel bestehen. nichts könnte mich mehr erregen. trotzdem vermuten es viele, auf die ich zugeschoben werde, die sich mit mama unterhalten und mich bedauern. mama mag das nicht, ich auch nicht. es hilft ihr nicht, mir nicht, keinem. und doch kommen mir tränen. nicht, weil ich mich bedauere, was solls, aber ich denke an mama, die ihre last mit mir hat.

ein glück, daß hier alles flach ist: kein berg oder hügel. da läßt es sich schieben. manchmal denke ich (wir wollen die straße überqueren mit fahrzeugen dicht hintereinander), wenn mama den wagen vorwärts stoßen würde. dann wäre sie das schieben los, das mitleid und die last, wo ich jetzt einhundertachtzig pfund wiege und weiter zunehme, wegen mangelnder bewegung.

kommen wir mit dem kinderwagen irgendwo nicht hin, zum beispiel zu doktor babel in den dritten stock, im mietshaus ohne aufzug, nimmt mich mama huckepack. von links nach rechts schwanken wir, sie keucht und keucht eine treppe nach der anderen hinauf. kaum verschnauft sie für sekunden. mir wird schwindlig, ihr nicht.

und babel unser hausarzt schaut mich an, schaut hierhin und dorthin und oft dahin, wo ich es nicht gerne habe. das schämen müßte ich mir abgewöhnen, schon wegen der vielen untersuchungen. jeden monat bei einer anderen kapazität. jede hat mich angefaßt, einmal da und einmal da. scheußlich, ich kann ihnen sagen, einfach scheußlich.

weitergeholfen haben mama und mir diese untersuchungen nicht. mama meint, es wäre zeit, die welt kennenzulernen (möglichkeit: zu den kapazitäten reisen). dafür brauchen wir einmal nicht zu babel. bei den anderen gibt es fahrstühle hinauf und hinunter.

mit einundzwanzig wollte ich selbständig sein, doch die abhängigkeit zu mama wird immer größer. mit einundzwanzig habe ich verspielt, die hoffnungsträume dürften ausgeträumt sein. ich muß mich mehr und mehr auf mama einstellen. mit ihren fünfundvierzig ist sie nicht mehr die jüngste und erholung hätte sie nötig. die gibt es nicht, weil ich bin und niemand will mich, auch nicht für kurze zeit. versucht haben wir es. einmal ein junges mädchen. als sie mich das erste mal ausgezogen hat, ist sie weggelaufen. dachte vielleicht, ich bin ein baby. also, nichts zu machen und „zwanzig pferde hätten sie nicht zurückgebracht", wie es mama unserer nachbarin erklärte.

ich habe mich abgefunden, überall draufzu geschoben zu werden. ich drücke die augen zu, wenn es brenzlig wird, aber mama schafft es immer. der wagen ist meine welt, mit ballonrädern und einer doppelten bremse, speziell für mich umgebaut. links ist ein ersatzrad durch eine flügelschraube festgehalten. daran klammere ich mich, wenn ich angst habe.

den brief habe ich wieder zerrissen, weil es mit meiner selbständigkeit doch nichts wird. und wie gerne hätte ich eine korrespondenz eröffnet. so bin ich mit einundzwanzig, aber was wäre ich ohne mama. ich darf nicht daran denken, was wird, wenn mama mich nicht mehr huckepack nehmen kann.

hoffentlich ist dann noch zeit, eine korrespondenz zu eröffnen.

Hermann Kinder

MUT UND LUST

Aufforderung zur Entscheidung
Ein Brief

Konstanz, im Januar 1982

Nein, lieber Peter Roos,
ich hätte Dir wieder geschrieben: Trotz meines Namens, der mir vom Volksschulhof bis zum akademischen Festplausch den immer gleichen Witz eingetragen hat: Kinder, wieviel Kinder haste denn – trotz meines Namens will ich nichts beitragen zum Thema: Kinder ja oder nein. Allmählich wachsen mir die Zähne zu: Warum etwas zu dem Schwall von Lebensgeschwätz hinzufügen, diesem unendlichen öffentlichen Raisonnement über alle Probleme unserer Alltagsexistenz – ist nicht dies betroffene Herumgewälze unserer Quatschkultur in seiner Sucht nach Gesundheit, Lebenssicherung, nach heilem und richtigem Verhalten die genaue Entsprechung zu unserer rechtsstaatlich durchgeregelten Gesellschaft? Nein, das sich verselbständigende Palaver einer schweinemütigen, ihre Angst und Labilität zuquasselnden Gegenwart will ich nicht vermehren. Und nie würde ich, stände ich vor der Frage: ein Kind ja oder nein, ein Buch hierzu zu Rate ziehen. So oder ähnlich barsch hätte ich Dir wieder geantwortet.

Aber ich lief auf meinem Weihnachtsspaziergang hinter einem dieser jungen schönen Paare her, das Hand in Hand ging und Seele beredete, überholte es und schnappte auf:

Sie: Du bist doch längst in dem Alter, in dem man Kinder haben kann.

Er brummte.

Sie: Aber du willst ja kein Kind.

Er brummte.

Sie: Warum willst du denn kein Kind?

Er sagte etwas von Krieg und Umwelt. Ich hatte das Paar schon überholt und drehte mich überrascht um. Dem hätte ich also doch etwas sagen wollen. Ich meine nämlich in meinem nun fast schon 20jährigen Umgang mit dem Problem eingesehen zu haben, daß „Kinder ja oder nein“ keine in dieser Weise debattierfähige Frage ist. Letzten Endes sind alle politischen Argumente, alle vernünftigen Hin- und Herüberlegungen hier fehl am Platz. Sie überdecken die wichtigere Frage: Hast du Mut und Lust, Kinder zu haben – ja oder nein? Basta, mehr nicht. Diese Frage muß jeder für sich (oder zwei für sich) aus seiner ganzen persönlichen Lebenseinstellung beantworten. Alle gewiß notwendigen Überlegungen, ob man heute überhaupt und in seiner jeweiligen privaten Situation Kinder haben solle, können, so allgemein und vernünftig angestellt, die individuelle Entscheidung nur begleiten, mehr nicht. Denn diese Entscheidung kommt aus dem Bauch, aus der Seele oder so, jedenfalls nicht aus dem Kopf.

Ich selbst will keine Kinder haben, keine eigenen, keine angenommenen. Nicht, weil ich Kinder nicht möchte. Ganz im Gegenteil: Ich mag diese – nach L. Marcuse – „besseren Menschen“, die noch spontan sein können, wild und voller Vertrauen, die noch nicht völlig vermatscht sind von unserer Kampf- und Wettbewerbsgesellschaft, noch nicht ganz. Ich liebe es, sie zu umarmen, zu riechen, mit ihnen zu spielen und zu streiten, mit ihnen Blödsinn zu machen, mich mit ihnen wieder zu versöhnen. Und trotzdem nicht. Nun gehören ja mindestens zwei dazu, ein Kind zu haben, ich aber lebe, obwohl verheiratet, allein. Aber das ist nur ein abgeleiteter Grund. Der eigentliche ist: Ich finde es nicht sonderlich schön, ich selbst zu sein. Und da ich nicht ausschließen kann, daß eigene oder angenommene Kinder zum Teil werden könnten wie ich, will ich keine auch nur teilweise Verdoppelung meiner selbst. Darauf, meine ich gelernt zu haben, reduziert sich nämlich das Problem: Hast du Mut und Lust zu dir selber, also zum Leben, dann kannst du auch Kinder haben in der Hoffnung, ihnen etwas von deinem Mut, deiner Lust und Liebe mitzugeben. Hast du es nicht, laß es. Alles Argumentieren und Berechnen verstellt zu leicht diese entscheidende Frage nach deiner persönlichen Lebenseinstellung.

Immer hatte ich Argumente zur Hand. Und ich schäme mich jetzt über die verlogene Arroganz, mit der ich diese Argumente Menschen, die Kinder hatten oder haben wollten, unter die Nase rieb. Einem Freund, dessen Kind unheilbar erkrankte, redete ich von der Verantwortungslosigkeit, die im Risiko liegt, ein nicht gesundes Kind zur Welt zu bringen. Einer Studentin, die ein uneheliches Kind erwartete, riet ich, dies angesichts ihrer Bedingungen zur Adoption freizugeben. Sie behielt es. Und wenn ich ihr Kind und sie erlebe, wenn ich das Verhältnis zwischen dem kranken Kind und seinen Eltern erlebe, dann kommen mir meine klugen Argumente schäbig vor, flach und eindimensional, alles Menschliche auf Vernunftzwecke verkürzend. Viele solcher Argumente hatte ich gesammelt. Als ich 16 war, war ich nach der Lektüre von Tolstois „Kreuzersonate" überzeugt, daß der Wunsch nach Kindern nur der eitle Wunsch nach Verdoppelung seiner selbst sei; ein mieser, rücksichtsloser Egoismus. Mit 20ff. war ich der Meinung, daß es ein Verbrechen sei, Kinder in unsere notwendig deformierende Gesellschaft zu setzen. Mit 30ff. behauptete ich, Kindern erzöge man automatisch die eigenen Neurosen an, erst müßten die eigenen seelischen und sozialen Umstände in Ordnung gebracht sein, bevor man sich einem Kind zumuten könne. Nun kämen Krieg und Naturvergiftung dazu. Von den blödsinnigen Pflicht-Argumenten, daß man das Deutsche erhalten, die Sozialversicherung sichern, dem Führer Soldaten schenken müsse, will ich gar nicht reden. An den anderen Argumenten ist gewiß viel Wahres. Nur: Sie tun so, als sei das Leben planbar, das Risiko berechenbar, als sei abzuschätzen, was sich in einer Familie ereignen wird, als seien die Bedürfnisse der Seele mit Pro und Contra abzuhandeln. Alle solche Argumente gegen oder für Kinder (mit einem Kind kittest du eine Beziehung, bereicherst du dein Leben, Kinder machen Spaß und betreuen dich im Alter usf.) sind dann oberflächlich und gefährlich technokratisch, wenn sie zur Grundlage von Lebensentscheidungen gemacht werden – und Kinder zu haben, ist eine Lebensentscheidung. Sie können dazu kommen, sind aber nicht der entscheidende Grund. Denn der ist existentiell, nicht aufspaltbar in rationale Zwecküberlegungen. Alle wir Kriegskinder wären nicht da, ließe sich mit vernünftigen Argumenten die Frage beantworten. Und nie war die Welt wohl so, daß die Bedingungen des weiteren Lebens kalkulierbar gewesen wären. Nein, die Entscheidung für oder gegen ein Kind läßt sich nicht in Denküberlegungen überführen, sie ist wahrscheinlich nicht einmal verbalisierbar. Sie wird getroffen aus deiner, eurer Lebenseinstellung, aus deinem, eurem seelischen Vorrat an Lebensmut, Lust, Liebe, Vertrauen. Hast du da genug, wirst du ein Kind wollen und ihm die wichtigsten Überlebensbedingungen bieten können. Ich hab bislang nicht genug davon, und ich möchte auf keinen Fall ein Kind in meine unauflösbaren Schwierigkeiten hineinziehen. Aus keinem soziologischen, psychologischen oder ökologischen Sachbuch läßt sich die Entscheidung für oder gegen ein Kind ableiten. Willst du aber eins und hast du eins, dann allerdings ist Pflicht, dein Verhalten ständig vernünftig zu kontrollieren. Nur: Das ist das Zweite, nicht das Erste.

Dies hätte ich, wäre ich nicht rasch vorbei und weitergegangen, dem jungen schönen Paar gesagt. Vielleicht hätten sie mich dann für einen Laienprediger gehalten. Naja. Aber ich meine wirklich gelernt zu haben, daß das Ob und Wie des Lebens sich letzten Endes doch allen vernünftigen Lebensregeln entzieht. Ein Kind – ja oder nein, da reichen Kalkulationen, Prognosen, Analysen und die Erkenntnis allgemeiner Maximen und Reflexionen nicht. Wenn zwei wirklich ein Kind wollen und sich das auch zutrauen, dann sollen sie eins haben, und dann habe ich auch nicht das Recht, ihnen meine vernünftigen Gegenargumente vorzuwerfen. Wenn nicht, dann eben nicht, und dann haben auch andere kein Recht, mir Egoismus oder Bequemlichkeit vorzuwerfen. Es ist eine Frage von Optimismus und Pessimismus, von Lebensvertrauen und Zweifel. Das sind die kaum hintergehbaren Bedingungen jeden einzelnen Lebens. Wenn du ahnst, wie es mit dir bestellt ist, und ahnst, was du einem Kind mit dir zumutest, dann hast du den wichtigsten Punkt für deine Entscheidung erwischt – und dann sei so vernünftig, wie du nur kannst.

Dies also statt dem jungen schönen Paar ins Gesicht Dir ins Buch. Und nun wieder die Zähne zu.

Dein Hermann Kinder

Gerhard Bliersbach

MEINE KINDERLOSIGKEIT

Über die Last des Sohnes,
Eltern der Eltern zu sein
Ein autobiografischer Bericht

Ich beginne erst jetzt, erwachsen zu werden. Reichlich spät für jemanden, der im letzten Kriegsmonat, im April 1945, geboren wurde und heute gute 37 Jahre alt ist. In meiner Gymnasialklasse, als wir im Frühjahr 1964 über die Abitur-Hürde kletterten, war ich der Jüngste; heute muß ich mir eingestehen, ziemlich hinterherzuhinken: Während ich meine Freunde, Bekannten und Kollegen grimmig beneide um ihre mehr als zweiköpfigen Familien, lebe ich in jener modischen, modernen und seltsamen Minimalversion psychosozialer Gefüge, die so präzise melancholisch „kinderloses Ehepaar" heißt. Das Wort „Kinderlosigkeit" signalisiert einen Verlust, einen Mangel – eine Unfähigkeit. Jedenfalls verstehe ich so meine Kinderlosigkeit, die ich nicht glorifizieren möchte als meine existentialistische Entscheidung, etwa Simone de Beauvoir und Jean-Paul Sartre abgeguckt; ich werde sie erläutern als ein Produkt meiner Lebensgeschichte.

1969 war ich noch so sicher. In diesem Jahr unterbrach ich mein Psychologie-Studium, weil ich in der Diplom-Vorprüfung nicht der hochfliegende, Himmel-stürmende Student war als der ich mich ausphantasiert hatte, um beim Kölner WDR fernsehjournalistische Luft zu schnuppern. Zehn Monate lang arbeitete ich in der Filmredaktion des Dritten Fernsehprogramms. Fast jeden Mittag ging ich mit meinem ad hoc-Kollegen W. R. in die Hörfunk-Kantine. Eins unserer Mittagsgespräche drehte sich um Elternschaft und Kinder-Erziehung, und ich, als Psychologie-Eleve, der noch gar nicht so richtig verstand, was er sagte, verkündete den großartigen Satz: „Kinder möchte ich nie haben; man kann ja nur alles verkehrt machen". Auf W. R. muß diese tönerne Einsicht, die vor edler humanitas dröhnte, (glücklicherweise) wenig Eindruck gemacht haben, denn er ist heute Vater einer Tochter.

Damals, mehr als heute, suchte ich meinen Weg. Kinder waren dabei nur eine Last; vor allem, wenn man sich, wie ich, noch nicht traute und sich nicht imstande fühlte, ein Vater zu sein. Ludwig Marcuse, den ich seit Anfang der 60er Jahre glühend bewunderte, dem ich nacheifern wollte als eine Art Mischung aus Psychologe und Schriftsteller, Ludwig Marcuse, fand ich, hatte mir Absolution erteilt für meine Unsicherheit und Feigheit – er schrieb in seiner Autobiographie „Mein 20. Jahrhundert“:

„Kinder kamen für mich nicht in Frage; ich hatte Sascha (Marcuses Frau; G. B.) adoptiert, und eins war genug. Und außerdem fühlte ich mich nie als Agent der menschlichen Rasse, der ihre Geschäfte zu besorgen hat. Die List der biologischen Vernunft, die Schopenhauer im Verlieben entdeckt hat, wurde von mir überlistet. Wenn Aldous Huxley, unter anderem auch der Malthus von heute, die Überbevölkerung beklagt, daran bin ich wenigstens unschuldig. Ich liebte immer die Kinder meiner Freunde, im Alter liebe ich sogar ihre Urenkel – und kann nie genug davon haben. Und wäre froh, wenn meine (mit Brut gesegneten) Schul-, Kriegs- und Friedens-Kameraden mich auch noch zum Urgroßvater machen würden. Ich habe nie einen Verlorenen Sohn gehabt, nicht einmal einen unehelichen.“

Außerdem wähnte ich mich als anti-bürgerlicher, politisch aufgeklärter Protestler gegen Groß- und Klein-Familie, gegen bundesdeutschen Mief, in dem die „Pinscher“-Mentalität blühte, gegen den sozialen Kitsch einer „formierten Gesellschaft“, die nur die ökonomische Gier predigen konnte, darüber aber die NS-Vergangenheit systematisch vergaß. In einem Land, dem die Mitscherlichs Ende der 60er Jahre die „Unfähigkeit zu trauern“ attestierten, zu Recht wie ich fand, und gar nicht moralinsauer wie ich heute finde: Da sollen, zwei, drei Bliersbächer in diese Krüppel-Republik gesetzt werden? „Never!“, sagte ich mir damals. Und blieb meinen verqueren Gedanken treu wie ein störrischer Esel.

Ich liebte die Bundesrepublik Deutschland nicht sonderlich. Bei jeder Rückmeldung an der Kölner Universität zu Semester-Anfang schrieb ich mit treuherzigem Mut in die Spalte der Staatsangehörigkeit: „Westdeutsch“. Schließlich hatte ich Karl Jaspers „Wohin treibt die Bundesrepublik?“ todernst genommen. Ich wollte nicht treiben. Ich träumte von fernen Paradiesen, in denen es sich zu leben lohnte: vielleicht in den USA, in England, in Frankreich. Kinderlosigkeit, dachte ich mir, ist eine Form politischer Verweigerung, eine Rache an den deutschen Vätern, die unser Land nur in eine Katastrophe zu stürzen in der Lage waren und deren Korruption im Nachkriegs-Westdeutschland übergangslos weiterwirkte – die bundesdeutsche Demokratie: nur eine Farce, deren neofaschistischen Kern herauszusprengen die linken Bewegungen sich zurecht aufgemacht hatten. Dachte ich.

Aber wieso war ich so wütend?, so bitter?, so vergeltungssüchtig? Wofür wollte ich mich revanchieren? Meine Kinderlosigkeit, damals so plausibel gesellschaftskritisch verbrämt, kommt mir heute wie ein selbstgerechtes politisches Bramarbasieren vor: Es war so einfach und es tat so gut, *der* Bundesrepublik alle meine Schmerzen, meine Enttäuschungen, meine Kränkungen anzulasten – und dabei der Frage auszuweichen, was mir eigentlich fehlte.

Ich bin in einer mittleren Kleinfamilie aufgewachsen, in sehr engen Nachkriegs-Familienverhältnissen. Anfangs waren wir zu siebt: meine Eltern, deren beider Eltern und ich. Mein Vater, gelernter Buchdrukker, brachte meiner Mutter, die aus „gutbürgerlichen" Verhältnissen stammt, nie genug nach Hause: nach der Währungsreform ganze 200 Mark pro Monat. Versprach mein Vater den ökonomischen Sonnenschein, sah meine Mutter nur düstere Wolken aufziehen. Das Geld war knapp. Es war die Zeit der kränkenden Kredite und der strapaziösen Raten-Zahlungen – „Abstottern" nannte meine Mutter dieses aufregende Durchwurschteln, klagte damit permanent über die familiären Fehlzündungen. Eine Fotokamera, „Agfa Klack" hieß der schwarze Kasten, wurde mit einer Mark pro Woche abgezahlt, 20 Mark mußten für den großen Radio-Empfänger aufgebracht werden. Bei „C & A Brenninkmeyer", die mit „Barzahlung ist Sparzahlung" warben, wurde weniger gekauft, dafür mehr im Einrichtungskaufhaus „DEFAKA", wo meine Eltern Einkaufsgutscheine erwarben, die zum demütigenden Kotau vor jedem Verkäufer zwangen. Erst als sich mein Vater zum Rotationsdrucker umschulen ließ und vom regelmäßigen Nachtdienst finanziell profitierte, besserte sich Mitte der 60er Jahre unsere wirtschaftliche Lage.

Aber die wirtschaftlichen Kalamitäten schmerzten nicht so sehr, so wenig kam gar nicht rein, denn die Eltern meiner Mutter bezogen eine gute Rente und bekamen die in den 50er Jahren so begehrten „Deputatkohlen". Es war der Arbeiter-Status meines Vaters: seine blauen Arbeitsanzüge, die immer nur zu Hause gewaschen, auf keinen Fall in eine Wäscherei gegeben wurden – „was sollen die Leute bloß denken" – und seine von den Druckerfarben eingeschwärzten Fingernägel, die er nie richtig sauber gebürstet kriegte. Das waren die Kristallisationspunkte familiärer Scham und Unsicherheit.

Ich wuchs in die Rolle des Schlichters elterlicher Querelen hinein. Arbeitersohn und hoffnungsvoller Repräsentant des mütterlichen „Familienromans", ein Wort, das Sigmund Freud für die familiären Phantasien und Wünsche prägte. Mutters „Prinz", der seine soziale Rolle besser zu erfüllen schien als der sich für den Familien-Unterhalt abrackernde Buchdrucker. Ich fungierte als Aufsteiger-Vorbild, an dem mein Vater ständig gemessen wurde und funktionierte als mütterliches Anti-Depressivum. Ich brachte Leben und ein bißchen Glanz in die Bude. Ich wollte meine Mutter mit deren ungelebten Hoffnungen versöhnen. Ich wollte meinen Vater, vor dessen explosibler Kränkbarkeit ich mich sehr fürchtete, hoffähig machen für den anspruchsvollen „Familienroman". Ich stützte und verteidigte ihn gegen allzu häufige Demütigungs- und Entwertungsversuche. Kurz: Ich wurde zum Seelen-Coach meiner Eltern, für deren psychische Verfassung und Ehe ich mich verantwortlich fühlte (und noch immer fühle), wofür Ivan Boszormenyi-Nagy den Begriff „Parentifizierung" in die familientherapeutische Literatur einführte – die Kinder geraten zu loyalen Eltern ihrer eigenen Eltern. Eine schwierige, eine aufreibende Aufgabe: Wann immer ich nach Hause kam, von der Schule, von Freunden, von einer Ferienreise, immer näherte ich mich unserer Korridor-Tür mit der bangen Frage: Welche Katastrophen sind heute wieder passiert?

Die Schulzeit war, die Oberstufen-Jahre ausgenommen, lange ein ängstigendes Spießrutenlaufen für mich: immer knapp am Scheitern vorbei. Ich litt unter dem Terror der Klassenarbeiten und des Roten Notizbuchs. Die täglichen Ängste lähmten mich und drückten mich runter. Regelmäßig brach der Angstschweiß in Sturzbächen aus meinen Poren – meine Klassenkameraden und später meine Freundin wunderten sich sehr, wie schnell ich wie abgeduscht aussehen konnte. Ich war ziemlich leicht einzuschüchtern und zu entmutigen. Was war ich wütend über meine Unsicherheit, über meine Neigung, lieber nachzugeben in einem Streit als zurückzuschlagen! In Diskussionen, wo ich mich, meine Sichtweisen, durchzusetzen probierte, ging mir im entscheidenden Augenblick die Argumentationsluft aus. Ich war sehr anfällig für meine Ängste, empfindlich und leicht zu kränken. Die familiäre Scham saß mir tief in den seelischen Knochen. In meiner Technik, den Vater mit meiner Wut zu verschonen, ihn nicht zu kränken, seinen Zorn nicht zu provozieren, war meine Aggression gut verschnürt. „Aggressiv gehemmt" lautet dafür der Fachausdruck.

Als ich 1971 meine Freundin, die gerade ihr Ärztin-Examen passiert hatte, heiratete, fühlte ich mich erschöpft. Erschöpft von der Aufgabe, Eltern meiner Eltern zu sein. Diese eine Eltern-Rolle, fand ich, reichte – schon wieder Eltern-Teil zu sein, war mir zuviel und kam zu früh. Endlich wollte ich meinen Wünsche-Hunger stillen, den ich lange unterdrückt hatte. Ich vermute, daß mein Hunger ziemlich typisch ist für meine Generation und der Grund dafür, daß in den 70er Jahren relativ wenig Kinder in der Bundesrepublik geboren wurden. Meine Frau verdiente gut, ich verdiente als selbständiger Psychologe nicht schlecht. Als Studenten fuhren wir eine französische „Ente", auch ein Protest-Auto, ganze 16 Pferdestärken stark – ein Automobil, das mich bei meiner Großmutter in Kredit-Abhängigkeiten stürzte. Ich arbeitete sie in den Semesterferien ab – nun ja, „auf Pump" zu leben kannte ich seit langem. Dann legten meine Frau und ich, wieder auf Kredit, „Einrichtungskredit", uns ein stattliches 140 Pferdestärken-starkes englisches Vehikel zu. Damit konnte ich mich revanchieren für alle Kränkungen, die ich im bundesdeutschen Straßenverkehr erlitten hatte. Dafür, daß ich als Schulbub mit einem Klavierhocker als Lenkrad auf dem Schoß nur in meinen Tagträumen automobilistisches Vergnügen ausfahren konnte.

Das höchste Glück, schrieb Sigmund Freud, sei die Erfüllung eines Kinderwunsches. Meine Wünsche entwickelten eine schwindelerregende Maßlosigkeit. Ein Kredit kommt selten allein. Wir langten tief in den westdeutschen Konsum-Topf. Mitte der 70er Jahre eröffnete meine Frau ihre Praxis – noch einmal mit einem Kredit. Die Schulden schrieben unsere Lebensplanung für die 70er und 80er Jahre fest. Ich trottete den Finanzierungen hinterher. Ich hatte mich gedrückt vor der väterlichen Aufgabe. Ich fühlte mich wie ein verheirateter Junggeselle, der auf die gebratenen Tauben wartet. Meine Frau und ich: Wir haben uns verwöhnt, wir waren uns unsere Kinder. Die Auseinandersetzung mit meinen Eltern habe ich gescheut: Ich bin der brave Sohn geblieben. „Das Gerhardchen". Immer bereit zum Schlichten und zum Versöhnen. Aber mich ihnen als Familienvater zu präsentieren, habe ich mich nicht getraut.

Kinderlos bin ich geblieben, weil ich in den 70er Jahren eine lebensfähige Identität suchte – ich brauchte, glaubte ich vor einigen Jahren, dazu meine ganze Kraft, und ich konnte mir nicht vorstellen, sie auf mehrere Personen zu verteilen. Erik H. Erikson hat als eines der erwachsenen Stadien die „Integrität" bezeichnet: das Annehmen des eigenen Lebensweges und das Sich-Abfinden mit den eigenen, begrenzten Möglichkeiten. Ich denke, daß ich auch diese Aufgabe lange Zeit vor mir hergeschoben habe – die Kinderlosigkeit vermittelt ja nicht nur die Phantasie einer großartigen Ungebundenheit, sie erspart auch die Auseinandersetzung mit den eigenen Größen-Ideen, die eigene Kinder einem schnell abschleifen und auf ein realistisches Maß zurückstutzen. Die eigene Großartigkeit reduziert sich schnell in der täglichen Erziehungspraxis.

Kinder beleben die eigene Kindheit: Auch davor hatte ich Angst. Mit dem Sohn unserer Freunde, die im selben Haus wohnen, gehe ich schon mal ein wenig ruppig um – bitter beneide ich ihn um seine Jugend, um seine Chance, sein Leben noch gestalten zu können. In meinem Neid steckt die Phantasie, als ließen sich, durch eine glückliche Neuinszenierung meiner Vergangenheit, die Traumata meines Lebens zu einem „happy ending" bringen. (Ich bin ein süchtiger Kino-Fan.) Meine Enttäuschungen, meine Schmerzen sind eine Last. Sie zu akzeptieren als Teil meines Weges, den ich nicht mehr zurückgehen kann, fällt mir schwer. An der Trauer über den zurückgelegten Weg habe ich mich vorbeizumogeln versucht. Die Kinderlosigkeit war ein Mittel. Freunde von uns haben zwei Töchter; die ältere mag ich sehr. Wie sehr hätte ich meine Tochter geliebt? Und hätte diese Liebe mit der Liebe zu meiner Frau kollidiert? Beunruhigende Fragen, auf die keine Antwort zu bekommen ich mich abfinden muß.

Zweimal im Jahr bringt die „Zeit" eine Kinder- und Jugendbuch-Seite heraus. Ich blättere immer schnell weiter, weil ich, eine Leseratte so weit ich zurückdenken kann, nicht daran erinnert werden möchte, was ich versäume: die Begegnung mit der kindlichen Phantasiewelt und die Belebung meiner eigenen, an die ich mich gut erinnere.

Kinder erfrischen und tun einem weh. Dem auszusetzen habe ich mich nicht getraut. Ich kann für mich kein gutes Argument für „Kinderlosigkeit" entdecken; ich denke, sie hat immer mit den eigenen Defekten zu tun. In seinem Autonekrolog, dem „Nachruf auf Ludwig Marcuse", schrieb Ludwig Marcuse, den ich noch immer sehr verehre, diesen Satz:

„Wenn Er (Ludwig Marcuse; G. B.) sich an seiner lautesten Sehnsucht mißt, so kommt Er zum trüben Schluß: die eine Freude, zu reflektieren und aufzuschreiben, hat es zu vielen Freuden nicht kommen lassen: vor allem nicht zur Seligkeit, Freude zu bereiten".

Ich bin sicher: Ludwig Marcuse hat auch seine Kinderlosigkeit gemeint.

Dieter E. Zimmer

KINDERKRIEGEN, KINDERHABEN

Über den Umgang mit Biologie und Natur
Reflexionen

Für Barbara Frischmuth

Ich muß zehn, elf Jahre alt gewesen sein und mitgenommen von den ersten vorpubertären Auseinandersetzungen mit den Eltern, als ich mich eines Abends in eine stille Ecke verzog, ein Blatt des haltbarsten Papiers nahm und in sorgfältiger Schrift zwölf Regeln für den Umgang von Eltern mit ihren Kindern niederschrieb – einen (leider nicht erhaltenen) Erziehungskodex, den ich selber später unbedingt zu befolgen vorhatte. Dieser Erinnerung entnehme ich, daß es mir damals selbstverständlich war: Eines Tages würde ich Kinder haben. Sie sollten sich nicht ärgern und kränken.

Bald darauf machte ich eine kurze, aber heftige christliche Phase durch, die meine Kinderpläne sogar noch ideologisch untermauerte. Gott wünschte ja von mir persönlich, ich solle „fruchtbar" sein, und Freunde sagten mir schon eine Zukunft im Schatten eines Backsteinkirchturms als Oberhaupt einer frohe fromme Lieder singenden Familie voraus.

Mit 15 dann begann jenes stellvertretende Leben, das im Bücherlesen besteht. Ich verschlang Hesse, Kafka, Rilke, Benn, Beckett, Sartre, Camus, Zola, Upton Sinclair, Tennessee Williams, eben was ein auf seine Ernsthaftigkeit bedachter Adoleszenter damals las. Was immer ich diesen Büchern hätte entnehmen können: bald streifte ich als *Steppenwolf*, als *Fremder* durch die Straßen, der *Ekel* schnürte mir die Kehle zu, Maltes Grauen überkam mich angesichts der entblößten Tapeten in Berlins Trümmerstraßen, jede Straßenbahn fuhr nach *Sehnsucht,* wie Tonio stand ich voller Wünsche, aber selbstverständlich unbeteiligt am Rand der Tanzsäle, die damals Jazzkeller waren. Es hatte von mir Besitz ergriffen, was ich gerne als mein „tragisches Lebensgefühl" betrachtete und was sich mir heute eher als eine verdrossene Negativität darstellt, die Versagensängsten und einer tiefen Lebensschüchternheit entsprang. Das Literaturstudium und zunächst sogar der Redakteursberuf änderten daran im Grunde wenig. Sie präzisierten und detaillierten nur jenes Gefühl, ein heilloses Wesen in einer heillosen Zeit zu sein und den Beginn des eigentlichen Lebens auf unbestimmte Zeit verschieben zu sollen.

Das Allerletzte, was solch ein tragisch umflortes Jüngelchen sich wünschen konnte, wären eigene Kinder gewesen. Auch keine Ehe, auch keinen Hausstand, am besten ein immer nur provisorisches Leben aus dem Koffer, aber eigene Kinder nun schon gar nicht. Die Gründe flogen einem ja nur so zu: Wie konnte einer es verantworten, neue Menschen zu machen, bestimmt für das Elend, das das Leben war, eine Veranstaltung mit so geringen Chancen des Glücks und so großen des Unglücks! Menschen, die gab es doch sowieso viel zu reichlich – also bloß nicht selber noch zu ihrer weiteren Vermehrung beitragen! Dieses ganz schleimige, dumpfe, geistlose Fortpflanzungsgehabe! Und als wäre man selber jemand, den fortzupflanzen sich lohnte!

Auch aus dem heutigen Abstand beeindrucken mich einige dieser Gründe noch. Sie waren mir ernst, sie waren keine opportunistischen Artefakte – und doch waren sie auch nicht die zwingende objektive Wahrheit, für die sie sich hielten. Einmal konnte damals mein Lebensgefühl noch so umdüstert sein: Relativ ging es mir mitsamt meiner Tragik gar nicht schlecht, zuweilen sogar subjektiv fabelhaft. Und mit dem Hinweis auf die katastrophale Weltlage hätten die Menschen ihre Fortpflanzung zu jeder Zeit verweigern können und müssen. Zwar sind die heute denkbaren Katastrophen sehr viel größer im Maßstab, ihre Auswirkungen für den Einzelnen aber sind haargenau die gleichen wie immer: Tod, Krankheit, Verlust der Nächsten und der Existenzgrundlagen. Ich meine, daß unseres durchaus nicht das „Zeitalter der Angst“ ist, für das es sich so kokett hält – daß die Bedrohungen früherer Zeiten im Gegenteil viel allgemeiner waren und der Einzelne sich ihnen viel schutzloser ausgeliefert fühlte: Seuchen, Hungersnöten, Unwettern, Kriegen, der Willkür der Obrigkeit, der Brutalität der Justiz, der Unsicherheit der Straßen und der Nächte, dem Gedankenterror der ideologischen Mächte. Und ganz abgesehen von dieser allgemeinen Bedrohung und Unsicherheit bis hin zu ihren periodischen Weltuntergangsstimmungen: Das Kinderhaben selber war riskant in einer Weise, die man sich heute überhaupt nicht mehr vorstellen kann. Um 1700 hatten in Europa von 1000 Kindern nur etwa 480 Aussichten, das 20. Lebensjahr zu erreichen; mehr als die Hälfte also starb vor dem

Erwachsenwerden, die meisten schon im ersten Lebensjahr. Wieviel vergebliche Liebe war das! Um 1850 starben von 1000 Kindern noch 350 in den ersten 20 Jahren, um 1900 noch 290, und 1920 noch 120 – heute sind es nur noch 30. Und erheblich war auch das Risiko der Mutter, im Kindbett an einer Sepsis zu sterben: Um 1840 noch endete mindestens eine von 100 Geburten mit Kindbettfieber, bei seinem epidemischen Auftreten waren es zehn von 100. Es hätte nie an Gründen gefehlt, der bösen Welt ihre Menschenbevölkerung zu entziehen. Da es uns dennoch immer noch gibt, haben unsere Vorfahren alle diese Risiken offenbar in Kauf genommen.

Solche Zweifel an meinen guten Gründen wären mir damals nie gekommen. Dennoch habe ich heute zwei Töchter, eine 19, eine 15 Jahre alt. Daß sie geboren wurden, ist ganz und gar K. zu danken, deren zäher Wille, Kinder zu haben, über meinen zähen Willen, keine zu haben, schließlich siegte. Mit keiner anderen Niederlage in meinem Leben war ich nachträglich je so zufrieden. Ich kann und will hier noch nicht einmal ansetzen zur Beschreibung der Gefühle, die das Kinderhaben mit sich gebracht hat, glücklichsten und ängstlichsten darunter. Ich möchte nur kurz einen Punkt hervorheben: Alle menschlichen „Beziehungen“ stehen heute, da uns nichts mehr aneinanderschmiedet, zur Disposition: das Verhältnis zu den Arbeitskollegen, den Oberen, den Nachbarn, den Freunden, den Verwandten, vor allem natürlich zu den Liebespartnern. Man kann ausgiebig über ihre Vor- und Nachteile nachdenken, man kann sie korrigieren, man kann sie schließlich abbrechen. Eine einzige Beziehung ist dieser Freiheit entzogen: die zu den eigenen Kindern. Sind sie einmal da, so verflüchtigen sich alle Überlegungen, ob sie eigentlich hätten da sein sollen, zu müßigen Idiotien, so wie sich vor ihrer konkreten Leibhaftigkeit auch alle vorgefaßten Erziehungsprinzipien in nichts auflösen. Selbst einem umdüsterten Provisoriumsmenschen, wie ich es war, haben sie zu einer jeder Infragestellung entzogenen Gefühlsbeziehung verholfen, und dafür kann ich nachträglich nicht dankbar genug sein.

Nun ist jedoch auch mein sogenanntes intellektuelles Leben nicht so geradlinig weiterverlaufen, wie es angelegt schien. In meinem Beruf als Literatur- und Kulturredakteur irritierte mich immer mehr die offenkundige Haltlosigkeit der mit jeder Modebrise schwankenden Urteile, die nur eine Konstante hatten: Sie mußten „kritisch“ sein, wenn ihr Urheber etwas wert sein wollte – keine Suppe, in der sich nicht doch ein Haar fand. Und im Revolutionstraum von 1968 faszinierten mich die implizierten Annahmen über das wahre, das nur vom schlechten

„System“ entstellte Wesen des Menschen. Sie faszinierten mich, und sie machten mich, da sie so weit gingen, beklommen. Damals begann ich mit der Entliterarisierung meines Lebens (die keineswegs dazu geführt hat, daß mir Literatur gleichgültig wurde). Ich begann in den Erfahrungswissenschaften herumzulesen, über die ich mich vorher, wie ich es heute sehe, auf hanebüchen ungerechte Weise mokiert hatte, wie das unter den Mitwirkenden der Kulturszene bis heute gang und gäbe ist. Ich las, erst zufällig, dann immer systematischer, welche Gedanken sich Psychologie, Anthropologie, Biologie, Ethologie machen, ich begann dann auch mit dem Versuch, selber einige dieser mir einleuchtenden und sich so erstaunlich passend zusammenfügenden Gedanken zu vermitteln.

Diese Beschäftigungen haben mein Menschenbild und mein Lebensgefühl nicht unerheblich verändert. Ich habe Antworten auf Fragen gefunden, die ich nie für beantwortbar hielt. Nach wie vor gibt es nichts, das ich den Menschen nicht zutraute; aber meine von einer allgemeinen Besorgtheit verdeckte Menschenfurcht und Menschenverachtung von früher hat einer Art solidarischer, verstehender Sympathie Platz gemacht.

Von meinen früheren Spießgesellen aus dem Literatur-Racket habe ich mich damit entfernt. Für mein wohlgefälliges Interesse an den Fragestellungen der Evolutions- und Verhaltensbiologie haben sie bestenfalls das Schimpfwort „Biologismus“ parat, und wer seine Ohren im Literaturbetrieb aufhält, weiß, was da mitklingt: Reaktionär, Faschist. Manche sagen es einem auch offen. Ich meinerseits wundere mich zunehmend über ihre unausgesetzte, fast pflichtgemäße Aufgeregtheit, über ihre geradezu vorsätzlich zu nennende partielle Ignoranz, als sei es ein Grund zum Stolz, von den Naturwissenschaften kein Wort zu kapieren, über ihre selbstgewisse arrogante moralische Überlegenheitsgestikulation. Und bei alldem habe ich sogar den Verdacht, der nämliche Intellektuellentyp, der heute entgeistert „Biologismus“ ruft, werde sich diesen, da seine Vorzüge nicht zu übersehen sind, in nicht zu ferner Zukunft so hemmungslos und überdreht selber zu eigen machen, ein plausibles Hypothesenbündel zu einer erbarmungslosen Doktrin einfrierend, werde es so emphatisch immer schon alles und zwar viel besser gewußt haben, daß unsereiner betreten abwiegeln und Distanz suchen muß.

Früher wäre ich, schon von Berufs wegen, für jede Parole der Saison empfänglich gewesen, hätte ich sie möglicherweise als epochalen Erkenntnisfortschritt gefeiert. Eine der Parolen der Saison 81/82 stammt von der französischen Philosophin und Familiensoziologin Elisabeth Badinter. Sie lautet: Mütterlichkeit ist ein Produkt der Gesellschaft. Mag sie es selber sagen: „Angesichts des Wandels in der Einstellung der Mütter gelangt man zu der Überzeugung, daß der Mutterinstinkt ein Mythos ist. Auf ein allgemeingültiges und naturnotwendiges Verhalten der Mutter sind wir nicht gestoßen ... Mutterliebe (ist) nur ein Gefühl (und hängt) ganz von der Mutter, von ihrer Geschichte und von *der* Geschichte ab."

Mit diesem weitreichenden Urteilsspruch beendet Badinter eine im übrigen solide und intelligente historische Untersuchung über den Wandel des mütterlichen Verhaltens in Frankreich während der letzten drei Jahrhunderte. Der Beweis besteht vor allem darin, daß die Frauen vor allem der französischen Aristokratie im 17. und 18. Jahrhundert ihre Kinder häufig zu Ammen aufs Land gaben.

Wer die naturwissenschaftlich orientierte Mutter-Kind-Forschung aus den letzten Jahrzehnten auch nur ein wenig kennt, dem treibt ein solches Verdikt die Haare zu Berge. Da hat sich also offenbar wieder einmal eine Kulturphilosophin im Käfig ihrer Disziplin eingeschlossen, jeden Blick durch die Gitterstäbe stolz verschmähend. Ich möchte wissen, wie man die These aufnähme, einen Sexualinstinkt (um es einmal analog zu benennen) gebe es gar nicht, da doch bewiesen ist: Jahrhunderte lang haben raffinierte Kulturen ihn für schmutzig und unerwünscht gehalten, und exemplarische Ordensgemeinschaften haben die Konsequenz daraus gezogen und ein reines Leben ohne ihn geführt. Der Aberwitz läge so offen zutage, daß eine solche Theorie sogar von der innovationsgeilen Kulturkritik einfach weggelacht würde.

Was Badinter zu ihrer Behauptung gebracht hat, ist, vermute ich, ihre zünftige Ignoranz der naturwissenschaftlichen Forschung und als deren Folge eine verständliche, aber dennoch hoffnungslos einfältige Hilflosigkeit angesichts eines Begriffs wie Instinkt.

Ich möchte wetten, daß ich weiß, was sich ein Kulturphilosoph unter Instinkt vorstellt: einen starren Antrieb, der alle seine Inhaber mit gleicher Intensität verurteilt, etwas zu tun, ob sie wollen oder nicht. Und da nicht alle Mütter zu allen Zeiten und mit gleicher Intensität genau das gezeigt haben, was wir uns heute unter wahrer Mutterliebe vorstellen, könne Mütterlichkeit folglich auch kein instiktives Verhalten sein.

„Instinkt" ist allerdings ein schillerndes Wort, und nicht ohne Grund ist es vor einem halben Jahrhundert in Verruf geraten. Solange man sich jedoch nur nicht einbildet, mit ihm schon alles erklärt zu haben, beschreibend also, läßt es sich heute durchaus wieder verwenden. Instinktives Verhalten: das ist ein stereotypisiertes tierisches Verhalten, das zu einem umgrenzten und voraussagbaren Ziel führt; es wird genetisch weitergegeben, ist aber bald mehr, bald weniger durch Lernen formbar; zuweilen besteht der Instinkt auch nur in der genetisch bestimmten Bereitschaft, ein bestimmtes Verhalten zu lernen. Jeder Instinkt ist also nicht nur ontogenetisch zu erklären; sein Verständnis verlangt die phylogenetische Ableitung: die Rekonstruktion seines Nutzens im Prozeß der Evolution. Die Instinkte niederer Tiere haben etwas Automatenhaftes; je höher organisiert aber das Zentralnervensystem, desto flexibleres Verhalten erlaubt es, und am allergrößten ist die Flexibilität im menschlichen Verhalten. Das aber heißt ganz und gar nicht, daß der Mensch die Instinkte hinter sich gelassen hätte, irgendwo abgestreift in den Niederungen der Hominisation. Sie machen sich nur nicht in Form eines automatenhaften Zwanges, sondern als das bemerkbar, was Desmond Morris „genetic suggestion", den Vorschlag oder die Suggestion des Genoms, und was die Verhaltensbiologie im allgemeinen ein „bias" nennt, ein Penchant, eine Voreingenommenheit. Diese unsere rudimentären Instinkte, für die der treffende Begriff leider noch aussteht, bewegen uns, das eine leichter, bereitwilliger, mit einem größeren Gefühl der Befriedigung zu tun oder zu lernen als etwas anderes oder das Gegenteil. In den Worten des Zürcher Psychologen Norbert Bischof, der eines Tages als einer der hellsichtigen und scharfsinningen Theoretiker unserer Tage anerkannt sein wird: „Nichts spricht zwar dafür, daß die instiktiven Verhaltensbereitschaften unserer tierischen Vorfahren beim Menschen einfach ohne Hinterlassung jeder Spur verschwunden wären, wie etwa eine von Arnold Gehlen (1940) verkündete und bis heute von sozialwissenschaftlicher Seite gern zitierte Lehrmeinung behauptet. Richtig ist jedoch, daß solche ererbten Steuerungsmechanismen den Menschen nicht mehr zwingen, etwas zu tun; sie geben Anstöße, sie motivieren ihn, gewisse Zustände etwas lieber herzustellen als andere. Sie machen, daß ihm gewisse Handlungsmuster angenehmer, organischer, befriedigender erscheinen, während andere Mühe und Überwindung kosten und als unangenehm oder peinlich erlebt werden. Es war der Fehler Gehlens und seiner Jünger, daß sie aus der grundsätzlichen Fähigkeit des Menschen, seiner Natur zuwiderzuhandeln, auf die Bedeutungslosigkeit und Nichtexistenz dieser Natur schlossen."

Um ein ideologisch unverfängliches Beispiel zu geben: Der Mensch stammt von tagaktiven Primaten ab und ist selber ein Tagtier geblieben. Die Nacht ist für den Menschen heute zwar nicht mehr gefährlich, wie sie es für den Anthropoiden und noch den Hominiden war, er kann sie sich sogar buchstäblich zum Tage machen, und wo er es will oder muß, kann er den circadianen Takt umkehren, der eine leichter, der andere schwerer. Doch obschon Tag und Nacht fast beliebig einteilbar wären, besteht die alte phylogenetische Anpassung weiter: In der Regel suchen die Menschen, wenn es Nacht wird, einen stillen, dunklen, geschlossenen Raum auf, das Äquivalent einer sicheren Höhle, und schlafen. Sie könnten auch anders, aber so finden sie es „irgendwie" richtiger, angenehmer, und für die Unannehmlichkeit der Nachtaktivität lassen sie sich Lohnzuschläge zahlen.

Wer eine Insel im Pazifik entdeckte, deren Bewohner seit Zehntausenden von Jahren keinen Kontakt mit dem Rest der Menschheit hatten, könnte einige Vorhersagen über deren Sozialleben machen, und er hätte höchstwahrscheinlich Recht: Die Bewohner werden nicht einzeln, sondern in Gruppen leben. In den Gruppen wird es irgendeine Art von Arbeitsteilung und Hierarchie geben. Frauen werden sich für Männer attraktiv machen, Männer werden Frauen zu imponieren suchen. Man wird Verwandtschaftsbindungen antreffen und Freundschaftsbünde. Man wird Rituale der Interaktion vorfinden, in denen man gleichzeitig sich selbst eindrucksvoll darstellt und den anderen seiner freundlichen Absichten versichert. Der Katalog könnte sehr viel länger und detaillierter ausfallen; eine seiner sicheren Voraussagen wäre: Man wird dort tagsüber tätig sein und nachts ruhen. Wären wir die Abkömmlige nachtaktiver Primaten, so wäre es umgekehrt, und auch die Metaphorik aller Sprachen stände Kopf. Dann wären die Engel die Wesen der Finsternis und Satan der Herr des Lichts.

Und „natürlich", wahrhaft natürlich wird man auf jener Insel auch Kinder gebären und so lange umsorgen, bis sie selbständig sind. Denn die Natur hat die Geschöpfe mit sexueller Reproduktion so eingerichtet, daß sie sich auch tatsächlich reproduzieren; und daß sie, wenn sie ihre Nachkommen, wie die Säugetiere und wie besonders die Pongiden und die Menschen, sehr unfertig zur Welt bringen, in der Zeit bis zu ihrem Heranreifen betreiben, was die Ethologie kurz und bündig Brutpflege nennt.

Ich weiß nicht, ob es bei den Menschen ein eigenes autonomes, endogenes Brutpflegebedürfnis gibt; nirgends ist mir eine Untersuchung dieser Frage begegnet. Nach meinen eigenen zufälligen, begrenzten und unmaßgeblichen Beobachtungen vermute ich es fast.

Aber auch wenn es keinen autonomen Antrieb geben sollte, ein Kind zu erzeugen, so gibt es doch, was Karl Bühler „Funktionslust" nannte – die Lust am gesunden Gebrauch des eigenen physischen und psychischen Potentials. Wenn die Menschen merken, daß sie Verhaltenspotentiale im Zusammenhang mit der Kinderfürsorge besitzen, entsteht in ihnen auch das Bedürfnis, sie nicht brach liegen zu lassen. Wo sie dazu gezwungen sind, suchen sie sich Ersatzobjekte: Sie pflegen andere, die so hilflos sind wie Kinder, und wenn es Sittiche sind.

Die Evolution braucht keinem ihrer Geschöpfe einen ausdrücklichen „Elterninstinkt" eingepflanzt zu haben. Sie erreicht ihren Zweck auch, sogar sicherer, wenn sie ihnen einige sachdienliche Appetenzen einprogrammiert, damit die Einzelnen sich zu gegebener Zeit auf die richtige Suche machen, und wenn im übrigen einige ebenfalls sachdienliche Verhaltensabläufe mit ausreichender Sicherheit als lustvoll oder angenehm erlebt werden. Das Ziel wird auch erreicht, wenn der Einzelne es nicht bewußt ansteuert, sondern sicher von Station zu Station geleitet wird.

Der Ablauf ist vielfach störbar, und auch willentlich kann man sich darüber hinwegsetzen. Aber in der Regel wird es so sein: Einer findet bestimmte Merkmale des anderen Geschlechts attraktiv, er sucht sich einen Partner, er macht sich mit dem so zu schaffen, daß er aus seinen Handlungen Lust bezieht – und ob er die Zusammenhänge kennt oder nicht, ob er es will oder nicht, wird damit – es sei denn, er verhinderte es bewußt – ein Kind erzeugt. Dann folgt der zweite, schwierigere Teil: Das Kind muß jene Fürsorge erhalten, ohne die es verloren wäre. Ein wunderbar wirksames Zusammenspiel setzt ein: Mitbeeinflußt von einer hormonellen Umstellung bei der Geburt, „bindet" sich die Mutter an das Kind. Zahlreiche Versuche haben gezeigt, daß diese Bindung sicherer zustande kommt, wenn sie unmittelbar nach der Geburt das Kind in den Arm nehmen, es fühlen und sehen kann. (Die berüchtigte Wochenbettdepression scheint eine Folge der entpersönlichten, industrialisierten Geburt zu sein.) Die Laute des Kindes sind derart, daß sie entweder die Mutter seiner Nähe und seines Wohlbefindens versichern; oder daß sie sie herbeirufen. Kindergeschrei klingt unerträglich, und das muß so sein: Es darf die Personen in der Nähe nicht gleichgültig lassen, es darf aber auch nicht dazu führen, daß sie vor seiner Unerträglichkeit davonlaufen: Tatsächlich, es wirkt so, daß sie dem Kind zu Hilfe eilen. Alle Mütter und Väter der Welt sprechen mit ihren Kleinkindern in einer besonderen Babysprache, bei der es nur auf den Tonfall, nicht aber auf den Inhalt ankommt und die es in zwei Formen gibt: einer tiefen, langsamen, die beruhigend wirkt, und einer zärtlichen, aufmunternden etwa eine Oktave über der Normalstimme. Alle Mütter haben eine Tendenz, ihr Kind links zu halten (auch wenn sie nicht wissen, daß es dort die beruhigenden Herztöne hört, die es aus dem Mutterleib gewöhnt ist). Gewisse kindliche Merkmale wirken „niedlich", lösen Zärtlichkeit aus, bei Frauen stärker als bei Männern: der große Kopf mit der hohen Stirnwölbung, große Augen, Pausbacken, eine glatte feste Haut. Dieses „Kindchenschema" wirkt so sicher, daß wir auch die ganze Tierwelt nach seinen uns angeborenen Kriterien beurteilen: Eidechsen stimmen uns weniger zärtlich als junge Katzen, und Barbipuppen oder Stoffbären übertreiben die menschlichen Kleinkindmerkmale noch. Der gegenseitige Blick in die Augen, das Lächeln (eine unserer ererbten Ausdrucksbewegungen) befestigen und bestätigen die Bindung: Das Lächeln ihres Kindes stimmt die Mutter froh, sie fühlt sich von ihm für ihre Mühen belohnt.

Dieses zweckvolle und sinnreiche Zusammenspiel, das wir auch einfach Liebe nennen, hat nicht „die Gesellschaft", „die Kultur", „die Geschichte" eingerichtet; sie beeinflußt nur unseren Umgang damit. Es ist eine stammesgeschichtliche Erwerbung. Sein Ensemble macht eben den „Mutterinstinkt" aus, den Badinter verneint. Man darf jede Wette riskieren, daß auch ihre unmütterlichen Französinnen ihn nicht außer Kraft gesetzt haben, auch wenn sie ihm absichtsvoll zuwiderhandelten, übrigens meist wohl in dem Glauben oder Wunsch, ihrem Kind damit etwas besonders Gutes zu erweisen, also aus Mutterliebe. Dieses instinktive mütterliche Zusammenspiel funktioniert nicht bei jedem gleich zuverlässig und stark, wie bei jedem polygenisch bedingten Verhalten zu erwarten. Es wird darüber hinaus von den Lebenserfahrungen beeinflußt. Auch bei den Tieren gibt es bessere und schlechtere Mütter; die schlechteren sind übrigens oft jene, die in ihrer eigenen Kindheit nicht genug Mütterlichkeit erfahren haben.

Wir haben unter unserer zweiten Natur, die wir aus unserer geschichtlichen Soziokultur beziehen, eine erste Natur, die sehr viel älter und tiefer ist. Sie versieht uns mit einem großen Fächer von Motiven, das eine zu tun, das andere zu lassen. Wir sind ihr nicht entwachsen; und vielleicht bliebe nicht viel von uns übrig, könnten wir sie uns wegoperieren. Über die Vor- und Nachteile des Kinderkriegens können wir lange Talkshows und ernste Kneipengespräche führen. Auch wenn wir das Kinderkriegen dabei theoretisch abschaffen: Die meisten werden sich nicht daran halten, einfach weil sie sich mit

Kindern wohler, natürlicher fühlen. Die Gedanken der Evolutionsbiologie mitzudenken, lehrt auch Respekt vor solchen Neigungen.

Ich habe noch einen weitergehenden Verdacht: daß wir uns nämlich, wenn wir uns sträuben, Kinder in die Welt zu setzen, keineswegs über den Plan der Natur erheben, sondern daß wir ihn damit nur ein weiteres Mal erfüllen. Man weiß von verschiedenen Tierarten, daß ihr Fortpflanzungs- und Brutpflegeverhalten unter bestimmten ungünstigen ökologischen Bedingungen beeinträchtigt wird oder zusammenbricht. Eine solche Bedingung ist oft der Dichtestreß. „Irgendwie" erreichen unter den Bedingungen der Übervölkerung nicht mehr so viele Nachkommen das Reifealter. Gezwungen, zu eng beisammen zu leben, entwickelten John Calhouns weiße Laborratten viele Sorten devianten Verhaltens, einen „Verhaltenssumpf": Aggressionen und Angst, Homosexualität, mangelhafte Brutpflege, Kannibalismus. Die Folge war die Dezimierung der Population. Es könnte sein, daß unsere selbstgeschaffenen unnatürlichen Lebensbedingungen, vor allem die Enge und gleichzeitige Anonymität unserer Großgesellschaften, uns in einen Zustand chronischer Unzufriedenheit versetzen, uns quälende Gefühle des Sinnverlusts und der eigenen Wertlosigkeit eingeben, die, nachträglich garniert mit rationalen Gründen, viele von uns fortpflanzungsunwillig machten. Das subjektive psychische Unbehagen und Leiden dienten dann sinnvoll der größeren Logik der Natur: Es wirkte als Bevölkerungsbremse.

P. S.: Ich weiß, jetzt müßte ich zum Anfang zurückkehren und noch einmal von mir selber sprechen, davon, wie der Paradigmenwechsel bei mir einen Sinneswandel bis tief ins Emotionale hinein bewirkt hat. Die Wahrheit ist, daß die Art dieser Veränderung mein Formuliervermögen übersteigt; ich bin von sehr viel mehr überzeugt, als ich sagen kann. Die noch wahrere Wahrheit ist die, daß ich auch keinerlei Lust verspüre, diese Veränderungen auf ein paar griffige Formeln zu reduzieren.

Michael Koetzle

FLÜGEL IM KOPF UND AN DEN OHREN ZÜGEL

Szenen einer Dressur
Ein Bericht

Die Fahrt ins Blaue

Früh um sieben begann die Arbeit in der Fabrik, und wer sich nur eine Minute verspätete, bekam hinterher gleich eine ganze Viertelstunde abgezogen. Um rechtzeitig dort zu sein, mußte mein Vater schon um halb sechs aufstehen. Ich hab nie begriffen, warum sie in Fabriken schon so früh anfangen. Mein Vater stand als erster auf und machte Kaffeewasser heiß. Im Winter schürte er zuvor den Küchenofen und hängte unsere Unterwäsche über einen Blechschirm. Er frühstückte allein, nebenher schmierte er sich Brote, die er in den Anzeigenteil der Tageszeitung wickelte, weckte uns und ging in die Fabrik. Die Fabrik stellte Fernsehgeräte her, aber wir hatten keines. Wir hatten lediglich ein altes Radio und eine Nähmaschine, Marke Borletti, auf der meine Mutter alles nähte, was wir zum Anziehen brauchten, außer den Unterhosen vielleicht. Die Socken und Pullover strickte sie mit der Hand. Ich war sieben und mein Bruder fünf, als sie ins Krankenhaus kam, irgendeine Unterleibsgeschichte, aber man redete nicht darüber, man sprach gerade soviel, als nötig war, um uns beiden die völlige Auflösung der Familie begreiflich zu machen. Meinen Bruder steckten sie in ein katholisches Waisenhaus, das damals noch überwiegend von dicken, gelbgesichtigen, gutmütigen, schwarzweißen Nonnen geführt wurde. Jeden Sonntag holte ihn mein Vater ab, und gemeinsam gingen sie Blumen kaufen und dann ins Krankenhaus und hinterher in ein Café, wo sie Kakao tranken und Kuchen mit Schlagsahne aßen. Und mich schickte man zum Patenonkel in die Oberpfalz; der hatte Geld, ein großes Haus, eine Tochter, eine Frau, zwei Hunde für die Jagd, einen Fernseher mit Fernbedienung, einen elektrischen Kühlschrank, ein Dienstmädchen und eine Putzfrau, einen olivgrünen Peugeot 304, vom Krieg ein Holzbein und einen guten Job bei einem Landadligen, dem praktisch alles im Umkreis von zehn Kilometern gehörte. Eine tolle Gegend, hieß es, mit endlosen Wäldern und klaren Bächen und sauberen Seen, zum Rumstreunen und Spielen und Baden, und verglichen mit meinem Bruder im „Guten Hirten" sei ich doch ein echter Glückspilz. Nach Anweisung aus dem Krankenhaus packte mein Vater den Koffer, und ich steckte in jedes Paar Socken eins von meinen Wikingautos – nur den Möbelwagen ließ ich draußen und mein Lieblingsbuch, „Das rote U", für unterwegs.

Die Fahrkarte einfach und zweiter Klasse über Stuttgart, Schnabelwaid, Marktredwitz war zugleich mein Weihnachtsgeschenk, zusammen mit einem beigen Dufflecoat und einer Schirmmütze aus Cord mit einem goldenen Anker vorn in der Mitte.

Am Tag der Fahrt zog ich den neuen Mantel an und setzte die Mütze auf. Mein Vater schmierte Brote. Am Kiosk kaufte er mir noch eine Dose Bluna, Fix und Foxi und einen Riegel Mars. Den zusammengefaltenen Zettel mit den Fahrtzeiten, die Fahrkarte und fünf Mark steckte er mir in den Geldbeutel. In Stuttgart wurde ich von einer Frau von der Bahnhofsmission abgeholt; bevor sie mich zum Zug Richtung Hof brachte, bekam ich in einem kleinen Wartesaal Pfefferminztee und irgendein christliches Heft zum Lesen. Gegen neunzehn Uhr sollte ich in Marktredwitz ankommen. Ich war natürlich viel zu früh im Gang, um ja den Ausstieg nicht zu verpassen, und dauernd kamen Leute, die aufs Klo wollten und sich über meine Reisetasche beschwerten.

Ich schaute aus dem Fenster, und in der Dunkelheit huschten zwischen Rauchschwaden die Fetzen einer winterlichen Landschaft vorbei. Ich rückte meine Schirmmütze zurecht, spiegelte mich in der Scheibe, gefiel mir mit der neuen Mütze, war gespannt auf den Onkel, die Tante und meine Cousine, und was sie sagen würden, und ich bekam Herzklopfen, vor Freude und aus Angst.

Prost Mahlzeit

Alle drei waren gekommen, um mich abzuholen, der Onkel, die Tante und meine Cousine. Wir umarmten uns und küßten in die Luft. Gemeinsam gingen wir zur Gepäckaufgabe, um dort meinen Koffer abzuholen. Meine Cousine nahm mir die Reisetasche ab, mein Onkel fuhr den 304, und meinte Tante sprach vom Zimmer, das sie für mich vorbereitet hätten. Die Mütze fanden alle ziemlich albern.

Der Bungalow lag etwas außerhalb. Während meine Tante in der Küche das Abendessen vorbereitete, zeigte mir die Cousine das Haus.

Sie hatten ein eigenes Eßzimmer, die Gänge hingen voller Geweihe, über dem Telephon balzte ein mächtiger Auerhahn, im Wohnzimmer stand ein richtiger Kamin, und die Regale bogen sich vor Büchern.

Das Zimmer, von dem die Tante sprach, lag im hinteren Teil des Hauses, nur durch einen schmalen Torbogen mit Vorhang von der Diele abgetrennt. In der Mitte des quadratischen Raumes, auf dem selbstgeknüpften Teppich stand ein Tisch, ein Riesen-Schrank verstellte die gesamte Rückwand, seitlich auf dem Bett lagen Koffer und Reisetasche, und die Cousine erklärte mir, wie man Wäsche einräumt, fragte, ob ich nur selbstgestrickte Socken und Pullover hätte, und die Art von Unterhosen sei doch längst passé.

Ein Gong rief zum Abendessen, ein sanfter Ton, der im ganzen Haus zu hören war und der Tante Wege abnehmen sollte. Daheim, wo wir in der Küche aßen und spielten und Hausaufgaben machten, brauchte meine Mutter nur mit dem Besteck auf dem nackten Resopal zu klappern.

Ein dickes, weißes Tischtuch glänzte frisch gebügelt unter meinem Teller. Hände auf den Tisch, und ob ich die seit der Fahrt schon mal unters Wasser gehalten hätte? Also ab ins Bad, das Handtuch am grünen Haken sei für mich.

Die Tante schenkte Schwarztee aus, die Cousine entrollte die Serviette, und mein Onkel rückte sein Holzbein unterm Tisch zurecht.

Wie denn die Fahrt gewesen sei? – Ich erzählte von der Zugfahrt – noch nie im Leben hatte ich so eine weite Reise gemacht.

Ob man bei mir daheim immer Dialekt spräche, wunderte sich die Cousine; mein Vater hätte doch studiert. Man sagt auch nicht „Krieg ich Brot“, das heißt: „Könnte ich bitte Brot haben?“, und iß jetzt endlich, damit was aus dir wird, dürr wie du bist!

Die Tante schob mir die Butter zu. Kein Block wie aus dem Laden, sondern kleine Kugeln, die das Mädchen untertags vorbereitet hatte. Die pappten wie verhext aneinander – statt einer einzelnen erwischte ich gleich zwei, und natürlich löste sich die untere und fiel aufs Tischtuch. Ob das zu Haus auch Sitte sei, wollte meine Tante wissen und steckte die Butterkugel dem Hund zu. Weshalb ich eigentlich die Gabel rechts und das Messer links hielte, das sei bei einer größeren Runde doch furchtbar hinderlich für den Tischnachbarn, die Serviette sei nicht bloß zur Zierde da, das Schmatzen müsse ich mir abgewöhnen, wie ich überhaupt dasäße, krumm und bucklig, ob ich irgendwelchen Sport triebe, fragte mein Onkel, und wie lang ein Traktor brauchte für 60 Kilometer bei einer konstanten Geschwindigkeit von dreißig? Wie lang braucht ein Traktor, Traktor, Mund zu! Traktor, mach den Mund zu, wenn du ißt! Der Onkel wird ab morgen täglich eine halbe Stunde mit dir rechnen. Und wie schreibt man ziemlich, nämlich, dämlich, mit oder ohne h? Mit oder ohne h? Ich hätte lieber von der Fahrt erzählt, von dem lebendigen Reh, das ich im Vorbeifahren gesehen hatte, von den vielen, vielen Tunnels, bei denen oft im Wagen das elektrische Licht ausblieb, und man einige Zeit im Dunkeln saß. Die Cousine wird jetzt öfter mal ein kleineres Diktat mit dir schreiben, in der Schule sei ich bereits angemeldet, zweite Klasse bei Herrn Heller.

Iß noch was, iß ein Schinkenbrot! Die Tante hielt mir den Brotkorb hin, die Platte mit dem Schinken, Gselchts, sagte man hier, wie sagte man, könnte ich vielleicht noch etwas Tee nachhaben? Eine Tasse reicht, schnippte die Cousine, außerdem würd' ich bloß ins Bett machen, im übrigen sei Tee nichts für die Nacht.

Ich mümmelte mein Schinkenbrot, trocken, gut belegt, schön zäh und salzig. Du mußt noch schlucken lernen, meinte die Tante, mein Onkel schenkte sich das zweite Bier ein. Nicht nur einen Kloß im Mund rumbalgen, hörst du, man schlürft auch nicht, und wenn man mit dem Löffel den Tee umrührt, kratzt man nicht am Boden lang, es reicht, wenn du den Zucker aufwirbelst, die Finger werden allenfalls an der Serviette abgetupft und nicht vor aller Augen abgeschleckt, aber noch sei ja nicht aller Tage Abend, und putz dir mal die Nase, statt andauernd hochzuschniefen.

Eins und eins gibt zwei

Ich putzte mir die Nase. Ob ich denn keine frischen Taschentücher hätte. Die Cousine steckte mir ein Tempo zu. Außerdem sei es langsam Zeit, ins Bett zu gehen, morgen früh würde man nach Weiden fahren, um mich neu einzukleiden, übermorgen sei mein erster Schultag, die Mappe hätte ich doch wohl dabei, mein Schreibzeug und die Hefte.

Ich wurde eingekleidet und zum Friseur ins Dorf geschickt; Koch hieß der und hatte ein Holzbein wie mein Onkel. Am Morgen drauf packte ich die Hefte ein und mein Schreibzeug und die zwei dickbelegten Pausebrote im sperrigen Butterbrotpapier und fünfzig Pfennig für die Schulspeisung.

Wir gingen zu Fuß, meine Cousine und ich. Die Schule war am Ort, auf einem kleinen Hügel gelegen, keine zweihundert Meter von zu Haus, gleich beim Schloß, bei der Brauerei und der katholischen Kirche.

Die Schirmmütze rührte ich nicht mehr an. Dafür trug ich eine dunkelgrüne Cordhose und den ausrangierten Lodenmantel der Cousine. Kopf hoch und die Schultern zurück, rief mir die Tante hinterher, die Cousine lachte und sang das Lied vom „Bucklig Männlein". Sie lief voraus, ich ihr nach; noch ganz außer Atem fragte sie mich, ob ich denn wüßte, wo die kleinen Kinder herkämen. Sie wußte es, nannte mich einen dummen kleinen Jungen, und ich fing an, sie zu hassen. Obwohl sie älter war als ich und bereits in die vierte Klasse ging, saß sie nur ein paar Bänke weiter, drei Klassen zu drei Reihen waren in einem Saal im Parterre des Schulhauses untergebracht.

Lehrer Heller rannte hin und her. Die einen ließ er lesen, die anderen rechneten eins und eins zusammen, die dritten übten Schönschrift. In Schönschrift war ich kaum zu schlagen, dafür eine Null in Völkerball. Aber Völkerball gabs nur im Sommer, weil weit und breit keine Halle existierte. Das Klassenzimmer wurde durch einen großen Ofen warmgehalten. Im Wechsel gab es Tafeldienst und Ofendienst, andere mußten aus der Kirche gegenüber Weihwasser holen. Die Klos waren bis zur Decke schwarz geteert, und wir Jungs pißten in eine lange, stinkende Rinne.

Jeden Morgen schmierte mir die Tante Brote, dick belegt mit Wurst und Schinken, zwei Doppelbrote, eins für die erste Pause und eins für die zweite. Außerdem war ich auf Schulspeisung abonniert, täglich ein Viertel Milch oder Kakao und zwei Semmeln. Gleich nach Schulschluß stand das Mittagessen auf dem Tisch, fast immer war Fleisch dabei und Reis, Kartoffeln, Nudeln, Gemüse, Salat und Nachtisch, und täglich war's an mir, die Schüsseln leer zu machen: Mach endlich die Schüsseln leer, damit aus dir was wird!

Im Banknachbarn hatte ich allerdings einen Freund und Verbündeten gefunden. Reini Schramml liebte wie ich Wikingautos; außerdem war er Fachmann im Bau von Rindenschiffchen, die wir an sonnigen Nachmittagen den Strudelbach runtersausen ließen – vor allem aß er morgens meine Vesperbrote. Als mit einmal sein Appetit auf Tantes Wurst- und Schinkenschnitten ausblieb, fing ich an, die Pakete unter meinem Pult zu stapeln, bis eine Putzfrau sie entdeckte und dem Lehrer Heller aushändigte! Der gab sie meiner Cousine mit nach Hause. Dort landeten sie – schlußendlich – bei meiner Tante, die mich – ohne viel Worte – auf mein Zimmer schickte, wo ich die ranzigen Brote essen und dabei lernen sollte, daß man Brot, überhaupt Essen, nicht einfach liegenläßt.

Natürlich lachte mich die Cousine aus, als sie mich in die knochentrokkenen Vesperbrote beißen sah. Sie lachte auch, wenn ich mit meinen Autos spielte. Sie hatte einen Plattenspieler und stand auf Thomas Fritsch. Nachdem sie „Die Mädel vom Immenhof" gesehen hatte, war sie nicht mehr zu halten. Sie bekam Reitstunden, Stiefel, eine Reithose, und sie lachte über mich, weil ich immer noch nicht richtig mit Gabel und Messer umgehen konnte, weil mir die Serviette von den Knien rutschte, weil ich oft meinen Tee ausgetrunken hatte, bevor gegessen wurde, und weil ich dann nichts mehr nachbekam.

Alle zusammen brachten mir bei, die Gabel links und das Messer rechts zu halten, die schwere Serviette über mehrere Gänge auf den abschüssigen Oberschenkeln zu balancieren, aufrecht bei Tisch zu sitzen, das Weinglas am Stiel zu fassen, zu nippen, ohne einen Fettmund zu hinterlassen, nicht zu schlürfen, geräuschlos zu kauen, langsam zu essen, ohne dabei zu trödeln, den Mund nicht zu voll zu nehmen, das Besteck am Schluß in Parallelstellung zu bringen oder zu kreuzen, wenn ich noch etwas nachwollte, die Lippen nicht abzuwischen, nur zu tupfen und Hochdeutsch zu reden oder den Mund zu halten.

Der Reitlehrer, ein Ungar, konnte kein Deutsch, aber er wußte ein paar schlüpfrige Witze, und alle amüsierten sich, weil ich sie nicht kapierte. Während meine Cousine ausritt, durfte ich Stalldienst machen – meine Straßenschuhe stanken tagelang nach Pferdemist. Ob ich nicht mal in der Lage sei, die Schuhe anständig zu putzen, hieß es, und die Putzfrau mußte mir an den völlig verdreckten Reitstiefeln zeigen, wie man Schuhe putzt.

Ich lernte Schuhe putzen, einen ordentlichen Diener machen, die Hände falten, „Komm Herr Jesus und sei unser Gast und segne, was du uns bescheret hast" auswendig hersagen, ich lernte mit viel zu großen, schweren, silbernen Löffeln Suppe essen, ohne zu sabbern, ich lernte ziemlich, nämlich, dämlich ohne h schreiben; ich lernte still zu sein, wenn die anderen sprachen, und die anderen hatten sich eigentlich immer etwas zu erzählen.

Schließlich, irgendwann im Spätsommer, kam wie alle Jahre die Einladung aufs Schloß. Der Baron, Arbeitgeber, Freund und Jagdgefährte meines Onkels, lud zu einem Abendessen im kleinen Kreis. In einer Art Glasveranda war gedeckt, ungefähr zehn Leute saßen um einen ovalen Tisch. Der Schloßdiener in weißer Livree brachte eine silberne Terrine, die Baronin schenkte aus, wobei sie gründelte, um auch Substanz zu erwischen, was jedesmal, wenn sie mit der Kelle an die Schüsselwand stieß, einen dumpfen Glockenton gab. Ich saß aufrecht und hatte die Serviette über die Oberschenkel gespannt und unten eingeklemmt und die Hände flach auf den Tisch gelegt. Der Diener verteilte die Teller nach einem mir völlig undurchsichtigen Reglement, jedenfalls bekam die Mutter des Hausherrn als erste, ich als letzter.

Die Schildkrötensuppe schmeckte gar nicht schlecht, Schwierigkeiten machte nur die bescheidene Einlage, die sich beharrlich weigerte, vom Tellerrand auf meinen Löffel zu rutschen – obwohl ich mittlerweile den Umgang mit übergroßem Besteck perfekt beherrschte. Ich hob also den Teller an, was bestimmt nicht erlaubt war, andererseits dem Blick der Tante entgehen mußte, da uns ein bombastisches Blumengesteck trennte, und sie sich außerdem gerade mit dem Baron unterhielt.

Auf die Suppe folgte Fasan mit Gemüse, Kartoffelkroketten und einem raffinierten Schaum, Preiselbeersahne oder etwas Ähnliches. Der Diener zerlegte auf einer Anrichte die Vögel, zwei Küchenmädchen sprangen bei und belegten die flachen Teller mit Schenkeln oder Brustteilen, Erbsen, Bohnen, Kroketten, gaben etwas Bratensoße, von diesem Schaum dazu und servierten. Der Diener schenkte aus, Weiß oder Rot, für mich Himbeersaft mit Eiswürfeln. Endlich erhob der Gastgeber das Glas, ich langte nach meinem Himbeersaft, Stille im Raum, alle nickten sich zu, nippten, und ich hatte Mühe, mit dem Eis klar zu kommen.

Währenddessen legte der Diener bereits nach, streifte um den Tisch, und wo Fleisch fehlte, Gemüse oder Soße, trat er dezent von der rechten Seite heran, die Hände weiß behandschuht, links die Silberplatte, in der Rechten das Servierbesteck, beugte sich vor und gab zu, bis man abwinkte.

Ich säbelte an einem Bein, immer vorsichtig, nur ja nicht auszuglitschen und Bratensoße aufs Tischtuch zu spritzen. Außerdem quälten mich Blähungen, die ich unbedingt bei mir behalten wollte, denn: Woher sollte ich wissen, ob sie ganz im Stuhlkissen verschwinden würden?

Ich saß aufrecht und preßte die Backen zusammen, ich nippte am Himbeersaft, kaute Fleisch, Gemüse, Kroketten ohne zu schmatzen, hatte die Serviette nach wie vor im Griff, führte die Gabel zum Mund und nicht den Mund zur Gabel. Alles lief beispielhaft. Bis auf die

Erbse, die mir vom Teller aufs Tischtuch von dort auf meine Oberschenkel und schließlich auf den Teppich rollte.

Meine Tante bekam gerade Wein nachgeschenkt, die Cousine zerdrückte eine Krokette, niemand hatte das Unglück mitgekriegt. Sollte ich also die Erbse einfach liegenlassen? Und wenn sie hinterher jemand unter meinem Stuhl entdeckte? Aufstehen und nach der Erbse suchen – undenkbar! Alle würden aufhorchen, mich sprachlos anstarren. Selbst wenn ich die Erbse gleich gefunden hätte ... keiner hatte mir beigebracht, was in so einer Situation zu tun war. Sollte ich die Erbse mitsamt den Fusseln, den Hundehaaren, die jetzt an ihr klebten, neben den Teller, auf die schöne, saubere, schwere Damastdecke legen oder vielleicht auf den Tellerrand, von wo sie mit Sicherheit in die Mitte gerollt wäre, um sich unter die übrigen Erbsen zu mischen? Das eine wie das andere hätte man wahrscheinlich eklig gefunden. Die Erbse in mein Taschentuch wickeln, einfach wegstecken? Das Unauffälligste wäre natürlich gewesen: die Erbse, wie sie war, klein, grün, weichgekocht, in den dicken Perserteppich zu reiben. Dazu hätt' ich aber erst einmal wissen müssen, wo sie lag. Außerdem reichten meine Füße kaum bis zum Boden.

Inzwischen wurde bereits der Nachtisch serviert. Vorgesehen war Vanilleeis mit heißen Sauerkirschen. Nachtisch war mir immer noch am liebsten, Vanilleeis sowieso und ganz besonders mit heißen Sauerkirschen. Aber wo sollte ich da noch eine Erbse unterbringen? Die steilwandigen Schälchen boten keinerlei Ablage! Und nach dem Eis würde man sich wieder in die Bibliothek begeben, um dort Kaffee und einen Digestif zu nehmen. Sollte ich dann einsam, auf allen Vieren unter dem Tisch herumkriechen?

Mein Vater schlürfte seinen Kaffee, wenn er ihm zu heiß war, den Schnaps trank er notfalls aus dem Wasserglas, sein Frühstück wickelte er in Zeitungspapier, die Krümel stippte er mit dem nassen Zeigefinger auf – daß ja nichts verlorenging. Ich mußte an daheim denken, daß er jetzt vielleicht gerade mit meinem Bruder Blumen kaufen war, und ich wäre gerne dabei gewesen.

Der Diener brachte mir Vanilleeis – ich hatte noch nie im Leben bei einer Schale voll Vanilleeis mit heißen Kirschen solche Angst gehabt. Ich war wütend auf alle hier am Tisch, auf diese verdammte Erbse, auf die Tante, die immer an mir herummäkelte, der ich es nie recht machen konnte. Lustlos stocherte ich im Nachtisch herum, beobachtete die Gesellschaft, überlegte, suchte nach einem Ausweg – und hätte dabei fast übersehen, wie sich der Diener im Vorbeigehen bückte und ohne

Aufsehen irgend etwas aufhob, das hinter mir auf dem Boden gelegen haben mußte.

Schluß. Aus. Amen.

Ich kriegte, was ich brauchte, Strümpfe und Schuhe und Hosen und einen Anorak, zu Weihnachten Ski und eine Eisenbahn, zu Ostern Bücher, Eier und Bonbons und zum Geburtstag eine Autobahn. Ich ging mit auf die Jagd und sah zum erstenmal Hasen oder einen Hirsch. Ich durfte ab und zu ins Kino, im Hartungsaal wurden Samstag nachmittags Stühle und eine Leinwand aufgestellt, und man ließ Dick und Doof-Filme laufen. Ich hatte ein eigenes Zimmer, mit Tisch und Schrank und Lampe, und mein Handtuch hing an einem grünen Haken. Mein Taschengeld lag jetzt bei fünfzehn Mark pro Monat, und Briefmarken, um nach Hause zu schreiben, bekam ich extra zugesteckt.

Ich hatte alles, was ich brauchte, und ich hatte Angst, dreihundertfünfundsechzig Mal im Jahr, höchstens an Heilig Abend, wenn wir Pepsinwein trinken durften, fühlte ich mich wie daheim. Abends, kurz vor dem Einschlafen, kam noch die Tante in mein Zimmer, ich sprach irgendein Gebet, und wir sagten uns Gute Nacht, sie gab mir einen Kuß und ging. Das wäre dann der Augenblick gewesen, ihr einmal zu erzählen, wie ich mich fühlte, so den lieben langen Tag, aber sich wehren und den Mund auftun, hatte ja nie zur Debatte gestanden während der ganzen Zeit.

Johann P. Tammen

DIE SCHIFFE ANKERN IM HIMMEL

Ein Gedicht

Sprich nicht so hastig mein Kind laß
das Flüstern deck dich zu mit dem Staub
der Kleider vom Dachboden hab keine
Angst vor den sparsamen Gesten
die das Spiel der Grashalme imitieren
und sich verzaubern lassen im Licht der Milch-
straßen so obenhin das fischförmige
Glück anzeigend

vertraue den Fasern des Pinsels die
dir ein baumgroßes Porträt des Herbstes ins
Kinderbett schütten blau segeln die Schiffe
ums Himmelsgestühl blau in den Kleidern
der Nacht treten die Matrosen an Deck
die Toppflagge setzend deine endlos langen
Gebete unter dem Rasseln der Anker-
kette erstickend

höre den Frosch das Wetter ansagen schau
aus dem Fenster ins Land renne davon
bei sanftem Südost und stolpere nicht
über die Kirchturmspitze hochoben im Falle
der besagten Windlage sei ein Prophet
unter dem Dach der Worte gestenreich
wie ein davoneilender Scherenschnitt und
ganz ohne Angst.

Ulrich Raschke

AUSGESETZT

Sprachspielgedichte

1

als der storch anfing
sein schnabelspiel zu üben
da stand ich kopf

doch als er dazu überging
hals, nase und ohren
zu zwicken, meinen kopf
in die zange nahm
ihn platt drückte
und zu einer gräte auszog

da lief mir der speichel aus
und ich hatte schaum vorm mund

2

mit der nabelschnur
wird der vorhang aufgezogen

mein bauchfeld ist abgemäht
da wird nichts mehr wachsen
ein pflaster drauf

statt glockenläuten zu hören
empfange ich einen sensenschnitt

der läutert zum leben

3
ich bin kein sonntagskind

die windel liegt bereit
mich einzuwickeln

ich werde gewaschen
die erste ölung wird mir zuteil

salbungsvoll bahrt man mich auf
ein sterilisiertes tuch
schlägt es um die beine
damit die bazillen
keinen herd finden
und verpackt mich
zu einer schönen geschenksendung
die vom himmel gefallen sein soll

mit einer rosa schleife
über der sonntagsbrust

4
von nun an, da die speiseröhre
in den hals verlegt worden ist
muß ich mich selbst ernähren

soll doch der storch
der mich gefischt hat
nach fröschen schnappen
und mir den mund stopfen
bevor ihn mein magen anknurrt

auf daß er den schwanz einzieht
zum flug aufblättert
in den wind fällt
und um die goldene kirchturmspitze tanzt

5

ausgesetzt
in ein windelschiff
das zwischen eisbergen
und brennenden bäumen
in den wärmetod segelt

ich bin entbunden
denn wer will eine katze im sack

6

blind bin ich
noch sind die wimpern aufgegangen

man hat sand gestreut
damit die augen nicht übergehen
und kentern
falls ich mich schreiend erhitze
den schnee mit dem echo durchschaue
und die wimpern
sonnenräder schlagen lasse

doch man läßt mich ohne speichen
durch die landschaft achtern
bevor ich gelernt habe
bis drei zu zählen

Peter Roos

KINDER KINDER!

33 Kapitel über meine strikte Ambivalenz
Ein Wohlstandstext

Jedes Präservativ nur einmal benutzen!
London Rubber Company

Sicherheits-Vacuum-Verschluß knackt beim Öffnen!
Hipp Babykost Konzern

Für mich und meine Selbstverständigung
(höchstens noch gegen alle kleinen Mütter & Väter in meinem Ohr)

Sehnen

Überfallartig bricht manchmal der Wunsch nach einem eigenen Kind aus mir heraus. Als hätte ich keinen Kopf auf dem Rumpf, tobt in mir und reißt das Sehnen. Gleich gibt es mich nicht mehr, und ich bin nur noch Wunsch. Zum Beispiel, wenn ich im Schwimmbad sehe, wie Väter ihren Söhnen geduldig die Angst vor dem Wasser nehmen. Wenn ich beim Skifahren sehe, wie Mütter im Schneepflug die Töchter zwischen den Beinen sicher zu Tal bringen. Wie in Siena bei den langlangen Sonntagstafeln von Pierina und Carlo, von Rolando und Anna Maria die eigenen und fremden Kinder um den Tisch herum jagen und kein Gespräch stören. Wenn ich Großmütter erlebe, die ihre Enkel vor wütenden Vätern schützend ins Bett geleiten, dort sie Vergessen lehren mit Märchen und Geschichten. Immer sind es Bilder von Harmonie, von Wärme, Schutz und Glück. Ich wende abrupt den Kopf, verlasse rasch die jeweiligen Zimmer und Szenen und weiß nicht, wohin ich mich retten soll in meiner Einsamkeit.

Sträuben

Überfallartig bricht manchmal der Haß auf Kinder aus mir heraus. Ohne Kopf, blindwütig, presse ich die Aggressionen zurück in mich hinein. Um ein Baby-Haar wäre ich explodiert, hätte wahrgemacht mit der Papierdrohung, ‚es am liebsten an die Wand zu pappen!‘ Zum Beispiel, als ich im Flugzeug von Berlin nach Frankfurt eine Hochschwangere neben mich zu sitzen bekam. Sie hatte ihr Zweijähriges auf dem Schoß, ich mein rein getipptes Manuskript. Der Text war für einen Verlag bestimmt und vorher im Funk zu verlesen. Dazu kam es nicht. Das bundesdeutsche Rotbäckchen-Baby, das aus allen Poren nach Penaten-Creme roch und nach dem, was keine Pampers halten, sabbelte mir den PanAmerican-Orangedrink auf die Blätter. Ich floh. Auf die Bordtoilette, räumte dort mein Ich und mein Manuskript in den restlichen 40 Minuten zusammen. Die Mutter hatte mir noch gesagt, so seien sie eben, die kleinen Erdenbürger.

Ich

Ich brauche keine Kinder. Ich bin glücklich so. Glücklich nach Maßgabe der Umstände vor und hinter der Wohnungstür, „auch unter den größten Drangsalen des Lebens", wie Kleist sagt. Ohne Kinder bin ich kein halber Mensch. Ich wollte nie Kinder haben. Ich werde nie Kinder haben. Ich bin mir Kind genug.

Kinder sind für mich etwas Schönes. Kinder sind für mich etwas Abstoßendes. Ich bin strikt ambivalent. Darin bestätigt mich täglich meine Umwelt. Wohin ich sehe: Nichts, was meine Ambivalenz auflösen, meinen Entschluß auch nur ankratzen könnte. Trotzdem streiten sich Gefühl und Verstand. Wollen nicht zusammen kommen. Das Unterirdische, das Drängen, Drücken, das Blut und der Boden – alles strebt weg vom Klaren über Tage, von den Linien, den Kästchen, den Plus und Minus. Zwischen beiden Polen einzig Mißtrauen und Ambivalenz.

Für die Glücksstunden des Tages, für den ausgeruhten Nachmittag, wünsche ich mir gern ein Kind, zur Unterhaltung, zum Spiel, zum Zoo-Spaziergang, zum Eislutschen, Nachäffen, Lachen, Herumtollen. Aber. Es geht mir dabei nicht um das Kind. Von wegen. Es geht um mich. Um niemanden anderes. EX & HOPP, das Leih-Kind ist weg um Fünf, und eisig steht in der Diele das Ego.

Meine Beschäftigung hat nichts mit dem Kind zu tun. Es sind die Ablenkungs- und Entspannungsmanöver eines Berufstätigen, dem die Arbeit Spaß macht. Um auf andere Ideen zu kommen, mich zu zerstreuen, könnte ich auch Klavier spielen, Fahrrad fahren, den Hammelbraten in Honigsauce vorbereiten für mich und die Kollegen heute abend. Egoismus, jawohl. Ich könnte keinem Kind gerecht werden. Es wäre fahrlässig, in diese Situation ein neues Leben zu setzen.

Mündig

Mit 31 Jahren bin ich selbst verantwortlich. Ich treffe Entscheidungen. In Sachen Kinder fallen sie negativ aus. Das scheint niemanden zu interessieren. Mein zeugungsfähiges Alter genügt. Eine Partnerin habe ich auch. „Lange genug seid Ihr schon zusammen!“, heißt es im Bekanntenkreis, Babywäsche wird unverhohlen angeboten. Die Blicke, die auf Friederikes Bauchpartie verstohlen landen sollen, empfinde ich als offen und obszön. Es hat mich Kraft gekostet, diese Anti-Kind-Entscheidung zu treffen, ohne dabei meine positive Kinder-Seite aufzugeben. Keiner hat mir bei dieser Entscheidung geholfen. Sie ist von selbst in Herz und Kopf zusammengeschmolzen. Keiner war dabei, aber alle stehen um mich herum und in mir drin und meinen, laut und leise ihre Forderungen stellen zu dürfen. Ich werde nicht in Ruhe gelassen. Gelassenheit lege ich nicht an den Tag. Nicht bei diesem Thema. Warum?

Noch einmal Ich

Es geht um mich. Um die Ambivalenz. Ich möchte sie aushalten. Ich möchte daraus etwas werden lassen. Sicher: Kein Kind. Etwas, wovon ich noch nichts weiß. Die Valenzen zerren in mir. Einmal wollen sie mich zusammenschweißen zu einem Entschluß, zur Mannbarkeit. Gleich wieder reißen sie mich auseinander, jede strebt in ihre Ecke. Noch halte ich die Spannung aus. Oft lustvoll. Ich mache neue Erfahrungen über die ungelöste Kinderfrage.

Hosen- und Staats-Träger

Die Forderungen von Natur und Staat, die nur abstrakt in den Diskurs einzuflechten sind, paaren sich sogleich. Der Kinderzeuger ist der Staatsträger. So einfach ist das! Das ist Behauptung, Postulat und Anweisung gleichermaßen. Ich trotze dieser Forderung. Ich trample mit den Füßen auf dem Küchenboden – wie ein Kind. Mein ältester Kinderwunsch wurde immer verlacht, wird nie erhört, schon gar nicht erfüllt: Daß die potentiellen Eltern ihr potentielles Kind fragen würden, ob es auf die und diese Welt überhaupt kommen wolle. Dieser Kinderwunsch ist ver-rückt und damit außer Diskussion.

Die Macher sind auch Kinder-Macher. Der Kinderzeuger trägt den Staat. Könnte ich ihn heute tragen? Ist er mir nicht zu schwer? Ist er der Richtige?

Mein Staat sollte natürlich ganz anders aussehen und *die* Natur natürlich auch. Sie hält keiner Kinderwunsch-Diskussion stand. Irrationalität. So nicht, sage ich zu diesem Staat, wie will er mich verpflichten und zu was? Von mir kein staatserhaltender Nachwuchs für Bonner Vorgärten und für eine Inszenierung, die dem 31jährigen Akademiker nicht viel mehr Partizipation läßt als das ABC-Schützen-Kreuz auf Wahlzettel, alle Jahre wieder.

Und Zukunft? Ist Vergangenheit. Was nach mir kommt – egal, ich wurde nicht gefragt. Mir reicht, was ich so täglich zum Jonglieren habe, tragen muß und kann.

Kinderschokolade – Kindergarantie

Ich will keine Kinder, und ich habe keine Angst vorm Alter und vor dem Gespenst der Vergreisung. Kinder sind keine Garantie fürs Jung- und Frischbleiben, für „Dialogfähigkeit“, wie das seit einigen Landtagswahlen und Straßenkämpfen heißt. Es sind immer wieder die gleichen Eltern, die ihre Kinder ins Internat schicken („wir sind *mit denen* nicht fertig geworden!) und mir das Kinderkriegen als Form der Frischzellen-Therapie nahelegen wollen. Genau die Zeitgenossen haben ihr Häuschen angeblich nur für den Nachwuchs gebaut, haben sich dafür krumm gelegt und sind in den Ferien höchstens nach Bad Salzuflen gefahren. Daraus läßt sich allezeit ein Vorwurf ziehen, und das Haus wird als Erziehungs-, Dressur- und Reglementierungswerkzeug gerne gebraucht. Daß etwa Eigeninteresse, Prestigedenken, handwerkliche Befriedigung, Häuslesbauerstolz, Sicherheitsgefühl oder gar blanke Angeberei dahinter gestanden hätten, kommt nicht zur Sprache. Heiliger Altruismus und selige Kinderliebe. Die im Verbund erlauben es, allen seelischen Legitimationsdruck auf die Kinder auszulagern.

Eltern erben

Auch deswegen will ich keine Kinder. Ich möchte schon gar nicht in die Versuchung kommen, ihnen alle meine unbewältigten Vergangenheiten über den Kopf zu stülpen. Meine Entscheidung zur Kinderlosigkeit ist nicht frei gefällt. Die Hypothek der Erziehung drückt mich herunter. Ich wälze sie von einer Schulter auf die andere. *Ich* trage heute noch die Kriegslast mit mir herum, die für die Eltern lebensbestimmend war, die Not, das Hungern, die Angst, den Fliegeralarm, die Luftschutzkeller, die Währungsreform – von all dem haben sie ununterbrochen geredet, aber seelisch nichts dagegen getan; wildumsichwiederaufbauend haben sie es hinter sich und in sich gelassen, und bei jedem unbescheiden bestrichenen Butterbrot waberten Stalingrad,

Schützengraben, Wiederaufbau- und Maßhalte-Geschwätz über den Mittagstisch. Brannten im Wohnzimmer zwei Birnen, wurde von „Festbeleuchtung" gesprochen. Als der Daimler bereits in und der VW-Export vor der Garage standen, mußten die beiden Söhne noch *ein* Badewasser benutzen. Butter *und* Leberwurst auf *einem* Stück Toast war amerikanische Verschwendung. Wir waren entweder die grenzenlosesten Egoisten oder die ungezügeltsten Materialisten, die es je auf Erdboden gegeben hatte.

Neue Glücksbilder?

Nein. Mit diesen Geschichten möchte ich nicht vor ein Kind, vor mein Kind, treten. Ich hätte andere Vorstellungen. Die jedoch kenne ich zu wenig. Ich bin zu sehr an den Schrecken gewöhnt, kenne mich im Schatten besser aus, das Pech liegt mir näher als das Glück. Der Krieg hat etwas Dunkles in unseren Eltern zurückgelassen und in meine Generation gelegt. Das ist noch nicht zum Vorschein gekommen, zur Bearbeitung. Wir wurden in die Neon-Society hinüberkatapultiert, zusammen mit Vater und Mutter, und ließen uns verblenden. Das Grelle muß sie mehr abgeschreckt haben als uns. Oder waren sie so fasziniert, weil das Licht nicht nach innen ging, nur die Kriegsschäden draußen ausleuchtete?

Glücklichsein haben mir die Eltern kaum beigebracht. Auch Genußfähigkeit nicht. Der Krieg selbst stand nie direkt im Zusammenhang. Das Töten war Tabu. Aber im Umfeld des Krieges wuchs für diese Eltern-Generation etwas Gesund-Asketisches, dem die Kummerfalten näher lagen als das Lachen. Da mußten später als Ventile die Weihnachtslichterbäume herhalten, die roten Kinderbacken, die tränenden Mütteraugen und die brechenden Väterstimmen beim „O heilige Nacht". Und dorthin zurück soll ich mich fortpflanzen?

Ich, zum dritten Mal

Immer wieder diese Unsicherheiten. Stelle ich mir den ganzen Kinderkrimskrams zu idealistisch, mechanistisch, individualistisch, egoistisch und damit falsch vor? Könnten Kinder im Individuationsprozeß nicht Katalysatoren sein, Hilfe? Individuation? Adorno hielt sie für unmöglich. Bei Bloch heißt es: „Ich bin. Wir sind." Also. Trotzdem. Und aber. Bevor ich nicht mein ICH schattenrißscharf gegen die weiße Wand sehen kann, meine Kontur nicht Klarheit gewonnen hat gegen das Zaudern, die Zweifel, die Anfechtungen – so lange kommt aus mir nichts, was zu einem Kind führen könnte.

Häutung

Dieses Erbe wirft Schatten in meine Entscheidung. Ich möchte es abstreifen. Ich möchte mich häuten. Ich habe es versucht. Kein Ausland hat geholfen, kein hoher, höchster Berg, nicht die riskanteste Autofahrt. Ich bin mutlos und zornig. Beschuldige mich der Kraftlosigkeit. Anstatt undankbar zu sein. Anstatt zu genießen ohne Reue. Anstatt ohne Schuldgefühle zu leben. Ohne Verantwortung. Ohne Elternlast. Ohne Rücksicht auf Verluste zu leben und ohne Nachsicht gegen sie.

Schlafsamen

Ich kann nicht so tun, als wäre ich ausschließlich erwachsen. Mit meinen Wünschen stehe ich mitten in der Kindheit. Der Nikolaus vor mir mit dem schwarzen Buch, der Vater mit der Reitpeitsche. Die Mutter mit dem Kochlöffel. Aus meinem Auge weicht nicht das Bild des Kindergefängnisses – das krankenhausweiße Gitterbett –, zusammengeklappt lehnt es an der Speicherwand. Ich spüre die entsetzliche Angst noch im Nacken, die Angst vor den Schlägen, vor den Träumen danach mit den zipfelnden wehenden Vorhängen, die in Bett und Zimmer nach mir haschten. Meine Nase ist voll vom Geruch des nachtalten Urins in meinem Laken, den kein Plumeau überdecken konnte, und dafür mußte ich wieder erzogen werden. Die Kindheit steht mitten in meiner Entscheidung. Warum kenne ich mich in meiner Leidensgeschichte besser aus als auf meinem Liebeslebensweg? Warum muß ich mich mit geschlossenen Augen ins verdunkelte Zimmer legen, um mir das Schöne des Kinder-Lego-Lands archäologisch herauszubuddeln?

Wörter fallen mir zögernd ein: Statt „langsam" habe ich *lammsam* gesagt, statt „Schlagsahne" – *Schlafsamen.*

Szenen fallen mir ein: Wie wir mit Fußeinhaken aus zehn Schlitten einen Schlangenbob gebaut haben und den Himmelberg hinuntergejagt sind im Winter, und die lachenden Drachen haben steigen lassen im Stoppelfeld auf dem Himmelberg im Sommer, Briefchen die Schnur hinaufschickend. Glücksbilder.

Kinderwünsche im Baumhaus unten an der Reithalle: Hustend die erste REVAL zwischen den Lippen, aber das Dreisener Schwimmbad austrinken wollen und den Mond vom Himmel holen heute Nacht. Dann. Wie nicht *wir* uns verspätet haben, wie der Kindertraum den Schritt verzögerte und uns zu Hause deswegen die Dressur erwartete. Hausarrest. Taschengeldsperre. Nachmittage im Keller zwischen den

Kartoffeln, aus denen leuchtend weiße Wurzelschlangen wuchsen. Von draußen schwach Stimmen spielender Nachbarkinder, die Alles durften – aber wir galten als „gut *ge*zogen" bei den ärmeren Leuten und als „gut *er*zogen" bei den Kollegen der Eltern.

Vor dieser Kindheit habe ich Angst. Sicher bin ich, daß ein eigenes Kind ungewollt in mir und traumhaft klar diese Schreckbilder auffrischen würde. Unsicher bin ich, ob ich kräftig und genug voller Liebe sein könnte, andere Szenen, schönere Bilder zu schaffen für dieses Kind und für mich. Was würde aus mir herausfahren in meiner Angst, im Streß, in meinem Jähzorn, was ich gar nicht herausfahren lassen wollte. Weil es nicht das Meine wäre, sondern die fremde Gewalt des eigenen Vaters, seine laute Stimme, sein scharfer Kurzwortbefehl, mit dem ich nichts zu tun habe und für den ich voll verantwortlich bin – wie neulich, als ich angstüberschwemmt meine Partnerin niederbrüllte und sie sich nur mit Tränen noch zur Wehr setzen konnte, meine gleichaltrige Partnerin. Was für Schäden, frage ich mich, würde ich dann mit solch einem Ausbruch an einem so viel kleineren, unerfahrenen Menschen anrichten? Oder mit nur einem Satz wie dem Onkel Wilhelms in der Konditorei Kraus 1955, als ich für fünf Pfennig „Schlafsamen" auf mein Sonntagseis haben wollte und er beschied: „Kinderwille ist Dreckwille!" Solche Sätze werden durch kein Wiking-Modell-Auto, keine neue rotweinrote Märklin-Diesel-Lock, mit keinem Nachtspaziergang an Vaters schützend warmer Hand aufgewogen. Mit dieser Doppelangst, der eigenen Angst und der durch das Kind aktivierten, will ich nicht mehr konfrontiert werden, bestimmt nicht im Zusammenhang mit einem eigenen Kind.

Schulschmerz

Seit es mir gedenkt, will ich keine Kinder haben. Dem Frühstückstisch entronnen, unter Zeitdruck flüchtig die kleine, dicke Freundin geküßt, umzingelte mich auf dem Schulhof schon das Bohnerwachs, gleich darauf die Thomas Mann-Wut und der Mundgeruch des Doktor M., die Dauerwitze des Mathe-Lehrers O., die Rechthaberei des Studienrats P. und die spitzigen Quälereien des Physikpaukers K. In diese Schulen möchte ich keine Kinder geschickt sehen, vor allem nicht meine. Ohne Schutz sind sie den unbearbeiteten Marotten und Ticks der lebenslänglichen Besserwisser und Wissensverwalter ausgesetzt, treten zum Ausgleich im Turnunterricht das Leder durch, bolzen auf dem Schulhof mit Cola-Dosen, quälen sich selbst oder den Religionslehrer und hungern nach einem Aufschrei in der Deutschstunde, den vielleicht Borchert für sie geschrieben hat. Aber selbst diese Glanzstunden wiegen das Elend nicht auf. Kinder sind sehr wohl klein zu kriegen. Ich habe es erlebt, ich will nichts von dieser Methodik weitergeben und keine Opfer liefern.

Weihrauch

Keine Kinder, seit es mir gedenkt. Als die kleine, dicke, katholische Freundin – Bekannte der Eltern nannten sie ein „Versöhnungskind", was ich mit 14 Jahren nicht verstand – mich an ihre Heimatkirche heranführte, knickte die Schülerliebe an ihrem Kinderwunsch: Dort drinnen sollten wir katholisch heiraten, dort drinnen sollten unsere Kinder katholisch getauft, dort drinnen sollte ich katholisch werden. Schon damals gab es mich nicht mehr in ihrem kleinen, dicken, katholischen Konzept. Das war mir zu wenig und zu viel. War 14 Jahre alt, Konfirmand, noch gläubig, schon um Gottes Beistand bei Mathearbeiten sicherer zu sein. Die bayerisch-lutherische Art. Mein Mädchen ließ mich durchs Schlüsselloch sehen, und ich war eisern entschlossen, 1964, keine Kinder dieser Weihrauchvernebelung auszusetzen. Keine Kinder, seit mir gedenkt. Ich bin ein Gebranntes!

Zwitter

Und welcher Autor wäre kein Kind? Ich lasse es mir nicht nehmen: Als Schriftsteller spiele ich eine andere Rolle. Bin MannFrau, stehe mitten in der Spannung und Alles weist darauf hin, daß ich neben dem Kind der Vater wie die Mutter bin.

Das ist mein mythendampfendes Autorentheorem der literarischen Bisexualität: Die Wirklichkeiten in mir schwängern sich, die Medien sind die männlichen und weiblichen Valenzen. Ich fabuliere, trage, denke aus, ich schreibe und gebäre unter Wehen, Schmerz und Lust Gedicht, Essay, Erzählung, ein ganzes Buch. Die pränatalen Schwierigkeiten werden abgelöst durch postnatale Löcher, Depression. Jetzt liegt das Kind-Buch da, fast naß noch, warm kommt es mit Eilboten aus der Druckerei, vom Binder, vom Verlag. Jetzt stürzen sich die Leser, Lehrer, Kritiker, darauf (vielleicht), das Buch macht Schule (oder nicht), der Autor könnte wirken. Die Zukunft hat begonnen, für die sich viele Eltern ihre Kinder zeugen, um über den Tod hinauszuwirken, der Vergeßlichkeit trotzig etwas entgegenzustemmen.

Dagegen stirbt kein Buch, sofern die Qualität des Papiers die Druckerschwärze hält und kein Braunhemd zündelt. Dagegen sterben Mütter, Väter, Kinder und noch mehr.

Vernunft und Verantwortung

Es sind nicht nur die Rationalisierungen im Spiel. Man soll nicht so tun, als gäbe es gegen Kinderzeugen heute keine guten Gründe, die von Vernunft getragen sind, nicht die Vernunft des bundesdeutschen Trassenwahns, von Rodung, Startbahnbetonage.

„Der Mensch", schreibt 1810 Heinrich von Kleist, „ist ein erhabenes Geschöpf; und gleichwohl, in dem Augenblick, da man ihn macht, ist es nicht nötig, daß man dies, mit vieler Heiligkeit, bedenke." Denkste!, denke ich heut, 1982.

Im Jahre 2000 wird es acht Milliarden Menschen-Kinder geben, und sicher ist für alle Zukunftsforscher, daß diese acht Milliarden nicht mehr satt zu kriegen sind. Von Arbeit, medizinischer Versorgung ganz zu schweigen. Die Verantwortung ist größer geworden, die Entscheidungssituation prinzipiell: Machbarkeit und Planbarkeit. So wie bei Kleist kann es nicht mehr gehen: „Ja, derjenige, der das Abendmahl darauf nähme, und mit dem bloßen Vorsatz ans Werk ginge, seinen Begriff davon in der Sinnenwelt zu konstruieren, würde ohnfehlbar ein ärmliches und gebrechliches Wesen hervorbringen. Dagegen derjenige, der, in einer heißen Sommernacht, ein Mädchen, ohne weiteren Gedanken, küßt, zweifelsohne einen Jungen zur Welt bringt, der nachher, auf rüstige Weise, zwischen Erde und Himmel herumklettert, und den Philosophen zu schaffen gibt." Soweit Herr von Kleist, Kopf und Bauch auseinandernehmend. Ohne den Nachsatz zu vergessen: „Und hiermit Gott befohlen."

Ohne Gott und ohne Geld

Bei der finanziellen Belastung, die ein Kind bedeutet, schütze ich nicht nur die heutige Krisensituation vor. Ich rede von mir, von meiner eigenen sozialen, ökonomischen Unsicherheit als freiberuflicher Schriftsteller ohne Lebensversicherung und Rente. Ich möchte gar nicht wissen, welche Kompromisse ich mit Kindern im Kreuz zusätzlich eingehen, welchen Aufträgen ich nachhecheln müßte, um an das notwendige Geld zu kommen. Ich bin schon generationsbedingt nicht ein Kraftbrocken wie Autoren der „Gruppe 47" beispielsweise, die in den fifties ihre Kinder machten – Nachkriegs-, Aufbau- und Zeugungs-Mentalität der literarischen Väter. Dem leiblichen Vater fiel bei meiner Geschlechtsreifung nur die Warnung ein: „Der Geist ist willig, aber das Fleisch ist schwach!"; bei Studiumsantritt wurde mir die Formel „ins Kommersbuch" geschrieben: „Wechsel ja – Alimente nein!", und am Ende der Examenszeit schlug mir der Rat ins Gesicht:

„Erst der Stall, dann die Kuh, danach das Kälbchen!“ Kinder waren für mich, auf dieser Haushaltsbuch- und Girokontoschiene, immer nur ökonomischer Faktor – vom kleinen Menschen, den glänzenden Augen, dem Niveapopo, von Lebenserfüllung überhaupt, war nirgendwo mehr die Rede.

Sie und Ich

Ich will mit ihr leben. Ich will mit ihr leben und mit sonst niemandem. Das, was mein Leben mit ihr ausmacht, sehe ich nicht teilbar. Ich möchte nicht, daß unsere heiligen Gespräche gestört werden. Diese Gespräche, die wir, jeder von seiner Arbeit kommend, über der sorgfältigen Auswahl der Teesorten beginnen, sollen nicht von Kindergeschrei zerfetzt, von vollgeschissenen Windeln gestört werden. Es sind unsere heiligen Gespräche, die wir lieben und brauchen. *Heilig* nenne ich diesen Gedankenaustausch, weil er sich dahinauf entwickelt hat in den zehn Jahren unseres Zusammenlebens: Da wird die Zeitung zur Seite gelegt wie der Streit, da werden die Buchdeckel zugeklappt, da dudelt kein Radio und flimmert kein Fernsehgerät, da wird das Telefon ausgestöpselt und die Türklingel nicht beantwortet. Und wenn es nur eine halbe Stunde täglich ist: Da versuchen wir, uns einander voll zu widmen. Da kann der Streit doch wieder aus- und aufbrechen, da kann der Redefluß von irgendwoher kommen und sich nach irgendwohin verläppern, da können Gulda, Satie, Keith Jarrett, Glinka Klavier-Musik dazu tun, falls es gefällt, falls es gut tut. Da hören wir den Kandiszucker im Mango-Tee knacken, und in diesen unendlichen 30 Minuten erfüllt sich für uns der beste Sinn des heruntergekommenen Wortes *Zweisamkeit.* Hier kommen wir nämlich wieder zusammen. Hier tut jeder seine eigenen Gedanken, Splitter, Fragmente, Fragen, Brocken, Witzchen, Histörchen, Sticheleien, Arbeitsberichte, Aggressionen, Versöhnungsangebote, Exkurse, Pläne in den gemeinsamen Pott. Dreisam familiär geht das nicht. Freunde haben uns belächelt und das mitleidige Lächeln münden lassen in die Feststellung, wir lebten bereits wie ein steinaltes Paar. Aber genossen haben sie unsere Runde doch, wenn wir sie einmal mithineingenommen haben. Plötzlich konnten sie die Schultern erleichtert fallenlassen, froh, kein Kindergeplärr zu hören, das anfangs noch in ihren Ohren hing.

Klarer Kopf statt overstimulation

Wir brauchen viel Zeit für uns. Unsere Köpfe sind wie die Bäuche und Mappen voller Pläne – wir haben ein ausge- und erfülltes Leben. Wir meiden Kneipen, in denen man vor lauter Disco-Chocks die Konzentration samt Kopf verliert, den man abtragen lassen kann wie das Essen.

Das Gleiche gilt für sogenannte Feierabende, den Rückzug nach der Anspannung. Jetzt soll kein Kinderkrach und Kinderkrieg das Schmökern stören, jetzt will ich lesen, Lucio Dalla, Randy Newman hören. Jetzt will ich meinetwegen Skizzen machen, Bücherbretter streichen, Bilder rahmen, umhängen. Alleine will ich all das tun, ich habe nicht die Geduld für andere, niemanden will ich dabei haben, der mit Fingerfarben schmiert, mit Uhu klebt und pappt und dann, wie ich vor 25, 26, 27 Jahren, Amok läuft, weil die Sandmännchensendung längst gelaufen, die Bettgehzeit längst überschritten ist. Ich könnte nie ein Kind ins Kinderzimmer sperren, aus dem Zusammensein herauslösen, wenn die Familie jetzt erst wieder funktionsfähig geworden ist am Abend. Dieser Bettkrieg hat mich meine halbe Kinderkraft gekostet – bis ich mich dann erst in den Schlaf geweint hatte.

Wir und unser Tee-Kind

Manchmal schon saßen wir beim Tee und aus einem von uns kam überfallartig der Satz: „Wie wohl ein Kind von uns beiden aussähe?" Wir phantasieren und konstruieren eine Weile vor uns hin, *wehmütig*, weil in diesen Sekunden der Wunsch sich wieder rasend schnell und unaufhaltsam aufbläht wie ein Luftballon, *kalt* berechnen wir dann den Entwurf, basteln mit Experimentierspaß wie an einem Holz-Modell, *lachend*, erleichtert lassen wir das physikunterrichthafte Spiel und einigen uns auf ein neues Arbeitsziel: „Lieber ein Buch zusammen!", sage ich, denn so toll bin ich nicht, kann keinen Mark Spitz, keinen Brecht, keinen Beckenbauer, keinen Einstein vorweisen – also, der Spaß bleibt unter uns, rentiert sich nicht als Ernst für die Menschheit, für die Sport- und Geistesgeschichte.

Eifer-Sucht

Was täte ich auch mit diesem kleinen Wurm?, – ins Offene gefragt. Ein Mädchen wollte ich sicher an mich binden, die konfliktreiche Koalition wäre perfekt; und auf den Jungen wäre ich eifersüchtig. Nein. Auf beide Kinder wäre ich eifersüchtig. Eine Eifersucht, mit der ich nicht umgehen könnte, weil es nicht eine kleine, alltägliche, aktuelle Eifersucht wäre, die vielleicht ‚natürlich' ist, wenn man sich mag, aber gerade unsicher, verletzbar und einsam sich fühlt – oder bei realem Anlaß. Meine Eifersucht ginge darüber hinaus. Als ich zum ersten Mal

Sabine ihren Philipp stillen sah – sofort spürte ich etwas. Aber es war mehr. Eifersucht. In einer Art, die ich nicht kannte. *Irgendwie* habe ich plötzlich Teil an etwas Ursprünglichem, an etwas Unverrückbarem, an etwas, das *ich als Mann* nicht kann, wovon mich die Natur ausgegrenzt hat. Diese Ur-Eifersucht ist mit Wut, Scham, Verletzung und Verzweiflung gepaart: *An deinem Leben ist nichts mehr zu ändern – du bist ein Mann!* Das Kind, der Junge, kommt mit seinem ganzen Körper aus der Vagina der Frau, die Du als „Deine" bezeichnest. *Er* wird an den Busen gelegt, den *Du* begehrst und den kein noch so kleiner Mann begehren soll. *Er* öffnet ihn, was *Du* nie kannst. *Er* holt sich Milch, *er* bekommt sie, nicht *Du* – Momente höchster Eifer-Sucht, gleich ernst wie albern.

Ich sehe mir dabei seit Jahren zu. Ich habe mir nie getraut, über diese Beobachtungen zu sprechen. Wie sie mich anrühren, hilflos machen.

Der Kleine Prinz ist jetzt ein anderer, die Haupt-Frau muß geteilt werden. Ich bin entthront, kann nicht mehr Haupt-Mann sein. Das trifft mich in persönlichster Substanz. Mir ist egal, ob das mit der Substanz des Patriarchats zusammenhängt. Hier wird *mir* demonstriert, was sichtbar in der Natur verankert ist: Ich kann kein Kind mehr sein können. Und: Es bleibt bloßer, ver-rückter, meinetwegen kranker oder perverser Wunsch, das Kind der eigenen Frau zu sein. Der umgekehrte Koitus.

Der umgekehrte Koitus, dachte ich, als eine Freundin mir von ihrem Geburtserlebnis erzählte als dem größten Orgasmus ihres Lebens.

Das Gesicht der eigenen Kindheit

Und weiter. Wie erbärmlich ich den Elternstolz empfinde: „Sag ja nicht, daß Du Söhnchen häßlich findest!" – eine Freundin, als ich sie am Kindbett besuchte. Zum Kotzen fand ich ihn. Rot und pickelig im Gesicht, verquollen, noch ganz Embryo, Lurch, Qualle, die 45 Haare auf dem Kopf zu Berg, hinten alles kahl, die Augen vertrielt, aus den Mundwinkeln sabberte Speichel. „So hast Du also auch mal ausgesehen!", sage ich mir. Rasch ging ich und konfus, die Blumen und das Buchgeschenk bei mir, nur weg aus diesem schwangeren Krankenhaus, nur fort von diesem Ebenbild. Ich wollte mich nicht mehr sehen. Ich habe Angst vor dieser Kreatur, ihrer Natürlichkeit, ihrer Hilflosigkeit. Ich ertrage dieses Spiegelbild nicht. Es hält die Augen aufgerissen für nicht verheilte Kindheitswunden, für Ohnmacht, Machtlosigkeit, Ausgeliefertsein.

Fallobst, Stammbaumäpfel

Ich will meine eigene Nase. Ich will mein eigenes Kinn. Nicht die Haare von der Mutter, nicht die Ohren von Onkel Otto, nicht: Ganz-der-Pappi. Kein Apfel fällt hier vom Stamm. Was bin *ich* denn? Wenn sich Pappi stolz und selbstbewußt, jedoch per Zufall noch einmal re-realisiert? Soll ich das Kinderspiel mittreiben, soll ich die eigenen Macken, Ängste, Ischias, Wetterfühligkeit und Scheuermann denn blind weiterreichen in die nächste Generation? Ich will nichts *wieder-* und nichts wieder*holen*. Ich will mir selbst ein Stück der Kindheit rekonstruieren und bearbeiten. Ich will mit den eigenen Kindern nicht die Hochzeit des heimlichen Egoismus feiern.

Dunkelheit

Und wohin mit der Trauer, mit den Tränen, falls das gewünschte Kind verstümmelt, dumm, behindert, blind und taub auf diese Welt käme? Wenn keiner meiner hochfliegenden Wünsche sich erfüllte? Kein schönes, kluges, mutiges Kind? Ein Hosenscheißer, Hasenfuß anstatt? Wenn sich bei der Geburt die Nabelschnur nur kurz um seinen Hals gewickelt hätte? Wenn ein Wasserkopf den Rumpf bedrückte? Wenn die Kindsmutter dabei draufginge? Der Erzeuger steht als Sauber-Mann ohnmächtig daneben. Wenn Spätschäden sichtbar würden im zweiten, dritten Jahr? Wenn sich der Kindergartenanspruch dann als zu hoch erweist. Wohin mit der Verzweiflung? Woher der Wille und die Kraft zum Weitermachen?

Tübingen-Gartenstadt, Fuchsstraße 71

Unser Sonnenschein

Felix

geb. 29. 6. 76 gest. 19. 7. 79

hat uns viel zu früh verlassen.

In stiller Trauer:
Inge und Gerhard Maul mit Birgit

Schmusen

Ich war lange genug krank als Kind mit TBC, fernab von jeder Mutter in irgendwelchen Hochgebirgen – eine andere Hypothek der Kindheit, die nicht zu tilgen ist. Ich habe im ‚Zauberberg' gelebt, acht Stunden Liegekur täglich mal 16 Monate. Ich weiß aus eigener Erfahrung, daß alle Wunsch- und Pracht- und Sonntagskinder auch Sorgenkinder sind. Wer einmal erkrankt war, ist niemals ganz zu kurieren. Deswegen werde ich nicht teilen. Mein Nachholbedarf ist zu groß. An Zärtlichkeit, Verwöhnen, Schokolade, Spiel, Spazierengehen und Reisen, Reden statt dem Gebet der Schwesternhorden in der Lungenklinik. *Schmusen* ist deswegen ein Lieblingswort. Es darf kein Ende nehmen, wie der Zustand, den es sanft benennt. Dem frühen Kindheitsverlust muß und will ich frönen, um ein Stück weit meinen Weg des Glücks zu finden und ihn zu genießen – ‚auch unter den größten Drangsalen des Lebens!'

Zur Zeit

Und wie kommen die Anderen mit ihren Kinderwünschen und -ablehnungen zurecht? Ich staune über die beiden feministischen ‚Freundinnen' in Berlin, die mir vor 18 Monaten zumindest verbal eins in die ‚vorwitzige Chauvi-Fresse' gegeben hätten, wenn ich die Kinderfrage auch nur angedeutet hätte – die eine hat sich „aus Überzeugung von irgendeinem *Typ* aus dem ‚Schwarzen Café'" schwängern lassen, die andere lebt jetzt mit einem Mann, dem Kindsvater, zusammen und in ihren Briefen schreibt sie nicht mehr *frau* statt *man*!

War das denn alles nur Spaß? Wo geht's lang in der Seelensaison? „Jute statt Plastik" hieß die Parole gestern, und heute machen die gleichen Leute schon Witze darüber, daß die Alternativen sich deswegen so schnell vermehren. So rasch geht der Szenen- und Plattenwechsel. Kriegsangst, Lebensangst, Rentenangst – Festklammern an die Natur, weil außer dem Trend heute nichts mehr nachgemacht werden kann?

Wenn ich diese rigorose Familienwut unter Gleichaltrigen beobachte – wenn ich höre „wir üben", statt „wir lieben" oder wenigstens noch „wir vögeln" – wenn ich alle Vernunft über Bord gehen und den neuen Mutterkult aus den seelischen Scheintiefen gefischt sehe – wenn ich sehe, wie blindlings in der Gegend herumgerammelt wird und man sein Leben dem Regisseur Zufall überläßt – wenn ich die Arrangements dann erlebe mit dem Kind, „wenn es nun schon einmal *da* ist" –

wenn alles auf die Verhütungsmittelmüdigkeit geschoben wird und man mit der Lüge in der Tasche ohne Pille, Gummi, Kupfer-T in die Falle steigt – wenn danach die neuen Kicks (jetzt ist Kinderhaben in) konstruiert werden und einfach alles (Alles, behaupte ich jetzt!) ins allgemeine offene oder geheime Arrangement mit der Norm mündet – wenn man das Studium zu Ende, Marx und Engels in den Keller gepackt, den Praxis-Schock und die ADAC-Reise nach Amerika hinter sich gebracht hat – wenn das Alles auf Stromlinie frisiert ist wie der Stillstand der Fluchtlinien der Familiensilos in Beton – wenn, wenn – und wenn ich dann als Schlaffi, Schnulli, kraft-, weil kinderloser intellektueller Brillenträger angemacht – wenn ich gestellt werde statt angesprochen – was dann?

Ich und die Anderen

Dann stehe ich in den Kinderzimmern herum, unnützer als jedes Paidi-Kinderbett, älter als jedes zerbrochene Schaukelpferd der Großmama. Da kleben sie, die Klebetierchen an der Kinderzimmerwindschutzscheibe. Da schwimmt die Badeente in der Plastikwanne. Da brutzelt das Breilein, da dampfen die Pampers, da steigt der Penatenduft in die Nase, und ich bin längst weg vom Fenster.

Wie werden die Leute, wenn sie Kinder kriegen? Tututut die Eisenbahn?

Es geht schneller als man denkt! Was ist aus Paule geworden? Aus Gabriele jedenfalls wurde Mami, und Mami nennt Paule jetzt nur noch Pappi. Der gesamte Bekanntenkreis ist aussortiert und durchgesiebt; bevor ich es bemerkt habe, bin ich ausgemerzt aus den problemträchtigen Beziehungen, und neue, mit Sicherheit schwangere Cliquen haben sich gebildet. Der eine oder andere hält mich lauwarm noch als Babysitter, denn auch Eltern wollen ins Kino und „Kramer-gegen-Kramer" muß in diesen Kreisen gesehen und beweint haben. Eine Zusammenrottung von Vätern und Müttern hat stattgefunden, und Solisten, Singles oder Kinderlose markieren das andere, das Feindbild.

So erlebe ich es als Außenstehender, denn ich rieche nicht nach „Kosili-Kinder-Bad", bei uns liegen keine „Herzlieb-Wickelhöschen", keine „babyli-Windeleinlagen", keine „Nuk-Nuk-Feinloch-, Brei-, Ventil-, Schlitz- oder Beruhigungs-Sauger" herum, mich machen keine „Umstands-T-shirts", keine „schwarzen Slips für werdende Mütter mit elastischem Leibteil und weichzügigem Taillengummi" an, auch keine Stillbüstenhalter „mit Baumwollstickereien".

Das heißt: Ich kann nicht mitreden. Bin draußen. Während ich mich noch mühsam durch die 2001-Kleinschrift quäle, ist für die ehemalige Kommilitonin aus dem sozialistischen Fachschaftsrat der „baby-walz“-Katalog („Liebe Mutti, lieber Vati“) schon zum ‚Merkheft‘ einer neuen Käuferschicht geworden, für die es jetzt heißt: „Erst das Natürlichste: Muttermilch – dann das Bewährte: Schmelzflocken. Kölln, vom blütenzarten bis ins kernige Alter – ... denn Hafer hat's in sich!“

Falls doch eine der alten Beziehungen gehalten hat, gibt es ab sofort nichts Wichtigeres mehr per Telefon, Brief oder bei reichlich gestörtem Zusammensein mitzuteilen als die neueste Frequenz von Bäuerchen und die Pups-Tagesform des Stammhalters. Das Kind wird von Sony, Pappi, Kodak, BASF gefilmt und vertont, und zwar von hinten bis vorne, vor allem, wenn es sauber ist und gut riecht. Aus ist es mit den Spontan-Ski-Trips, aus ist es mit wilden Feten, Schwoofs finden nicht mehr statt, und den Abend verbringt man mit Kinderstrand-Dias und nicht wie früher mit schweißtreibenden, argumentreichen Erörterungen, in denen die Welt wenigstens theoretisch aus den Angeln gehoben wurde nachts – heute wird sie tags praktisch betrieben.

Tututut die Eisenbahn

Wie werden die Leute, die Kinder kriegen? Aus Paul wurde Pappi, und aus einem Tag im Dezember wurde die feuchtäugigglänzende Kinderweihnacht. Schon schafft er für Sohnemann Märklin an, und die Mami hat etwas fürs Leben bekommen, den „*Memoire*-Diamantring voll Dankeschön“ nach dem Firmen-Motto: „Was schenken Sie ihr, wenn sie Ihnen etwas schenkt?“ Die Väter reden gerade noch mit, wenn die Dias durch den Projektor geschoben sind. Die Mütter sind müde und unkonzentriert. Die Sprache kommt auf Gelalle und Deminutiv herunter. Die Wörter kommen auf das “-le“ und das „-lein“ herunter, aus dem Bauer wird ein „Bäuerchen“, aus dem Mund ein „Mauli“, als sei das Bett schon immer „Nestchen“ gewesen.

Während die Intimsprache zwischen diesen beiden Liebenden, zusammengesetzt aus den sich treffenden zwei Kindersprachen, sich im Schonraum entwickelt hat und selbst vor der geringsten Öffentlichkeit geschützt wurde, explodiert mit dem Realität gewordenen Kinderwunsch das Reservat des Privaten; die Kose- und Schmusesprache wird rücksichtslos ans Licht gezerrt, veröffentlicht und damit geopfert. Die Vagina heißt plötzlich „Mummi“, der Penis „Lälä“ oder „Spätzle“, und der Zuhörer wird schonungslos gezwungen, dem sprachlichen Koitus des Paares beizuwohnen, der in der Realität zu dem vorliegenden Kind geführt hat.

Halbierte Zärtlichkeit

Auf einmal betrachten die Mütter den kinderlosen Hausfreund aus den Augenwinkeln. Wenn der Erzeuger zum Joggen abgeholt wird, wird der Abholer zum Vatermörder, Zeit-Räuber, wenigstens Störenfried, Familienfeind. Nachher kommt am Tresen ans Licht, was Dekonzentration und Baby-Sprache bereits verraten haben: Das Paar ist dem Sog und der Macht des Kindes erlegen. „Wir sind schwanger", höre ich, oder „kinderreich". Da hängt der Erzeuger am Pils. Ganz ungewohnt solo. Und erst nach dem vierten Gezapften kann er gestehen, daß er „*es* erwürgen" könnte, daß nichts mehr liefe, das heißt, daß er nicht mehr „dürfe"; er wählt das Wort „dürfen", wo er früher platt „bumsen" gesagt hätte – er dürfe nicht mehr, weil, das Baby könnte davon Dellen in den Kopf bekommen und das Sperma ihm in den Mund laufen.

Und wenn das Kind da ist und wir wieder am Tresen stehen, ist das Kleine noch weiter zwischen die beiden Großen getreten, der Mann klagt über halbierte Zärtlichkeit und geschwundene Zuwendung. Er beichtet den Neid auf die Häuslichkeit der Frau, auf ihre Rückzugsmöglichkeiten in die Wohnung, in die andere, die warme Gegenwelt, in der sie spielen und selbst wieder stückweit Kind sein kann. Während er – draußen, die Stechuhr, der Chef, die Beförderung, die Rushhour ... „Du weißt ja!" Nichts mehr ginge direkt, alles liefe über das Kind, selbst der Streit. Vom Safari-Plan wolle er gar nicht mehr reden, die VW-Camper-Tour von LA nach Feuerland sei am Arsch und überhaupt – keine Zeit mehr, keine Ruhe, der Sex ins Schlafzimmer verbannt, und die Lust sei keinen Schrei mehr wert, denn er könnte gehört werden und Schaden anrichten.

Drückeberger

Was ist hier angerichtet worden? Wer badet was aus? Wie könnte daran was für wen geändert werden? Frage ich mich und bin froh, keine Antwort finden zu müssen. Ich muß nicht. Ich will nicht. Nichts geht mich dieses Problem an. Bin Drückeberger. Werde Drückeberger geschimpft. Will ruhig Drückeberger bleiben, ziehe mich fortan aus den kindischen Diskussionen zurück.

Und woher kommt meine Angst vor dem Kind, die oft in reine Panik überkippt? Wenn die Potenz der Kinder in der Bekanntschaft meine zugegeben jämmerliche, mühsam aufrecht erhaltene Erwachsenen-

Ordnung durcheinanderschmeißt. Obwohl ich doch nur Beobachter bin? In Köln, wo die „niedliche" Angelika wütend eine Glasflasche Olivenöl auf den Küchenboden wirft und darin herumstampft – in Tübingen, wo der „witzige" Fritzi mit einer Riesenflasche MAGGI über die Wäsche spritzt, weil er sie einweichen will – in Berlin, wo die „brave" Henriette mit „Fissan-Baby-Öl" den neuen Teppichboden tränkt, „bebe-Puder" über die Briefmarkensammlung stäubt und mit „Töpfers Kinderpaste" die Tapete eincremt – in Würzburg, wo der „liebe" Thomas aus dem Parterrefenster fällt oder in Bochum, wo der „drollige" Manfred, vor dem Wickeltisch stehend, das Küchenmesser am Schenkel der kleinen Schwester ansetzt, als seine Mutter wieder ins Zimmer kommt.

Anarchie und Chaos. Das verunsichert mich. Dem wäre *ich* nicht gewachsen. Das ginge über meine Statur hinaus, nach der nie gefragt wird in Kinder-Gesprächen. Hätte *ich* überhaupt die Kraft, die Gelassenheit, die Kontur zur Vater-Figur? Das will keiner wissen. Stattdessen Neid auf mich Kinderlosen, der sich angeblich mehr leisten kann, mehr Zeit und weniger Sorgen hat; stattdessen Wehrmachtsstolz der Kinderreichen, die sich für gesellschaftsfähiger und -tüchtiger halten. Die Frage nach dem eigenen Vermögen wird aus Selbstschutz unterlassen, wird als das heimliche Problem der Mütter gehandelt, die übermüdet, mit grauen Rändern unter den Augen, sich im Grenzbereich ihrer Kraft bewegen. Um so entschiedener wird der Entscheidungszwang ausgelagert, die Forderung gestellt nach meinen Kindern oder nach meiner Sterilisation. Hier traue ich mir gar nicht erst zu reden von meiner Vorstellung, daß mir bei der Sterilisation der Penis in Scheiben geschnitten würde à la „schlesische Gurkenhappen" – eine Vorstellung, die ich trotz aller anderslautenden ärztlichen Erklärungen nicht abbauen kann.

Militant kinderlos – dazu stehe ich. Zu meinen zwei Valenzen stehe ich auch. Aber. Die Positive nimmt ab. Das Gleichgewicht beginnt zu rutschen. Die Ablehnung wächst. Solche Widersprüche darf es geben, keine Ambivalenz. Das ist der ideologische Dollpunkt in der zeitgenössischen Kinderwunsch-Diskussion – falls sie überhaupt noch geführt wird. Zur Zeit herrscht das Ja der Triebe.

Vater sein

Was für ein Vater käme aus mir heraus? Warum will ich kein Vater werden? Weil ich kein Sohn werden will, von niemandem ‚geschaffen'! Ich will die große Nähe nicht, ich brauche die Distanz. Ich lasse mich gerne anregen, aber nicht auffressen. Ich hasse Konkurrenz und den Rivalen. Ich will nicht werden wie mein Vater und könnte nie aus seinem Schatten rennen. Ich will nicht werden wie der allgemeine Vater, wie der Mann als Sozialisationstyp hier gefordert ist. Ich könnte den gelassenen Stolz nicht ertragen aus der Gewißheit, daß mein Sohn mich überlebt. Ich scheue die Widerholungssituation. Ich stehe im Gemenge der absterbenden Macht meines Vaters, dem Gespür ihrer Vitalität in mir und dem Sog des Säuglings, der alle möglichen Qualitäten seines Erzeugers aktiviert und bindet. Wo bin ich? Wer bin ich? Ich bin nicht allein, kann keine einsame Entscheidung fällen. Mein Vater-Bild hält mich am Gängelband. Gegen das ich Individuation probiere für mich. Was ich sozusagen trocken leisten will und nicht am eigenen Kind.

Macher und Kinder-Macher: Bild-Störung?

Die Vatermänner. Wie ich sie verachte, wenn ich in der Sauna Ohrenzeuge ihrer Schwängerungs-Reports werde: Wie der folgenreiche Koitus „tödlicher Schuß" genannt wird, wie sie ihre „Patronen abschießen", wie sie ihre „Weiber vollpumpen", „laden", und wie Fortpflanzung in ihrem Mund unweigerlich verquickt ist mit Demütigung.

Das sind die Männer, die samstagsnachmittags mit dem Baby-Schwamm voll Liebe ihren Opel vor der Tür waschen, die sonntags gelangweilt neben dem „stabilen Sportwägelchen", neben Frau und Schwiegereltern herlaufen, als wären sie lediglich Onkel. Statt das zu tun, was Mannsbilder am Sonntagnachmittag viel lieber tun: Den Schwanz auf Viertelmast modelliert durchs Schwimmbad tragen, am Tresen, auf dem Fußballplatz oder im Hobbykeller stehen…

Die Männer stöhnen unter ihrer Kinderlast und protzen damit. Die Wider-Sprüche kommen aus dem gleichen Mund und werden nur bei anderen aufgedeckt! Fünf Kinder oder keine – asozial, ein Mutterschänder oder impotent, in dem Fall mit Makel. „Wird wohl langsam Zeit!" oder „S' klappt wohl nicht!" oder „Nicht zeugungsfähig, wa!" Denn nur das Kinderzeugen und der Kindbesitz vollstrecken den Beweis der Mannbarkeit. Das Ritual überlasse ich den anderen. Diesen Mann brauche ich nicht zu stehen.

Sträubende Sehnsucht

Der reißende Kinderwunsch. Das Nasehochziehen, der Ekel, die Angst. Das unvermittelte Nebeneinander. Die rückwärtsgewandte

Sehnsucht. Die Trauer, daß irgendwann plötzlich die Kindheit zu Ende war, daß ich in der Metzgerei kein Stück warme Fleischwurst mehr bekam und vom Bäcker kein Himbeerbonbon. Die Bilder, die in mir nicht zusammenfallen: der schmusende Vater und der Vater mit der Peitsche; die ausgebreiteten Arme, die mich empfangen wollen nach dem Schulausflug und fangen zur Tracht Prügel.

Dann plötzlich der Einbruch, der Ausbruch, die als gewalttätig erlebte Veränderung des Körpers; aus dem „Spätzle“ wird ein Penis, mit Haut und Haar, alles geht rasend schnell – aber wohin, das sagt mir niemand, und ich alleine halte sie aus die quälende Langsamkeit der Pubertät.

Dann folgt die nächste und die übernächste Phase, ein Aufbruch zieht den nächsten Umbruch nach sich und alles mache ich mit, mit großen Augen, links die Neugier, rechts die Angst. Und nirgends ein Wille, das weiterzugeben.

Wer die Pflichten eines Vaters
nicht erfüllen kann, hat auch
nicht das Recht, es zu werden.
Jean-Jacques Rousseau
(der seine 5 Kinder ins Findelhaus gab)

Wolfgang Weyrauch

EHELAST – KINDERLAST

Tag- und Traum-Szenen
Dialoge

Szene I: Ehe

Ehemann	Du bist meine Süße.
Ehefrau	Mein Süßer.
Ehemann	Was habt ihr auf?
1. Kind	Die as, die x –
2. Kind	– die aus, die is –
1. Kind	– und s, davor ein Konsonant, mach dir als weiblich wohlbekannt.
Ehemann	Und was machen wir vorm Schlafengehn?
Ehefrau	Mensch, ärgre dich nicht.
Ehemann	Liebst du mich noch?
Ehefrau	Es war herrlich gestern abend.
Ehemann	Dann hast du wie ein Murmeltier gepennt.
Ehefrau	Schlaf, Kindchen, schlaf, hast du mich eingesungen.
Ehemann	Du riechst so gut.
Ehefrau	Bringst du mir auch was Schönes mit?
Ehemann	Vielleicht.
Ehefrau	Heut abend gibt es bloß Brötchen.
Ehemann	Wer kriegt die oberen Hälften?
Ehefrau	Du.
Ehemann	Nein, du.
Ehefrau	Wir teilen es uns.
Ehemann	Einverstanden.
Ehefrau	Und hinterher?
Ehemann	Sehn wir Humphrey Bogart.
Ehefrau	Und dann –

Ehemann	Soll ich dir Wiedersehn winken?
Ehefrau	Bitte.
Ehemann	Und unser Liedchen pfeifen?
Ehefrau	Oh, when the saints.

*

Ehemann	Wart ihr fleißig?
1. Kind	Es geht.
Ehemann	Ich werd euch Beine machen.
2. Kind	Hör' uns doch ab.
Ehemann	Ich hab keine Zeit.
Ehefrau	Und ich?
Ehemann	Was ist?
Ehefrau	Bist du noch mein Süßer?
Ehemann	Klar.
Ehefrau	Bin ich noch deine Süße?
Ehemann	Was denn sonst.
Ehefrau	Liebst du mich?
Ehemann	Zweifelst du daran?
Ehefrau	Nein, obwohl –
Ehemann	Obwohl was?
Ehefrau	Wir waren schon lang nicht zusammen.
Ehemann	Die Arbeit, Kind, die Arbeit.
Ehefrau	Ich bin auch immer so müde.
Ehemann	Das müssen wir ändern.
Ehefrau	Du hast mich gar nicht mehr in den Schlaf gesungen.
Ehemann	Richtig, das hab ich ganz vergessen.
Ehefrau	Rieche ich nicht mehr so gut wie früher?
Ehemann	Aber, aber.
Ehefrau	Bringst du mir auch etwas Schönes mit?
Ehemann	Ich kann dir doch nicht immer etwas mitbringen.
Ehefrau	Heute abend gibt es Rollmöpse.
Ehemann	Keine Brötchen.
Ehefrau	Mit den oberen Hälften für mich.
Ehemann	Wenn du's lieber hast.
Ehefrau	Mir ist es auch egal.
Ehemann	Und abends?
Ehefrau	Ist heut Dienstag?
Ehemann	Dann Humphrey.
Ehefrau	Winkst du mir?

Ehemann Wie immer.
Ehefrau Aber du mußt nicht.
Ehemann Ich muß gar nichts.
Ehefrau Da war doch noch etwas?
Ehemann Ich weiß nicht, was du meinst.
Ehefrau Pfeifen.
Ehemann Ich geniere mich ein bißchen.
Ehefrau Wegen der Leute?
Ehemann Man soll seine Zärtlichkeiten nicht vor andern äußern.

*

1. Kind Vater.
Ehemann Was ist denn nun schon wieder los?
1. Kind Wir haben einen Aufsatz geschrieben.
Ehemann So.
1. Kind Willst du nicht wissen, worüber?
Ehemann Ich muß weg.
2. Kind Wir erzählen dir überhaupt nichts mehr.
Ehemann Die Noten genügen, aber gute, bitte ich mir aus.
Ehefrau Du bist gar nicht mehr lieb zu den Kindern.
Ehemann Ach, immer dasselbe.
Ehefrau Sagst du das auch zu mir?
Ehemann Eine Ehe ist schwer.
Ehefrau Sie dauert.
Ehemann So meine ich es nicht.
Ehefrau Es nutzt sich ab.
Ehemann Du siehst Gespenster.
Ehefrau Schlaf, Kindchen, schlaf, das fehlt mir.
Ehemann Wir sind doch keine Kinder.
Ehefrau Ich wage gar nicht –
Ehemann Sag's.
Ehefrau – daran zu erinnern, daß du mir früher –
Ehemann Nun sag's schon endlich.
Ehefrau – manchmal etwas mitgebracht hast.
Ehemann Es ist alles so teuer.
Ehefrau Aber ein Blümchen.
Ehemann Grade die sind kaum noch erschwinglich.
Ehefrau Woher weißt du das?
Ehemann Ich schenke auch andern Frauen keine Blumen.
Ehefrau Auch Ulla nicht?

Ehemann Wie käme ich dazu?
Ehefrau Ich dachte bloß.
Ehemann Denken ist Glückssache.
Ehefrau Wie eklig du bist.
Ehemann Ich bin bloß nervös.
Ehefrau Wovon?
Ehemann Von allem.
Ehefrau Also auch von uns beiden.
Ehemann Wo denkst du hin.
Ehefrau Du winkst nicht mehr, du pfeifst nicht mehr.
Ehemann Ich hab's vergessen.
Ehefrau Eben.
Ehemann Heut winke ich.
Ehefrau Ach, laß.

Szene II: Tanz

Er Dein Tanz.
Sie Dein Tanz.
Er Wir tanzen.
Sie Weißt du, was?
Er Was?
Sie Wir spielen.
Er Was?
Sie Gesetzt den Fall, die Ehe wär ein Traum.
Er Geträumt von einem Narren.
Sie Unsre Ehe wär ein Traum, mitten im Alltag.
Er Wär ein Zweifel,
Sie der Alltag und Traum bald vermindern würde,
Er bald vermehren.
Sie Du tust so, als wären wir nicht durchschnittlich.
Er Wir wollen versuchen, über uns wegzuklettern.
Sie Das Tanzen unterbrechen.
Er Einverstanden.
Sie Kinder kriegen.
Er Keine Kinder kriegen.
Sie Beim Abtreiber.
Er Herr Doktor, Sie wünschen, ich wollt Sie bloß was fragen, ich hab' mehr zu tun, ist's gefährlich, wie weit ist es, Beginn des

zweiten, die ärztliche Ethik verbietet mir, helfen Sie mir trotzdem, es kostet eine Kleinigkeit.

Sie Nicht beim Abtreiber.

Er Ich bin gegen Kinder.

Sie Ich bin dafür.

Er Du denkst nicht nach.

Sie Ich liebe dich.

Er Und wenn du dich irrst?

Sie Ich zweifle nicht dran.

Er Wir haben ausgemacht, daß wir zweifeln.

Sie Ich zweifle.

Er Denk an die Anzeigen, erst in stolzer Freude, dann in stolzer Trauer, auf dem Feld der Ehre gefallen.

Sie Was für ein Feld?

Er Was für eine Ehre?

Sie Keine Kinder kriegen.

Er Keine Pisser, keine Stinker, keine Faulenzer, mit den Fünfern und Sechsern, im Lesen hab ich 'ne Fünf, aber in Religion hab ich 'ne Zwei, im Rechnen hab ich 'ne Sechs, aber im Singen hab ich 'ne Eins.

Sie Was du nicht alles weißt.

Er War ich anders, warst du anders?

Sie Keine Kinder kriegen.

Er Das Töchterchen mit den ersten Kerlen, das Söhnchen mit den ersten Miezen.

Sie Fiese Kerle, miese Miezen.

Er Erster Abfall von den Eltern.

Sie Natürlicher Abfall.

Er Erste Ausnutzung der Eltern.

Sie Natürliche Ausnutzung.

Er Aber wozu?

Sie Weiß der Teufel.

Er Er weiß es auch nicht.

Sie Keine Kinder kriegen.

Er Wollen wir tanzen?

POLIT
KIND

Michael Bauer

KINDHEITSVERLUSTE

oder
Wie Kinderwünsche entstehen
Behauptungen

Ich bin klein!
Mein Herz ist rein!
Soll niemand drin wohnen!

Spielst du was mit mir? Was sollen wir spielen? Kinderfragen. Ihm sind die Spielideen ausgegangen. Das Spielzeug ist langweilig. Einen Erwachsenen aus einer Erwachsenengesellschaft herauslocken. Ihn in Beschlag nehmen, exklusiv mit ihm spielen. Das Kind macht dem Erwachsenen klar: Es gibt noch eine andere Welt als die des „ernsten", erwachsenen Gesprächs – seine eigene Spiel- und Kinderwelt. In der Spielbeziehung zwischen Erwachsenem und Kind wird die gewöhnliche Beziehung von Unterordnung und Ohnmacht durchbrochen. Denn: Das Spiel setzt eine Beziehung ohne Unterordnung voraus, ein Abkommen des Gleichgestelltseins.

Was passiert mit dem Erwachsenen?

Keine Lust, zu anstrengend, keine Ideen. Die Rolle eines Erwachsenen sträubt sich gegen die eines Mitspielers im Kinderspiel. Es ist bequemer, gewohnter, sich in Erwachsenengesellschaft zu bewegen. Durch die Spielaufforderung fühlt man sich herausgerissen, exponiert. Da werden Einfälle erwartet: Abwechslung, Unterhaltung, vor allem Witze, etwas zum Lachen. Man muß vorführen, produzieren, gefallen. Kinder urteilen gnadenlos: Distanz, Unsicherheit, Kontrolliertheit fallen auf. Man muß das Erwachsensein aufgeben. Es wird Authenzität, Phantasie, ernstes Mitspielen erwartet. Das ist schwierig. Der sichere Beobachtungsposten muß verlassen werden! Umschalten auf ‚Gedankenlosigkeit'. ‚Herablassen'. ‚Sich gehen lassen'. Das gelingt nur, wenn man bereit ist, zu spielen: Mit sich, mit dem Spielzeug, den Mitspielern. Dennoch bleibt Distanz. Man ist Schau-Spieler.

Erwachsensein heißt: Vernünftig sein, keinen Quatsch machen, nicht albern werden. Erwachsensein heißt, in den Augen anderer Erwachsener: *Gut* mit Kindern umgehen können, beeinflussend, erzieherisch wirken. Das alles fließt in den Spielverlauf mit ein. Über allem wachen Erwachsenenaugen: Die eigenen und die der anderen.

In solchen Situationen macht man Erfahrungen – ich nenne sie *Kindheitsverluste*. Im gemeinsamen Spiel brechen Widersprüche auf: Als Erzieher Lerneffekte erzielen wollen, damit wirkliches Spiel behindern; eigene Kindheitswünsche werden ins kindliche Gegenüber projiziert als der Versuch, vergangene, persönliche Spielsensationen wiederzuerleben. Das Kind wird im Spiel Stellvertreter der Erfüllung verdrängter Wünsche. Kinderwünsche.

Interesse daran, daß aus den Kindern was werden soll, daß sie gesellschaftsfähig und „ein guter Mensch“ werden. Daß sie ordentlich was leisten, daß sie es zu ‚was bringen‘ und daß sie es dann noch besser haben. Fasziniertes Interesse an den Kindern selbst. An dem, was sie momentan tun, was sie sind, in ihrer stärkeren Unmittelbarkeit, Körperlichkeit, in ihrer Eigenschaft, mit weniger Barrieren, mehr Lust und Genuß zu finden. Doch gleich wieder Differenzen und Unstimmigkeiten: Eigene Wünsche und Wünsche des Kindes werden als unterschiedlich erfahren, sind es auch. Beim Versuch, sich in bekanntem Spielzeug, in selbsterfahrenen Spielsituationen wiederzufinden, muß man scheitern. Elternunglück.

Unsicherheit, beinahe Angst macht sich breit. Wie Kinder ihren Körper gebrauchen, wie sie vom Körper gebraucht werden. Ihre Wünsche sind offen, ohne Vorbehalt und Schuldbeimengung. Kinder sind verantwortungslos, können sich gehen lassen. Das macht neidisch, denn: Es gibt kein ungebrochenes „Werdet wie die Kinder!“, schuldfrei.

Neidvolle Wünsche, die man selbst hegt, werden ins Kind projiziert. Kindheitswünsche, die zu Verlusten gereift sind, werden zum Kinderwunsch. Damit halten gleichzeitig Geringschätzung, wenn nicht Verachtung, Einzug in die Erwachsenen-Kind-Beziehung. Absetzen und Distanzieren, mühevoller Verzicht aufs Kindsein. „Wir waren ja auch 'mal Kinder!“ Nur scheinbar erzeugt das Legitimation für Machtausübung Kindern gegenüber. Das Unding der Besitzerklärung entsteht: *mein* Kind. Besitztum wird legitimiert, weil man sich besser, vernünftiger, stärker – weil man sich *erwachsen* fühlt.

Wenn die Erfahrungen von Kindheitsverlusten zu Ursachen von Kinderwünschen werden, entsteht ein Gefühl von Schuld. Man merkt, was man den Kindern antut und zumutet, merkt, was man ihnen alles wegnimmt, um sie zu ordentlichen Menschen zu machen. Man weiß ja, wie beschissen die Alltagswelt ist, in die man die Kinder schickt. Man fühlt sich selbst nicht wohl in seiner Haut, die man den Kindern vorführt als „so, und wenn es geht, sollt ihr noch besser werden!"

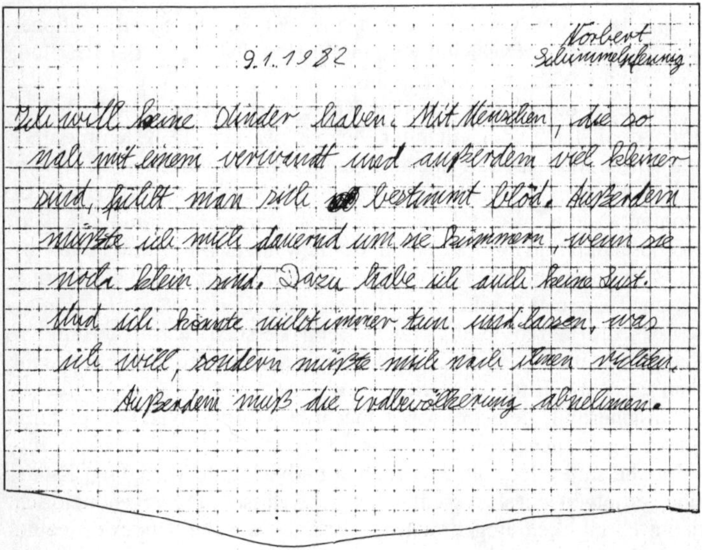

9.1.1982

Norbert Schimmelpfennig

Ich will keine Kinder haben. Mit Menschen, die so nah mit einem verwandt und außerdem viel kleiner sind, fühlt man sich bestimmt blöd. Außerdem müßte ich mich dauernd um sie kümmern, wenn sie noch klein sind. Dazu habe ich auch keine Lust. Und ich könnte nicht immer tun und lassen, was ich will, sondern müßte mich nach ihnen richten.

Außerdem muß die Erdbevölkerung abnehmen.

Eva Ketelsen / Uwe-K. Ketelsen

KINDERTROST IST HÜHNERTROST

Elternmund, gegen den Strich gebürstet
20 kaputte Exempel

Kinder sind unsere Hoffnung auf eine bessere Zukunft

Die Plagen des Lebens versüßte sich Julie Rahls mit dem Gedanken, ihr Sohn werde, wenn er es einmal weiter gebracht haben würde als sie, mit ihr in die Lüneburger Heide, die Alpen verreisen. Im Altersheim sammelt sie seine Urlaubskarten aus aller Welt.

Kinder sind der Reichtum des Alters

Anton Nolte hoffte darauf, sein Sohn werde den Hof übernehmen, so daß er sich ohne Sorgen würde zur Ruhe setzen können. Alfred liegt bei Stalingrad begraben.

Der Kinder Glück ist sorgender Eltern Lohn

Um seiner Familie ein angenehmes Leben zu bieten, stürzte sich Helmuth Bernard, wie er sagte, in den Lebenskampf. Tochter Hanna ist jetzt zu Freunden aufs Land gezogen.

In seinen Söhnen lebt der Vater fort

1939 wollten Hans und Gertrud Seidel dem Führer einen tüchtigen Soldaten schenken. 1964 schließt sich Gunther Seidel in Berlin dem SDS an.

Welch ein schöner Segen, zu finden ein gelehrig Kind

Über die Jahre machte Walter Klein seine Tochter im Dienste der Firma mit allen Kniffen des Geschäftslebens vertraut. Maria muß ihn jetzt entmündigen lassen; er ist der Konkurrenzsituation auf dem Anbietermarkt nicht gewachsen.

Unsere Kinder – unser Leben
Doris Kolbe opferte ihr Leben ganz dem Wohl der Kinder. Mit sechs wirft Markus das Brotmesser nach ihr.

Was Du an Deine Kinder hast gewandt, kommt tausendfältig Dir zurück
Ihre ganzen Mittel steckten Friedrich und Annegret Meisam in die Ausbildung ihrer Kinder. Doris ist klamm, weil sie gebaut hat; Kurt kämpft immer noch mit Schwierigkeiten im Beruf; Marga hat Pech mit ihrer Ehe.

In der Familie gründet die Wohlfahrt des Menschen
Der Botanikprofessor Eduard Holtenius entschloß sich spät, doch eine Familie zu gründen. Seither schreibt er nur noch kürzere Aufsätze.

Eine beschützte Jugend ist ein unerschöpfliches Kapital
Zufrieden zeigte Sybille Haupt ihrem Mann Günther die mit ihren Puppen spielende Sabine. Sabine Haupt will keine Kinder.

Die Familie ist die Quelle des gesellschaftlichen Friedens
Alfred Schneemann erwarb sich und seiner Familie ein bedeutendes Vermögen. Seit seinem Tod streiten Anwälte der Kinder um die Erbteile.

Der Erfolg der Kinder ist der Erfolg der Eltern
Der Maurermeister Karl-Heinz Stange ließ seine Tochter Monika unter Opfern studieren. Die Studienrätin Monika Wiechert schämt sich ihres Vaters wegen seines schlechten Deutschs.

Die Familie ist die natürlichste Solidargemeinschaft
Mahnend erinnerte Paul Schwarz an die Entbehrungen der Nachkriegszeit. Aufgrund eines Gerichtsurteils bezahlt er seiner mündigen Tochter Claudia ein Apartment.

Kinder bedeuten die natürlichste Erfüllung des Lebens
Mit allem Eifer bildete Marianne Seelmann ihre musikalische Begabung aus. Seit Thorsten da ist, ist sie eine gute Hausfrau.

Eines Vaters Erfahrung ist der segensreiche Schatz der Kinder
In einem langen, arbeitsreichen Leben als Tischler erwarb Heinrich Vosskuhl eine reiche Berufserfahrung. Seit der Übergabe des Betriebs

an seinen Sohn Alfred steht er im Wege, er kommt mit den neu installierten Maschinen einfach nicht klar.

Das Haus, das ein sorgender Vater gegründet, deckt der dankbare Sohn
Mit viel Eifer trug der Historiker Ernst Kraft eine reiche Bibliothek zusammen. Sein Sohn Robert zeigt kein Interesse an Büchern und verkauft sie.

In der Familie trägt einer des andern Last
Noch 1942 glaubte Paul Landmann an Deutschlands Weltmission. Edith und Ernst können ihres Vaters ewige Geschichten vom Kursker Bogen, von der Nazizeit, der Kriegsgefangenschaft nicht mehr ausstehen.

Kinder sind die Garanten des Generationenvertrags
Erich Raufuß wandte selbstlos alles, was er aus seinem Tapetenhandel erübrigen konnte, auf Ralfs Ausbildung. Ralf Raufuß kann seinen Vater nicht unterstützen, denn selbstlos wendet er alles, was er aus seiner Großhandlung für Malereibedarf erübrigen kann, auf Michaels Ausbildung.

In ihren Kindern erfüllt sich die Sehnsucht der Eltern
Robert Priesack gönnte sich nichts und sorgte mit unermüdlichem Eifer, daß Herbert ein gutes Abitur machte und ein erfolgreiches Jurastudium absolvierte. Herbert soll jetzt als Gärtner arbeiten.

In der Strenge von heute reift die Liebe von morgen
Adele Landmann erzog ihre Kinder zu Sauberkeit, Pünktlichkeit und Verantwortungsbewußtsein. Nur mit Widerwillen harkt Anette Landmann alle 14 Tage das Grab ihrer Mutter.

Die Vorsorge der Eltern erntet goldene Früchte im Eifer der Kinder
Bei jeder Schwäche appellierten Claudia und Werner Haake an Walters Vernunft. Walter Haake säuft sich um seinen Verstand.

Ingo Cesaro

WAS UNS NOCH BLÜHEN KANN

Gedicht

wenn heute in den USA
Kinder
im Vorschulalter
vor die Wahl gestellt werden
zwischen Fernseher
und Vater

mag von zwei Kindern
eins lieber den Fernseher
bei uns
hat man gottseidank
heute noch
ganz andere Probleme
um auch noch
solche Fragen zu stellen.

Gotthart Kuppel

HAARMANN, HAARMANN

Eine Ballade

Im Märchenalter
gingen wir Weihnachten
ins Weihnachtsmärchen.
Da haben wir geweint am Schluß
und wollten,
kaum daß es zu Ende war,
wieder hinein.
Ich hab sie alle vergessen,
die Märchen zu Weihnachten;
nur einen Schneeberg weiß ich noch,

der zwei Kinder begrub.
Ob ich davon träumte?

In den Märchen werden den Kindern
die Köpfe abgehackt.
Kinder, weint nicht!
Ob ich davon träumte?

Im Märchenalter
erzählte uns das Dienstmädchen,
wenn es uns wusch und wir
nackt auf dem Hocker vorm Waschbecken standen,
das Märchen von Haarmann in Hannover,
auf den wir nur noch ein Weilchen warten sollten.
Ob ich davon träumte?
Ich weiß nicht.

In den Märchenbüchern
fraßen Sonne und Mond kleine Kinder.
Die Bilder davon stachen spitz
wie die Drähte in den kaputten Buchrücken,
und wir hatten blutige Hände:
Sonne, Mond und Haarmann.
Ob wir davon träumten?

In den Ferien
schlug der Großvater
den Zicklein auf den Kopf vorm Schlachten.
Wir wurden fortgeschickt:
Wartet nun ein Weilchen,
wenn Ihr groß seid!
Aber heimlich
schauten wir Großvaters blutigen Händen zu.

In den Märchen
werden den Kindern die Köpfe abgehackt.
In den Ferien werden die Zicklein geschlachtet.
Kinder, weint nicht!
Haarmann war in eine Zeit geraten;
ob er davon träumte?

Anton Brenner

DASS ES EIN RECHT IST, KINDER ZU HABEN

Gegen das kleinbürgerliche Streben nach einer Extrawurst
Eine Polemik

1975 Heirat. Wir bekamen dadurch 250 Mark mehr im Monat während meiner Studienreferendarzeit. 1977 war's mit meiner Karriere als Religions- und Deutschlehrer aus. Für DKP-Mitglieder herrscht in diesem sicherheitsempfindlichen Bereich bekanntlich der Ausnahmezustand. 1978 kam das erste Kind, David. Er steht jetzt neben mir, stört mich beim Schreiben und wartet, bis ich mit ihm „Eisenbahn" spiele. 1981 das zweite, Philip. Der plagt einen Stock höher meine Frau und lernt Krabbeln und Zähnekriegen. Ich gehe Arbeiten. Meine Frau sieht nach den Kindern. Ich besuche ab und zu DKP-Mitgliederversammlungen, meine Frau bastelt vielleicht einen Hampelmann für den DKP-Weihnachtsbasar.

Als meine Großeltern Kinder aufzogen, war dies wesentlich schwerer. Da waren auf dem kleinbäuerlichen Hof zwar die Urgroßeltern. Die mußten nach den Kindern sehen. Doch die Emanzipation meiner Oma sah so aus: Sie arbeitete von früh bis spät im Stall und auf dem Feld. Noch schlimmer stand es jedoch schon damals um die Emanzipation der besseren Damen. Ich kann mir lebhaft vorstellen, daß sie damals neben der Beaufsichtigung der Dienstboten und Kindermädchen die Unbill von Geburt und Emanzipationshemmnis „Kind" sehr literarisch durchleiden mußten.

Die heutigen Schwierigkeiten der linken und rechten Schickeria – sie haben immerhin auch dieses Buch hervorgebracht! – sehe ich mir immer in der in ihrer Weise sehr realistischen Fernsehserie „Dallas" an. Und ich sehe vor meinen Augen die Kleinbürgernäschen merklich nach oben rümpfen, wenn ich jetzt anhöbe, über die Versorgung der DDR-Familien mit Kindertagesstätten zu berichten.

Doch ich möchte nur die Frage stellen, wie wir uns in unserem

Kapitalismus einrichten. Manche wünschen einen Zustand, der zwei industrielle Revolutionen zurückdreht. Auf einem gewissen comfortablen Stand, versteht sich! Meine grünen Bekannten schreiben ihren Protest gegen die Zersiedelung der Landschaft in Wohnungen, die, zum Standard erhoben, eine Verdoppelung der bebauten Fläche in der BRD ergäben. Und sie fahren in ihr verwahrlostes Biotop mit dem Drittwagen-Landrover. Sie haben entweder keine Kinder oder ziehen sie auf nach ihrer Väter Sitte. Mit einem wehmütigen Blick auf die alte bäuerliche Großfamilie.

Andere gründen ihre „sozialistischen" Erziehungsbiotope hier und heute. Das bringt den bequemen Vorteil, daß eine politische Aktivität für Sozialismus als überflüssig, ja als reaktionäre Polittrottelei denunziert werden kann. Eine Verwandte, von Beruf Kindergärtnerin, hat mir erzählt, wie diese alternativ, emanzipatorisch, womöglich auch antiautoritär erzogenen Kinder dann im Kindergarten oder in der Grundschule die Arbeiterkinder durch die Gegend prügeln.

Nun, ich gebe zu, ich beschäftige mich nicht mehr mit den ideologischen Spiegelungen des real-verkommenen Kapitalismus in den Hirnen. Ich hab seit Jahren den ganzen Quatsch von Gebär-, Still- und Kinderlostheorien nicht mehr gelesen.

So etwas scheinbar Banales, daß es ein Recht ist, Kinder zu haben, scheint mir wichtiger zu sein. Dieses Recht war historisch oft genug bestritten. Bei uns zuletzt vor 40 Jahren, als die deutsche Psychiatrie die „Diagnose: Kommunist" noch stellte. Deshalb läuft es mir auch heute eiskalt den Rücken runter, wenn ich Euthanasie-Berichte von deutschen Ärzten lese, zuletzt von einer Todesspritze eines Münchner Arztes, der es nicht fassen konnte, daß das Kind nicht so geschädigt war, wie er es diagnostiziert hatte. Insgesamt gilt das Recht auf Kinder nur mit ökonomischer Einschränkung. Viele Kinder haben, das ist ein Privileg der Großverdiener.

Noch weniger durchgesetzt ist das Recht der Kinder auf Erziehung, Ausbildung, Gleichbehandlung. Die sozial geschichtete Dressur bzw. Benachteiligung erlebt zumindest im Bildungswesen des Stuttgarter Fußballheinis Meyer-Vorfelder, Kultusminister und VFB-Präsident, eine neue Blüte. Und ein grüner Landtagsabgeordneter fordert von der fröhlich applaudierenden CDU die Wiedereinführung von Zwergschulen.

Solange solche Grundrechte weit von der Wirklichkeit entfernt sind, ist eine Beteiligung am Schickeria-Chor über Kinder als Emanzipationshemmer oder Non-plus-ultra alternativen Frauentums nicht nur luxuriös, sondern dumm und gefährlich. Gewiß, das kleinbürgerliche Streben nach einer Extra-Wurst ist groß. Mein Verständnis ist da. Doch das ist auch alles.

Und unsere Kinder werden wohl in den katholischen Kindergarten unseres Dorfes gehen. Unser jüngster Sohn hat ja schließlich schon die Patenschaft der hiesigen Narrenzunft.

Ich will keine Kinder haben, denn ich sehe keine Zukunft für sie. Ich glaube noch nicht mal, daß ich jemals alt werden werde. Unsere ganze beschissene Welt geht kaputt, der ganze Traum von Wohlstand, Freiheit und Demokratie.
Man hatte die Gelegenheit etwas zu verändern, sie wurde vergeben. Ich glaube nicht mehr an eine Revolution, ich hätte vielleicht vor 20 Jahren daran geglaubt, jetzt ist es zu spät, jetzt kann sich nicht mehr viel ändern.
Ich weiß nicht wie es in 10 Jahren aussieht, heute aber würde ich keine Kinder auf die Welt setzen

Khaled
Saleh Pascha
1000 Berlin 38
Katteweg 19b

Ludwig Fels

KNÜPPELWIEGE

Ins Leben abtreiben
Ein langes Gedicht

Für Simonetta

Wenn uns der Schlaf quält, hören wir kein Lachen.
Selbst die süßesten Worte, die wir uns sagen, sie
schmecken nicht nach Milch, nicht nach Windeln.
Wir sind allein, ganz allein, und die Jugend
vergeht uns. Wir werden alt, weiter nichts,
horchen in unser graues Fleisch: da drinnen
ist es totenstill.
Versteh doch, ich möchte
meinen Kopf in deinen Bauch stecken, dort
die Finsternis nach Erscheinungen absuchen. Aber dann
rechne ich wieder mein Leben durch
und die Chancen, daraus zu entkommen.
Meinst du, es geht, aus unsern Ketten
ein Netz zu flechten, stark genug, ein Kind
zu tragen, zu halten?
Wir hätten Angst, Angst gleich um drei.
Die Abraumhalden wüchsen noch höher, die Maschinen
hätten einen Sklaven mehr. Und wir:
Vater und Mutter, männlich, weiblich, Eltern,
Pflichten und Schuld bis zum Tod: Nein. Nie.
Entgegenkommend dem sogenannten Sinn des Daseins,
frage ich: wozu der Leib, wenn nicht oder nur
zur Zeugung, zur Lust und zum Untergang –
aber ich antworte mir nicht und denke gern ans Vergessen.
Der Mond hat Schatten. Es sind die Müllraketen

zu ihm unterwegs, gefüllt mit Nabelschnüren.
Kind, falls du geboren würdest, setzte ich dich
vorsorglich im Atomreaktor aus.
Deine Windeln wären aus Asbest, die Milchflasche
hätte einen Mantel aus Blei. Früh genug erzählte ich
dir Märchen mit viel Bäumen, die einmal waren wie du.

Mann, Vater, gestern noch
unbehaart, unbeweibt, heute
über seinen Schatten hinaus verewigt.
Sohn oder Tochter, was kommt, muß
angenommen werden, jeder Trick der Natur.
Man hat geschwängert, angespritzt, fühlt sich vererbt.

Sobald ich mir, hart von der Kälte, die Zukunft überlege,
gibt es keinen Platz für uns, keinen Schutz.
Ach, wir, erwachsen gemacht, schreien uns an,
weinen uns stumm.
Daß ein Mensch unser Gesicht haben könnte, unser
austauschbares, ineinander verschmolzenes Gesicht, würde uns
natürlich gefallen – wären wir vermessen und stolz.
Ja, keinen Ekel jetzt, denn in mir
kommt die Vorstellung auf, du könntest genausogut Geld gebären
oder irgendein anderes Mahnmal der Abhängigkeit.
Aus der Möse ziehn den Sack Gedärm, das Hirn
voller Samen: auch so, fast überdeutlich, muß
Betrachtung angesetzt werden.
Die Mär vom Kinderkriegen und vom Wiegenglück,
die wird im Kreißsaal euthanasiert.
Zu spät, wir haben zu lange nachgedacht, sind
entschlußlos geblieben, waren beide selber
unerwünscht gewesen damals:
damals, als wir büßen mußten dafür, daß es uns gab.
Wir verzeihn uns unsre Anwesenheit und
manchmal ist das schon wie Liebe.

Mutter, Frau, du hast die Milch –
so gar nicht märchenhaft der Mann das Horn.
Es fährt ein Fleisch ins Fleisch:
tierlieb wäre ein linde Umschreibung.

So empfängst du scheinbar unbeschwert und häuslich
im Lustruf den Befehl zur Serienproduktion.
Im Traum trägst du im runden Bauch
die neue Erde aus.

Mit Kind: da zeigt sich die ersehnte Ferne unnahbar.
Ein Kind: schon wird der Selbstmord zum Verbrechen.
Hätten wir eines, jedes Auto müßten wir sprengen,
Soldaten erschießen, Polizisten entwaffnen,
so und nicht anders und noch viel mehr tun
hier: in dieser schattenhaften Heimat.
Ich möchte ein Kind und ein anderes Leben, ich
möchte dich lieben nicht von der Arbeit erschöpft,
Zeit haben zu leben, nicht nur für mich.
Aber wahrscheinlich werden
unsre Namen verscharrt, verschwinden
in getrennten Gräbern.
Wir prassen mit Unglück. Wir
vergeuden unsre Einsamkeit.

Zwischen Saufen und Fressen gehts uns einfach
tierisch. Die heroischen Gefühle enden immer
im Geschlechtsverkehr.
Gut, machen wir ein Kind, ein Aufziehkind, ein
Wegwerfkind, komm, machen wir uns nichts vor:
das Zeugen und das Gebären
sind unteilbare Gepflogenheiten.

Ich weiß nicht, wie es wäre, eine Mutter zu lieben,
die Gerüche tiefen, warmen Wassers, ihre
salzverkrusteten Brüste, aus denen
Nahrung, Mästung strömt.
Ein Kind hierher: davor schreck ich zurück.
Ich glaube nicht, daß man mit Nachkommen
beweisen kann wie ernst es einem mit dem Leben war.
Was ersparen wir an Schicksal, wenn wir nichts
zurücklassen von uns, wenn wir spurlos
hinweggeweht werden aus der kleinsten Geschichte:
frei zur Flucht bleiben wir so
und geringer beherrschbar.

Und am Ende folgen uns keine Tränen, niemand trauert,
braucht Blumen oder ein schlechtes Gewissen zu haben.

Kleiner Mensch, zartrosa pochend
in einer gepanzerten Wiege, so
würdest du dich ergeben, entwickeln
hin zur Ausnahmslosigkeit.
Bist du erst da, dann mußt du bleiben.
Egal, ob du willst oder kannst.
Es dauert nicht lange, dann kennst du nichts
anderes mehr als dein Leben.

Ein Kind, vielleicht wird's, nur weiß soll es bitte
nicht sein, nicht diese Farbe haben, die uns schmerzt.
Und knochig soll es sein, wie Hoffnung ist,
wie der Grat zwischen Leidenschaft und Wahn.
Im Kino ist es ja rührend, wenn die junge Mutter
bleich im Kissen liegt, geküßt von einem
bärenhaften Mann, der schier mit Blicken
das frisch geworfene Geschöpf erdrückt. Aber draußen
reißt der Film vom treuen Sorgen, da liegt
der Lebensweg voll Traumschutt, ungangbar.

Milliarden gibt es, verderbend ihren einzigen Planeten.
Menschen nennen sie sich in ihren Sprachen.
Ihre Fortpflanzung ist zufallsbedingt, jedoch
im Auslöschen ihrer Rasse geben sie sich erfinderisch.
Ob einer mehr oder weniger, darauf kommts nicht an:
Fruchtbarkeit vermehrt die Anzahl der Gräber. Sonst nichts.

Wer Kinder zur Welt bringt, und sei es auch noch
so zukunftsvergessen, bringt Opfer sich selbst
als ein geachteter Mörder.
Geborenwordensein bedeutet heute:
‚abgetrieben' ins Leben.

Klaus Stiller

VON DER ZUKUNFTSLOSIGKEIT DER TÜCHTIGEN

Unser neuer Rassismus
Ein Fragment

Nichts irritiert die Nachkriegsdeutschen an den unter ihnen lebenden Ausländern so sehr wie der Umstand, daß diese Ausländer Kinder zeugen. Geschlechtslose Arbeitssklaven würde man dem eigenen Wohlstand zuliebe ertragen, über kinderlose Fremde könnte man hochmütig hinwegsehn, sich fortpflanzende Einwanderer jedoch unterlaufen auf natürliche Weise die kollektive Perversion, höchstprivaten Luxus über einen Fortpflanzungsstopp zu erreichen.

Mochte die selbstverordnete Kinderlosigkeit in den Hungerjahren und während der Wiederaufbauphase einer materiellen Logik entspringen, spätestens zu Beginn des Wirtschaftswunders – Mitte der 50er Jahre – mußte die inhumane Leistungsgesellschaft einen neuen ideologischen Vorwand erfinden, die eigene Menschenverachtung als Fortschritt zu propagieren. Unter Hinweis auf den Mutterschaftskult der Nazis wurde nunmehr das Kinderzeugen überhaupt als reaktionär und rückschrittlich verpönt: Die Schrumpfung der einheimischen Bevölkerung gilt als Zeichen deutscher Friedfertigkeit, als „Selbstverwirklichung der Frau" ihre volle Integration in den Arbeits- und Produktionsprozeß. Seitdem wird die Negation des Kindes als antifaschistische Haltung gefeiert. Die faschistoide Gesellschaft der Wohlstandsdeutschen hat nun ein billiges Alibi vermeintlicher Demokratie.

Die inzwischen schon sprichwörtliche Kinderfeindlichkeit unserer Gesellschaft erweist sich aber nicht nur gegenüber der Möglichkeit, Kinder zur Welt zu bringen, und der hysterische Abwehrkampf zielt nicht nur auf die Ungeborenen. Auch die rechtlose Minderheit der in Deutschland aufwachsenden Kinder hat traditionsgemäß zu kuschen und zu parieren. Wo Kinder individuell rebellieren, werden sie nach den Anpassungsgesetzen deutscher Bürgerlichkeit familienintern zur

Rechenschaft gezogen, d.h. „gezüchtigt“, gequält, geprügelt und – totgeschlagen. Vor Gericht gilt in der Regel das Recht des Stärkeren, das Faustrecht der Erwachsenen: An Kindern begangene Körperverletzungen, Mord und Todschlag werden milder geahndet als Eigentumsdelikte und linke Unbotmäßigkeiten.

Im Rahmen deutscher Tüchtigkeit sind Kinder seit eh und je Störelemente. Fleiß und Strebsamkeit, diese Urtugenden unseres Volkes, sind nur Euphemismen für einen weltweit stinkenden Ehrgeiz, als dessen Idealfigur der lärmende Kraftprotz am Stammtisch erscheint.

Nach dieser Logik müssen die Schwachen auf der Strecke bleiben. Verkehrserziehung in Kindergärten und Schulen soll vor dem allgemein üblichen Rowdytum rücksichtsloser Erwachsener, vor der zum Lebenselexier gesteigerten Brutalität schützen. Die Mentalität unseres leistungsfixierten Volkes wird niemals kritisch durchleuchtet.

Psychologisch läßt sich das Fehlverhalten deutscher Erwachsener gewiß mit deren verkorkster, eigener Kindheit erklären. Verzeihen läßt es sich nicht.

Ranne Michels/Rainer Kippe

SICHERHEIT FÜR UNSERE KINDER!

Zusammen-Leben ohne
Kölner ‚Allianz'- und Bonner Volks-Vertreter
Ein Manifest

Es ist unverantwortlich, Kinder in diese Welt zu setzen, sagen viele aus unserem Bekanntenkreis. Und sie meinen damit die Atomkriegsgefahr, die Umweltverseuchung und die Unsicherheit der sozialen und wirtschaftlichen Verhältnisse. Die jüngste Entwicklung unterstreicht ihre Argumente, zumindest was die Beschreibung des Zustandes der Welt angeht, in die unsere Kinder hineingeboren werden.

Es ist unübersehbar geworden, daß der dritte, diesmal atomare Weltkrieg ernsthaft vorbereitet wird. Die Anzeichen mehren sich gleichzeitig dafür, daß die Umweltverseuchung durch die industrielle Produktion und durch den Konsum industrieller Produkte auf eine Umweltkatastrophe zusteuert, die den Erdball genauso unbewohnbar macht wie ein Atomkrieg. Der Sozialstaat aber, der ja gerade die Familie, und damit die Schwächsten, die Kinder nämlich, zu schützen vorgibt, wird in der gegenwärtigen Krise an den Stellen abgebaut, an denen er am nötigsten wäre. Die Kürzung des Kindergeldes für die Kinderreichen, aus der weitere Steuergeschenke für Großverdiener finanziert werden, macht schlagartig klar, wo es in Zukunft langgeht.

Die Folgerung, die manche aus diesen Verhältnissen ziehen, ist einfach: Sie wollen solange keine Kinder, bis nicht bessere, sozialistische Verhältnisse bei uns eingekehrt sind. Und da das in absehbarer Zeit nicht der Fall sein wird, muß man eben auf Kinder verzichten, eventuell sich sogar sterilisieren lassen.

Andere, die wir ebenfalls zu unseren Freunden zählen, wollen aus diesen Gründen nicht auf Kinder verzichten, sie bejahen sie sogar ausdrücklich. Allerdings verlangen sie für sich und ihre Familie ein Höchstmaß an Sicherheit unter den gegebenen Verhältnissen, und zwar im Interesse der Kinder. Sichere, gut bezahlte Arbeitsplätze, gute

Wohnungen in gehobener Umgebung, fortschrittliche Schulen und Kindergärten sind für sie die Vorbedingung dafür, daß sie – meist zwei – Kinder großziehen. Um diese Sicherheit in den äußeren Verhältnissen zu erreichen, wird oft ein völliger Wechsel in den Lebensgewohnheiten, manchmal auch in den Ansichten in Kauf genommen; weg vom radikalen Weltveränderer, dem keine Maßnahme und keine Reform einschneidend genug war, hin zum einkommens- und karrierebewußten Bürger, möglichst unkündbar und mit Pensionsberechtigung. Weg von der großen Politik, hinein ins Privatleben. ‚Wer mit zwanzig kein Sozialist ist, hat kein Herz, wer mit dreißig noch Sozialist ist, hat kein Hirn', heißt es. Dazwischen kriegt man Kinder.

Dieser Wandel ist oft so grotesk, daß er die Satire herausfordert: Glühende, allzeitbereite Genossinnen und Genossen werden zu frustrierten Müttern und nörgelnden Vätern, und allzuoft drängen hinter den ‚Interessen der Kinder' die früher verleugneten Bedürfnisse nach eigener Sicherheit und Geborgenheit hervor.

Dennoch bleibt die Tatsache anzuerkennen, daß einige materielle Voraussetzungen erfüllt sein müssen, damit Kinder sich entwickeln können: Geräumige, warme und trockene Wohnungen, genügend Kleidung, Essen und Spielzeug, ärztliche Betreuung, Unterricht in kleinen Klassen und von Lehrern, die Zeit für die Kinder haben und sie als vollwertige Menschen respektieren, um nur einige zu nennen. Und es liegt auf der Hand, daß all diese Voraussetzungen nicht erfüllt werden können, wenn die Eltern samt ihren Kindern von Arbeitgebern, Behörden und Vermietern herumgejagt und herumgestoßen werden, wenn sie nicht wissen, in welchem Stadtviertel und in welcher Wohnung sie im nächsten Monat leben, an welchem Arbeitsplatz sie arbeiten, von welchem Geld sie Miete, Kleidung, Essen und Krankenversicherung bezahlen sollen.

Dennoch sind wir selbst einen anderen Weg gegangen. Obwohl wir die Zukunft unseres wirtschaftlichen und politischen Systems dunkelgrau bis tiefschwarz sehen, haben wir nicht auf eigene Kinder verzichtet; obwohl wir wissen, daß Kinder auch materielle Sicherheit brauchen, fehlt sie bei uns selbst fast völlig:

Wir haben kein festes Einkommen, sondern leben mehr oder weniger von der Hand in den Mund, wir haben keine sichere Wohnung, sondern leben seit 1974 in wechselnden Häusern als Hausbesetzer, immer wieder bedroht von Polizei, Räumung und Baggern; wir haben keinen gut bezahlten Arbeitsplatz, sondern arbeiten in einer Selbsthilfegruppe für die Ausgestoßenen der Gesellschaft, die aus Heimen und Irrenhäusern geflohen sind oder aus dem Knast entlassen; für unsere Arbeit erwerben wir keinen Rentenanspruch, und daß wir noch in der Krankenkasse sind, ist ein kleines Wunder. Für unsere Veröffentlichungen und unsere Aktionen gegen den stillen Mord in Altenheimen und Irrenhäusern sowie gegen Wohnungsnot und Wohnraumzerstörung werden wir zwar oft mit anerkennenden Worten bedacht, genausooft aber auch mit Zivilklagen und Strafprozessen, die uns mundtot machen sollen.

Wir haben unseren Kindern also keine materielle Sicherheit geboten. Daß wir unter den schwierigen Verhältnissen aber nicht verzweifelt sind und aufgegeben haben, liegt daran, daß unsere Kinder uns geholfen haben, eine andere Art von Sicherheit zu entdecken; eine Sicherheit, die man bei keiner Versicherung kaufen und die man durch kein Beamtenverhältnis erwerben kann, die einem den Verlust mancher materiellen Sicherheit leicht werden läßt, ohne die aber die größte materielle Sicherheit nichts ist, nämlich die persönliche, die innere Sicherheit. Für unsere Kinder ist sie wichtiger als jede materielle Sicherheit, wie sie Vermögen und Stellung vermitteln, für unsere Kinder ist sie *die Sicherheit* schlechthin. In ihr fühlen sie sich geborgen, in ihr wachsen sie heran.

Diese wunderbare Brotvermehrung begann, als Ranne ein kleines Kind holte, einen neugeborenen Jungen, den ein Mädchen uns anvertraut hatte, weil es nicht für ihn sorgen konnte. Er wog bei der Geburt keine vier Pfund und mußte erst in der Säuglingsklinik aufgepäppelt werden.

Als Ranne ihn brachte, stand uns gerade ein besonders schweres Stück Arbeit bevor, vor dem wir uns lange Zeit gedrückt hatten: Wir mußten das Kontaktzentrum der „Sozialistischen Selbsthilfe Köln", SSK, wieder aufbauen, ein riesiges, leerstehendes Haus, das von den Behörden geschlossen, von der Polizei geräumt, von uns ein Jahr später wieder besetzt worden war; mußten es mit Leben füllen, wieder zu einem Zuhause für all die obdachlosen und ausgestoßenen Menschen werden lassen, die täglich zu uns kamen.

Keiner hatte sich an die Aufgabe herangewagt. Das Haus war aus der Zeit, in der wir Hunderte von obdachlosen Jugendlichen darin kampieren ließen, erheblich ramponiert, die Nachbarn feindselig-verstimmt. Jetzt, ohne irgendwelche Geldmittel und ohne behördliche Erlaubnis, nur gestützt auf die kleine Firma für Gebrauchtmöbel, die unser Verein betrieb, und auf einige wenige Freunde, kam alles darauf an, daß sich hier eine Gemeinschaft bildete, die in der Lage war, sich selbst zu regieren. Die Vertrauen zu sich selbst faßte und damit das Vertrauen der Nachbarn errang.

Gemeinsam begannen wir eine Wohnung einzurichten, erst für Ranne und das Kind. Dann, Zimmer für Zimmer, füllte sich das Haus. Das Kind mit seinen einfachen Ansprüchen nach ein wenig Ruhe und Sauberkeit, Zuneigung und Gleichmäßigkeit gab der neu entstehenden Gemeinschaft einen Halt, verhinderte, daß alles wieder abrutschte in Verzweiflung und Ausflip. Die Gemeinschaft wuchs und festigte sich, nahm das Haus in ihren Besitz – und Sascha entwickelte sich prächtig; von einer kümmerlichen Frühgeburt mit spastischen Behinderungen zu einem wachen, gesunden, kräftigen Bürschchen.

Jahre später half uns die kleine Rachel bei einem Schritt, den wir lange vor uns hergeschoben hatten: Kurz vor ihrer Geburt gründeten wir eine neue Gruppe in Köln-Mülheim, die besonders die von der Stadtsanierung betroffenen Alten und Behinderten aufnehmen und mit ihnen gemeinsam den Widerstand gegen die Zerstörung des alten Arbeiterviertels organisieren soll.

Viele kinderreiche (ausländische) Familien leben in diesem Viertel und viele Alte. Für die Stadtplaner ein deutliches Zeichen für ‚drohende Verslumung', ein Grund, die alten Häuser abzubrechen und an ihre Stelle Beton und Stahl zwischen steriles Grün zu setzen. Alte und Kinderreiche können den Neubau nicht bezahlen. Alte und Kinder fühlen sich in den alten Häusern und den engen Straßen trotz aller Mängel wohl, denn sie spüren, daß diese Welt noch ihnen gehört, während die neue Welt aus Beton und Rasen sie in die Ghettos der Altensilos und Spielplätze verweisen wird.

Wir bezogen ein leerstehendes, verkommenes städtisches Grundstück und begannen es herzurichten. Und es zeigte sich, daß kleine Kinder, alte und behinderte Menschen dasselbe Interesse an einer menschenwürdigen Umgebung haben, daß sie einen Hof brauchen, auf dem Fußgänger Vorfahrt haben, ein Stück Garten mit Kräutern und Kaninchen, ein paar Bäume; wieder wuchs die Gemeinschaft um die Kinder herum, ließen die Kinder uns das Einfach-Notwendige erkennen, gaben sie uns Kraft, dafür zu kämpfen. Wieder hat die Gemeinschaft aus Außenseitern und Ausgestoßenen die Anerkennung der Menschen im Viertel errungen und unsere Kinder, jetzt schon drei, gedeihen dabei. Obwohl wir als Hausbesetzer verfolgt werden und sogar geräumt werden sollen, sind wir jetzt schon über zwei Jahre hier, während die Sanierung, welche anfangs das halbe Viertel abbrechen und alles auf den Kopf stellen wollte, auf einen Bruchteil der ursprünglichen Pläne zusammengeschrumpft ist. Der Widerstand, der dabei von unserer Gruppe ausgeht, pflanzt sich immer stärker in die Bevölkerung fort, weil diese sieht, daß wir die gleichen Probleme haben wie sie, daß wir zu ihr gehören.

Natürlich lagen zwischen diesen beiden Zeiträumen, die wir gerade geschildert haben, auch schlimme Zeiten, in denen wir an uns zweifelten und fast ver-zweifelten; in denen wir den Weg nicht sahen oder nicht entschlossen genug waren, unsere Einsichten umzusetzen und anderen gegenüber durchzusetzen. Wir vermögen auch beim besten Willen nicht zu sagen, ob wir unseren Weg in zwei, drei Jahren, unter möglicherweise anderen, härteren Bedingungen noch fortsetzen werden, obwohl wir es fest vorhaben.

Sieben Jahre mit Kindern ohne die großen Absicherungen, die angeblich unverzichtbar sind, sieben Jahre, in denen wir auf keine unserer Vorstellungen verzichtet, nichts von unserer Arbeit abgestrichen haben, erlauben uns nun, den Spieß herumzudrehen und zu fragen: Was hat es auf sich, mit der Sicherheit, und welche Rolle spielt sie in den großen Auseinandersetzungen um Frieden, Demokratie und Menschenrechte?

Soziale Sicherheit, Schutz vor Krankheit, vor Arbeitslosigkeit und Not im Alter ist das Ziel eines mehr als hundert Jahre alten Kampfes der Arbeiterbewegung. Wir kämpfen für die ärmsten aus der Arbeiterschicht heute noch diesen Kampf. Sicherheit vor Krieg ist die alte Menschheitsforderung. Ohne Frieden können wir alle nicht bestehen.

Ihre Sehnsucht nach Sicherheit hat die Menschen aber in die Hände korrupter Politiker gegeben, die ihre größten Ziele ins Gegenteil verkehrt haben:

- Sichere Energieversorgung durch Atomkraftwerke
- Friedenssicherung durch die Neutronenbombe
- Sichere Arbeitsplätze durch Umweltverseuchung, wirtschaftlichen und militärischen Imperialismus, Rüstung und persönliche Unterwerfung
- Innere Sicherheit durch staatlichen Terror
- Sicherung vor Krankheit durch legalisierte Drogen

Dies ist nur ein kleiner Ausschnitt dessen, wofür Sicherheit heute herhalten muß: zur Verschleierung von Friedensgefährdung, Umweltvernichtung, Vernichtung von Freiheit.

Der Preis, den wir für die relative Sicherheit innerhalb dieses

Zwangssystems zahlen müssen, wird zunehmend höher. Gerade wir haben in unserer Arbeit Anschauungsmaterial genug vor Augen von Familien, die bei der Jagd nach ‚Sicherheit' zerbrochen sind. Und nicht nur der Sohn des Malochers aus dem Ruhrgebiet kommt zu uns, dessen Vater bei der Schufterei für eine anständige Wohnung oder ein Häuschen erst sich selbst und dann seine Kinder kaputtgemacht hat; auch der Sohn des Versicherungsvertreters ist hier, gegen dessen Gammelei, Weglaufen und Drogensucht kein ‚Hoffentlich Allianz versichert' hilft, genausowenig wie gegen die permanente Ehekrise seiner Eltern.

Gleichwohl wirkt die Drohung noch weiter: „Mach mit, unterwirf dich, paß dich an, sonst stoßen wir dich raus aus dem ‚sozialen Netz'. Oder sollen wir etwa für Schmarotzer zahlen?" – Sicherheit, die nur denen hilft, die ohnehin klarkommen.

Übrig bleiben die kleinen Gruppen am Rande. Nicht die Familien mit kleinen Kindern, die Alten und die Gastarbeiter besetzen leerstehende Wohnungen, obwohl sie die Wohnungsnot am meisten drückt, sondern ein paar Jugendliche. ‚Ausgeflippt, Haschisch, bei den reichen Eltern steht das Zimmer leer': so einfach können Helmut Schmidt und seine Freunde in allen drei ‚staatstragenden' Parteien die Wohnungsnot, die sich in Besetzungen äußert, abtun.

Sicherheit ist keine Ware, man kann sie nicht abpacken und nicht verkaufen, auch wenn die Manager bei der ‚Allianz' und die Manager in Bonn uns das weismachen wollen. Sicherheit müssen wir uns erkämpfen. Aber dazu müssen wir erst einmal ein Risiko auf uns nehmen.

Wer für die Sicherheit der Menschen streitet, ob in der Friedensbewegung für die Sicherheit vor Krieg, in der Anti-AKW-Bewegung für die Sicherheit vor radioaktiver Verseuchung, oder bei uns im SSK für die Sicherheit vor Irrenhaus, Knast und Wohnungsnot, der wird noch allemal mit dem Verlust der eigenen Sicherheit bedroht.

Man kann es deshalb auch keinem verübeln, der sich zurückzieht, sich absichert, seine Träume Träume bleiben läßt. Aber ohne den Kampf derjenigen, die mit ihren Kindern in die Zukunft hineinragen, wird sich nichts ändern, nichts wesentliches jedenfalls.

Wer Sicherheit für seine Kinder will, muß die Verantwortung für die Zukunft übernehmen. Wer für die Sicherung des Friedens und der Menschenrechte heute schon eintritt, der kann der Zukunft ins Auge sehen, die in Gestalt unserer Kinder neben uns sitzt, egal was sie bringt.

Ruth-Eva Schulz-Seitz

MEIN ERSTER SCHLACHTENPLAN

Wie dem Elend der Erziehung abzuhelfen sei
Eine Kinder-Phantasie

Mein roter Kinderstrumpf mit den weißen Kringeln am oberen Rand lag mitten im Kinderzimmer auf dem Fußboden. Ich hatte ihn beim Aufräumen übersehen. Mein Vater kam ins Kinderzimmer, sah den Strumpf und sagte streng: „So. Zur Strafe dafür, daß du den Strumpf nicht aufgeräumt hast, wirst du jetzt in die Ecke gestellt. Mal alle herhören! Solange die Strafe dauert, darf niemand den Strumpf aufheben!"

Meine beiden Brüder hörten auf zu spielen, da die Mitte des Zimmers mit dem Strumpf wie eine Verkehrsinsel freibleiben mußte; das Kindermädchen, das eigentlich bügeln wollte, hörte auf, hin und her zu gehen und fuhr nur noch langsam und mechanisch mit dem Bügeleisen auf demselben Kleidungsstück herum; meine Mutter winkte die Kinderfrau, eine ältere Person, zu sich ins Damenzimmer, und ich hörte, wie sie mit gedämpfter Stimme ein paar Anweisungen gab, nur zum Schein; die Kinderfrau gab nach einer unnatürlich langen Pause stockend Antwort und schwieg gleich wieder. Alle lauschten.

Ich hatte den Strumpf aufheben wollen, aber das war nun ein weiterer Grund, warum ich bestraft werden mußte. „Hast du nicht gehört? Der Strumpf bleibt liegen", sagte mein Vater zornig und zerrte mich aus dem Kinderzimmer über den Flur ins Wohnzimmer, wo er mich mit den Worten: „Das unartige Kind geht in die Ecke *hinein*, – das artige Kind kommt wieder *heraus*" in die Ecke links neben den Gardinen schob. Er selbst saß nun hinter mir in einem Sessel und knisterte mit der Zeitung.

Die Übergardinen mit den lila Kränzchen darauf liebte ich sehr, auch die weißen langen Vorhänge. Die Balkontür, an deren linker Seite ich stand, war vom lila Vorhang verhüllt. Vor den Fenstern rechts daneben wallten undurchdringliche milchige Herbstnebel. Ich stellte mich auf die Zehen…

„Nicht zum Fenster rausgucken!" rief mein Vater von hinten, „nur in die Ecke schauen! Immer an den Strumpf denken, und wie wichtig Ordnung im Leben ist!"

Heute bestraft er mich besonders lang. Heute hat er Zeit dafür.

Mittags waren die letzten Gäste der Saison weggefahren, mit vielen Dankesworten und Segenswünschen und dem immer wiederkehrenden „So-der-Herr-will".

Es ist alles zum Schein. Erzogen wird, bestraft wird, wenn die Erwachsenen Zeit dafür haben, nicht wenn das Kind böse gehandelt hat. Wenn die großen Leute keine Zeit haben, kann man alles machen, was verboten ist: Pferdeäpfel untersuchen, um zu sehen, was das Pferd gegessen hat, und wenn ich dann nach Hause komme, sagt die Mutti: „Komm mal her, du riechst ja ganz nach Pferd", und ich komme in die Wanne. Das macht den großen Leuten sehr viel Arbeit, aber niemand schimpft, es gibt keine Strafe, denn: der Vater hat keine Zeit.

Es ist alles zum Schein, wenn erzogen wird. Die Brüder spielen zum Schein, das Mädchen bügelt zum Schein, meine Mutter unterhält sich zum Schein mit der Kinderfrau. Es wird nicht mehr richtig gelebt, es wird nur noch erzogen.

Die Unwirklichkeit der Erziehungswelt drückte auf mein Kindergemüt.

Das *Nichtseiende*, dachte ich, das ist das Schlimmste daran. Wenn erzogen wird, steht alles Leben still, wie die Eisenbahn auf einem kleinen Bahnhof, niemand steigt ein, niemand steigt aus, aber der Zug steht und steht, und man weiß nicht, warum. Wann geht's denn endlich weiter? Den Strumpf – den habe ich doch nicht mit Absicht liegengelassen! Aber jetzt ist das auf einmal „unartig" und muß „bestraft" werden.

Draußen vorm Haus quietschte der Pumpenschwengel, jemand pumpte Wasser aus dem Brunnen. Draußen ging das Leben weiter.

Ich soll darüber nachdenken, daß die Ordnung „wichtig" ist. Aber alles Wichtige muß man schnell machen lernen, damit es überhaupt gemacht wird, bevor man weg muß, zum Beispiel, auf die Bahn, oder so. In Wirklichkeit zeigt mir mein Vater: Der Strumpf kann warten, die Ordnung kann warten, die Ordnung ist ganz unwichtig. Ich aber soll über die Ordnung nachdenken, daß sie wichtig ist. Was kann man denn von der Ordnung denken, außer: Ist es das Seiende, daß sie wichtig ist, oder das Nichtseiende?

Nachdem ich eine Weile darüber nachgedacht hatte, wobei ich mir

Familien vorstellte, in denen nicht nur die Mutter ordentlich war, sondern auch der Vater, kam ich zu dem Schluß: ‚Das ist nichts für *uns*. Wir sind eine andere Familie.‘

Allmählich wurde ich so zornig auf die ganze Situation, daß ich mir vornahm: ‚Ich werde nicht nur jetzt, sondern mein ganzes Leben lang immer an den roten Strumpf denken, und ich werde mir für immer merken: Ordnung ist unwichtig. Dann kann nie mehr ein Kind dafür bestraft werden, daß es nicht ordentlich ist.‘

Am liebsten wäre ich jetzt davongesprungen. Ich hatte doch getan, was ich sollte: über Ordnung nachgedacht, und über den roten Strumpf, und gleich eine Lösung fürs ganze Leben gefunden!

Ein schneller Blick nach hinten: Mein Vater hatte die Beine übergeschlagen, er war so vertieft in die Zeitung, daß man von seinem Kopf nur die schwarzen Haare sah.

Wieder schaute ich in die Zimmerecke, wo nichts zu sehen war:

Warum stehe ich eigentlich hier? Die großen Leute wollen mir, dem kleinen Kind, zeigen: Wir haben die Macht, mit dir zu machen, was wir wollen. ‚Machen‘ kommt von ‚Macht‘, wie ‚kriegen‘ von ‚Krieg‘. Ich kann hier gar nichts machen. Es ist der ewige Krieg der Erwachsenen gegen uns Kinder, den sie immer gewinnen, und wir immer verlieren.

Wie lange soll'n das Gemähre noch dauern?

Ich stand und stand. So lange hatte ich noch nie in der Ecke gestanden. Es mußte schon bald eine Dreiviertelstunde herum sein. Noch nie war der Anlaß so ganz und gar nichtig, so nichtseiend!

Wie kann denn nur aus einem unartigen Kind in einer Ecke ein artiges Kind werden? Hier kann ich doch gar nichts machen, ich kann mich also auch gar nicht ändern! Dabei war ich ja gar nicht unartig! Ich kann also auch nicht artig werden!

Jetzt formulierte ich die Sätze meines Vaters um: Das *nichtseiende* unartige Kind geht in die Ecke hinein, das *nichtseiende* artige Kind kommt wieder heraus, und die Ecke ist auch *nichtseiend*! Seiend sind nur die Wände!

Mir wurde schwindlig. Vielleicht war es auch vom allzulangen Stillstehen. Mir wurde Angst: Warum kann ich nicht so denken wie alle anderen Menschen?

Die Wände sind seiend. Zieht man sie auseinander, so ist die Ecke weg, obwohl kein Steinchen fehlt. Stellt man sie wieder zusammen, so entsteht die Ecke, obwohl *nichts* dazugekommen ist. Also *ist* die Ecke *nicht!*

Aber das halte ich nicht aus!

Nun sah ich mir die Zimmerecke genau an und entdeckte einen schmalen Streifen genau in der Mitte der Ecke, von oben nach unten reichend, der weder die Richtung der einen noch die Richtung der anderen Wand verfolgte, sondern diagonal zu beiden verlief. War ich froh!

Diesen schmalen Längsstreifen nenne ich von jetzt an Ecke. Gut. Aber warum verwechseln die Erwachsenen immer wieder das Seiende und das Nichtseiende? Sind sie so dumm, oder lügen sie? –

Sie lügen nicht (dachte ich nach einer langen Pause), sie sind so dumm.

Nun gab es wirklich nichts mehr zum Denken.

Da faßte ich mir ein Herz und fragte laut: „Wann darf ich denn wieder aus der Ecke heraus?"

Darauf antwortete mein Vater: „Wenn du das folgende Wort *vergessen* hast." Und er nannte mir ein sehr langes Wort.

Ich freute mich. Fein!, dachte ich, jetzt habe ich eine Chance. Jetzt kann ich selber etwas dafür machen, wieder herauszukommen. Zuerst muß ich mal das schwierige Wort auswendig lernen, damit ich weiß, was ich vergessen soll. Dann kommt der zweite Teil dran. Hoffentlich kann ich meinem Vater bald melden, daß ich das Wort vergessen habe.

Nun prägte ich mir das schwierige Wort ein. Als ich es sicher beherrschte, machte ich mich an den zweiten Teil der Aufgabe, das Vergessen dieses Wortes.

Da erkannte ich den ungeheuerlichen Schwindel!

Man kann ein Wort nicht gleichzeitig auswendig lernen und anschließend vergessen. Das hatte ich aber doch nicht vorhersehen können! Noch im letzten Winter hatte ich Worte so schnell wieder vergessen, daß ich unser Mädchen immer wieder fragen mußte: „Mariechen, was ist das?" Die Küchengardine mit dem Holländermuster, zum Beispiel. Darin kamen die Worte „Joch" und „Holzpantinen" vor. Kaum hatte Mariechen mir alles erklärt, was auf der Gardine zu sehen war, so wußte ich schon nicht mehr, woran das Mädchen die Wassereimer trug, und was für Schuhe das Mädchen und der Junge anhatten. Vergessen! Nichts leichter als das! Wie sollte ich da vorherwissen, daß man nichts mit Absicht vergessen kann?

Aber mein Vater hatte das vorhergewußt! Er hatte mich absichtlich hereingelegt.

Ich wußte wohl, was er bezweckte. Er wollte mir klarmachen, oder sich selber, daß ein Kind gehorchen muß, auch ohne Erklärungen.

Aber darum brauchte er doch nicht zu *lügen!*

Einen unausführbaren Befehl geben heißt lügen.

Wenn ich heute zurückblicke, ist mir durchaus klar, daß mein Vater dieses Witzchen nicht für eine Lüge hielt. Aber damals war ich ein Kind, und fast die ganze Zeit über, die ich auf der Welt war, empörte mich die „Erziehung". Nichts als Zwang! Das Einzige, was mich aufrechterhalten hatte, war der Gedanke: die Erwachsenen *sind* so dumm. Wenn ich groß bin, kläre ich sie auf. Sie wissen nicht, was ein kleines Kind empfindet, weil sie ihre eigene Kindheit vergessen haben.

Jetzt aber brach mir die Hoffnung zusammen.

Die Erwachsenen lügen. Sie sind nicht so dumm, sie lügen absichtlich. Wie kann man Lügnern etwas erklären? Das geht nicht.

Es war jetzt ganz still im Zimmer. Mein Vater knisterte nicht mehr mit der Zeitung. Wahrscheinlich beobachtete er mich.

Mir aber kam jetzt ein neuer, großer Gedanke: Es ist ja klar, warum die Erwachsenen den Krieg gegen uns Kinder immer gewinnen, und warum wir Kinder diesen Krieg immer verlieren: die Erwachsenen *führen* den Krieg! Sie *machen* Krieg. Wir Kinder wollen keinen Krieg. Darum verlieren wir den Krieg. Wer den Krieg nicht macht, der ist nicht vorbereitet, nicht gerüstet, denkt sich nichts aus, plant nichts, und wird immer überfallen.

Ich machte mir klar, daß es nichts mehr mit „groß“ und „klein“, „stark“ und „schwach“ zu tun hat, wenn einer den Krieg immer verliert: Selbst ein Großer und Starker kann nur noch hilflos um sich schlagen, wenn er von mehreren Anderen überfallen wird. Darum beschloß ich jetzt:

Krieg den Erwachsenen! Wir Kinder bringen sie alle um.

Zuerst mußte ich mir das Kriegsmotiv noch einmal überlegen. War der Grund für den Krieg wirklich so allgemein, daß man alle Kinder davon überzeugen konnte?

Die Erwachsenen mißbrauchen ihre Körperkraft gegen uns Kinder. Die Erwachsenen mißbrauchen auch ihre Geisteskraft gegen uns Kinder. Gibt es noch irgend etwas, was sie nicht mißbrauchen? Nein! Denn: Alles Seiende ist entweder Körper oder Geist. Also mißbrauchen sie *alles!*

Ich fragte mich schon längst nicht mehr, ob *alle* Erwachsenen verdorben seien. Denn davon war ich überzeugt. Sie waren entweder gewalttätig, oder sie waren feige und verlogen. Noch nie hatte ich einen tapferen und aufrichtigen Menschen erlebt, der meinem Vater entgegenzutreten wagte. Ich glaubte, die Menschheit zu kennen, denn alles, was ich erlebte, war für mich der Schlüssel zum Verständnis des Weltkriegs, der vor drei Jahren zu Ende gegangen war.

Also Krieg!

Jetzt dachte ich mir den Schlachtenplan aus. Denn: Das Ende zuerst!

Vor dem Fenster in der nebligen Trübe des Herbsttages sah ich im Geist einen riesigen Zug von Kindern. Alle größeren Kinder, von etwa neun Jahren an, hatten Gewehre. Ich auch. So lange müßten wir noch warten. Ein Junge und ich waren die beiden Anführer, er an der Spitze des Zuges, ich am Ende, wo ich den kleineren Kindern Anweisung gab, sich an mich zu halten. Ich hatte mir zwar von den militärischen Befehlen, die ein Gast des Erholungsheims meinem Bruder und mir beigebracht hatte, nur zwei gemerkt, aber ich fand jetzt: mit diesen zwei Befehlen kämen wir aus, da die Erwachsenen nicht wissen sollten, was wir vorhatten.

Wir trugen die Gewehre geschultert. Grüne Zweige hatten wir darauf gehängt. So zogen wir durchs Dorf, die Augen starren Blicks geradeaus in die Ferne gerichtet. „Wohin wollt ihr denn, Kinder?“, riefen die Erwachsenen, die neugierig aus den Häusern kamen. Aber kein Kind antwortete ihnen, denn: Gelogen wird nicht!

Es war ein heiliger Kriegszug gegen die Lüge, und gegen die Lügner, die Erwachsenen. Wir Kinder durften sie irreführen, das gehörte zum Krieg, aber keine Lügen gebrauchen.

Auf der Bahnhofsstraße stand ich mit den kleineren Kindern, wir traten mehr auf der Stelle, als daß wir wirklich marschierten, denn der Zug sollte sich so lang erstrecken wie das Dorf selber. Wenn mein Freund unten bei der Apotheke und dem Schulhaus angekommen wäre, würden er und ich zugleich von vorn und von hinten rufen:

„Das Ganzeeeee ..."

In dem Augenblick sollten alle Kinder noch so weit laufen, daß sie an einer Haustüre standen, wenn das nächste Wort ertönte. „Nicht dort stehen, wo keine Haustür ist, denn dort sind nicht genug Leute", hatten wir ihnen gesagt.

„... Halllt!" – „Reeechts, liiinks ..."

Der Zug sollte sich bei dem nun folgenden Befehl so teilen, daß die rechtsstehenden Kinder sich nach rechts, die linksstehenden nach links umwandten. – „... Umm!"

Dieser Befehl war auch schon der Schießbefehl. Gewehr ab, anlegen, schießen!

Die Erwachsenen würden vollständig überrumpelt sein. Wer denkt denn so etwas von den braven Kindern! Noch bevor die Erwachsenen sich von ihrer Überraschung erholen konnten, säumten auch schon ihre Leichen den Wegrand, übereinandergetürmt wie eine Mauer.

So, das war gut. Jetzt kam die nächste Frage dran: Wie kommen wir Kinder zu Waffen?

Ich dachte nach. Waffen werden hergestellt. Also gibt es irgendwo Fabriken, wo Waffen gebaut werden. Dann kann man sie also kaufen! Wie gut! Wir brauchen nur jahrelang *Geld* zu sammeln. Dem Geld in unseren Sparbüchsen würde man es nicht ansehen, daß wir Kinder davon keine Zuckerbonbons kaufen wollten, sondern Gewehre und Patronen.

Aber jetzt kam mir eine Sorge. Warum hatte denn der Reichswehroffizier, der mit einer Abteilung im Erholungsheim nach Waffen suchte, neulich zu meiner Mutter gesagt: „Sorgen Sie sich nicht, gnädige Frau, den Hölz und seine Leute haben wir. Die sitzen hinter Schloß und Riegel" –? Wieso suchte die Reichswehr danach überhaupt noch nach Waffen: Hatten denn Hölz und seine Leute ihre Waffen nicht bei sich, als sie vom Voigtland aus einen Aufstand machten, um Sachsen für den Kommunismus zu erobern? Es war im Jahr 1921, als sich dies alles ereignete.

Tatsächlich! Man braucht ein Waffen-*Lager!* Man kann die Waffen nicht alle auf einmal kaufen und dann gleich losmarschieren. Man braucht ja auch Waffen zum Üben. Und schließlich: ein erster Angriff könnte schiefgehen, so daß wir schnell wegrennen müssen. Dabei müssen wir die schweren Gewehre wegwerfen, um schneller laufen zu können. Also müssen wir irgendwo noch mehr Waffen versteckt haben, sonst wäre die erste verlorene Schlacht schon das Ende des ganzen Krieges.

Aber wo sollten wir Kinder ein Waffenversteck anlegen, das die Erwachsenen nicht entdecken? An sich wäre das Gartenhäuschen geeignet, in dem die Liegestühle für die Gäste stehen. Man könnte viele Gewehre auf die Stühle legen, das ganze Häuschen könnte man bis oben hin vollstopfen, die Gardinen vorziehen, die Türe abschließen und den Schlüssel mitnehmen. Im Winter, könnte sein, fällt es nicht auf. Aber es braucht nur mal einer zu kommen, der die Liegestühle reparieren will, und schon ist der ganze Krieg verraten.

Draußen im Walde, so schien mir, könnte ein Waffenlager vom Förster entdeckt werden.

Alle Probleme, die solch ein Krieg aufwarf, schienen mir lösbar zu sein, nur nicht das der Lagerung der Waffen. Daran scheiterte das Ganze.

Aber ich gab natürlich nicht auf! Der Krieg gegen die Erwachsenen mußte sein. Also mußte der Kriegsplan geändert werden.

Nun stellte ich mir vor, daß wir uns, anstelle von Gewehren, mit Musikinstrumenten ausrüsten würden – mit Topfdeckeln, Trommeln, seidenpapierumwickelten Kämmen, ach! das war ja noch viel besser! Die Erwachsenen wären noch viel *mehr* gestraft, wenn sie es noch miterleben, wie wir sie absetzen!

Diesmal würden wir einen noch längeren Zug bilden, weil es für Kinder festlicher ist, mit der Musik mitzumarschieren als mit Waffen, und mein Freund und ich brauchten nicht so viel zu erklären. Durch alle Dörfer würden wir ziehen, wir würden die Haustüren aufreißen und in die Häuser hineinrufen:

„Erwachsene! Wir Kinder schaffen alle eure Befehle ab, die unerfüllbaren *und* die erfüllbaren!"

Freude zog ein in mein verdüstertes Gemüt. Wir Kinder würden die ganze Macht der Erwachsenen brechen. Es war mir noch rechtzeitig eingefallen, daß wir auch ihre erfüllbaren Befehle abschaffen mußten, weil die Erwachsenen selber ja oft die Grenze nicht kennen und nicht wissen, was wir Kinder können und was wir nicht können. Schluß mit *allen* Befehlen!

In dem Augenblick wurde mein Vater von jemandem aus dem Zimmer gerufen. Mit den Gedanken schon halb woanders sagte er: „So, jetzt kannst du aus der Ecke wieder herauskommen. Du bist jetzt wieder ein braves Kind!“ – und er verließ das Zimmer.

Noch ganz benommen von all dem Erlebten drehte ich mich langsam um. Eben noch hatte ich im Geist meinen Vater erschossen, da war ich wieder einmal „ein braves Kind!“

Gedankenvoll ging ich, meine weißen Stiefelchen eins vors andere setzend, auf der Teppichkante. Wenn ich so sehr gegen die Lüge bin, und auch dagegen, die eigene geistige Überlegenheit zu mißbrauchen, bin ich dann nicht verpflichtet, meinem Vater zu sagen: „Vati! Du hast noch etwas vergessen.“ „Was denn?“ „Du hast vergessen, zu sagen: Heb jetzt den Strumpf auf.“ –?

Aber nein! Die Erwachsenen und wir Kinder, wir sind ja Kriegsgegner! Wir brauchen ja den Erwachsenen nicht noch bei dem Krieg zu helfen, den sie gegen uns Kinder führen! Überhaupt: Darin, daß unsere Geisteskraft größer ist als die der Erwachsenen, liegt ja unsere ganze Hoffnung, daß wir Kinder unseren Krieg gewinnen werden.

Erwachsene! Es kommt einmal ein Krieg, in dem schaffen wir Kinder all eure Kriege ab, die kleinen und die großen!

Krümel 16 Jahre
(Dagmar)

Auf jeden Fall möchte ich mal Kinder haben und möglichst viele. Aber keine aus der Retorte. Möglichst viele deshalb weil ich der Meinung bin das kinderreiche Familien glücklicher sind. Weil sie eben früh genug lernen, Sachen zu teilen, Rücksicht aufeinander zu nehmen, miteinander Umzugehen, zu spielen, lernen überhaupt mit Menschen umzugehen. Mit Problemen gehn sie dann auch lieber zu Gleichaltriegen. Außerdem möchte ich später nicht einem einzelnen auf den Wecker fallen, also das es sich verpflichtet fühlt blos weil ich alt bin, sich um mich zu kümmern. Außerdem hoffe ich das sie viele Kinder bekommen und ich im Alter noch eine Aufgabe habe.
Bloß manchmal habe ich Bedenken ob es sich noch lohnt Kinder in die Welt zusetzen. Weil man ja in ständiger Angst lebt das ein neuer Krieg kommt.

Karlheinz Deschner

FROMMER WUNSCH

Für ein friedliches Ende der Menschheit
Programm

Für Karl Corino

Zuerst wünsche ich, daß etwas ausbleibe. Sie meinen: der Krieg? Doch gehört der Krieg nicht zur Menschheit? Ist der Mensch nicht immer auch Unmensch? So sehr Unmensch, daß das Unmenschliche das Menschliche ist? Gewiß, Kriege sind kein Naturereignis; sie sind eine Folge der Staatskunst. Ein Metier weniger, wie Kunst, für Auserwählte, als für Gewählte, Geduldete, Gehaßte gar; was uns mehr handeln als wünschen lassen sollte! Nein, nicht das Ausbleiben des Endes wünsche ich, sondern, dies unterliegt buchstäblich unsrem Einfluß: das friedliche Ende der Menschheit. Möge nun keiner mehr – mein erster Wunsch – ein Menschenkind zeugen. Das schmerzt nicht die Ungeborenen; es erspart ihnen viel. Und die Geborenen gewöhnen sich an alles – sogar, hundert Kriege nach dem Zweiten Weltkrieg, schon an den Dritten.

Doch wider Krieg, Pestilenz und jedes Unheil überhaupt wünsche ich gleich zweitens allen noch Atmenden hundert oder, warum kleinlich sein, weit mehr glückliche Lebensjahre, wünsche sie um so dringender, als uns danach nichts mehr erwartet, wenigstens kein weiteres Seelenspektakel; was, zugegeben, nicht gewiß, doch hochwahrscheinlich ist; zwar nicht nach vielem, was man glaubt, doch nach allem, was man weiß.

Und zuletzt, selbst weder Fleisch noch Fisch verzehrend, will ich der Geschundensten gedenken. Denn eine Menschheit, die sich selber schlachtet, mitten im Frieden schon zerfleischt, die stets alles Schwächere fraß, frißt, fressen wird, lebt erst recht vom Leben der Tiere und eben darum auch von dem der eignen Art. Solange es Schlachthäuser gibt, sagt Tolstoi, wird es auch Schlachtfelder geben. Das hängt zusammen; tiefer als der Mensch gewöhnlich ahnt und der Unmensch wahrhaben will. Deshalb folgt meinem ersten und zweiten Wunsch, wie oft im Märchen, ein dritter. Wenn alle Tiere einst menschenfrei leben und lieben und einander, vergleichsweise, fast gemütlich verschlingen, zumindest ohne Bombenprofite, ja kaum je übers Notwendige hinaus, dann möge der Schöpfer der Krone der Schröpfung nicht wieder einen Adam, eine Eva schaffen, begänne alles von vorn doch, diese ganz schaurige Schlachthausgeschichte und die ihres Heiles obendrein. Davor möge er die Welt bewahren, falls es ihn gibt, was ich bezweifle, und falls er gut ist, was ich nicht glauben kann.

Thomas, 16 Jahre

Ich kann mir nicht vorstellen das ich später
einmal kinder zeugen möchte, denn ich bin
mir nicht klar darüber ob ich das später,
fälls es ein später gibt verantworten könnte,
verantworten vor dem kind und auch
vor mir selbst. Ich glaube nähmlich nicht
das es für irgendein Wesen hier auf dieser
Erde irgendwann noch eine rosige Zeit
gibt wo wir doch von krieg und Umwelt-
katastrophen und einer enormen Umwelt ver-
schmutzung bedroht sind. Ich würde lieber
ein kind oder mehrere Adoptieren sie
könnten mir später nicht vorwerfen
das ich gewollt habe das sie auf diese
Welt kommen. Ich habe Angst und das
kann wohl jeder verstehen.

Joachim Schumacher

KRIEGSKINDER

Napalm, Prothesen und Lebenskraft
Foto-Essay und Erfahrungsbericht

Ich bin 31 Jahre alt und immer noch nicht Vater – die passende Frau habe ich noch nicht gefunden. Über Kinder hatte ich mir ebensowenig Gedanken gemacht wie über ihre Erziehung. Das änderte sich.

Ich lernte das Friedensdorf für kriegsversehrte Vietnamesen-Kinder in Oberhausen kennen. Ich lebte dort drei Wochen. Damit veränderte sich meine Beziehung zu Kindern ganz entscheidend. Jetzt entwickelte sich zum ersten Mal ein enges Verhältnis zu ihnen. Seit diesem Erlebnis kann ich mir vorstellen, Vater zu sein.

Bei meinen ersten Besuchen beobachte ich nur. Ein Junge fällt mir auf. *Ngo Tam.* Er muß mir auffallen. Im Alter von neun Jahren war er beim Kuhhüten auf eine Mine getreten. Sie riß ihm beide Beine ab und einen Unterarm. Um ihm überhaupt helfen zu können, mußte er von Eltern und Heimat getrennt werden. Er kam ins Friedensdorf, in eine fremde Welt, in eine völlig andersartige Lebensgemeinschaft. *Ich* kann mir kaum ein schlimmeres Schicksal vorstellen.

Meine Photos zeigen: Er lacht wieder! Seit zwei Jahren ist er im Friedensdorf. In dieser Zeit hat er eine neue Heimat gefunden. Hier fühlt er sich wohl, vor allem geborgen. In seine alte Heimat wird er nicht zurückkehren – dort könnte er mit seiner Behinderung nicht leben.

Ich kann nicht beurteilen, ob er glücklich und zufrieden ist. Ich habe ihn als ein ‚munteres' Kind erlebt, auch als einen selbstbewußten Rabauken. Bis ich zu dieser Erkenntnis kam, dauerte es Tage. Anfangs konnte ich überhaupt nicht hinsehen. Ich mußte mich dazu überwinden, zwingen. Und wenn ich hinsah, nahm ich nur die Behinderung wahr, die Verstümmelungen, die napalmverbrannte Haut. Als ich den ersten Schock überwunden hatte, mit meinem Schmerz umzugehen

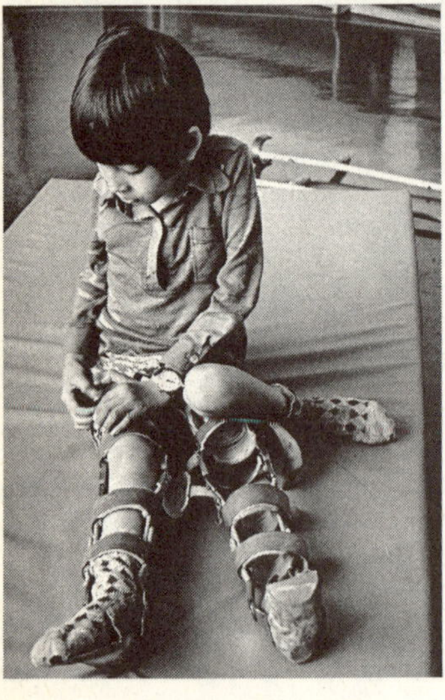

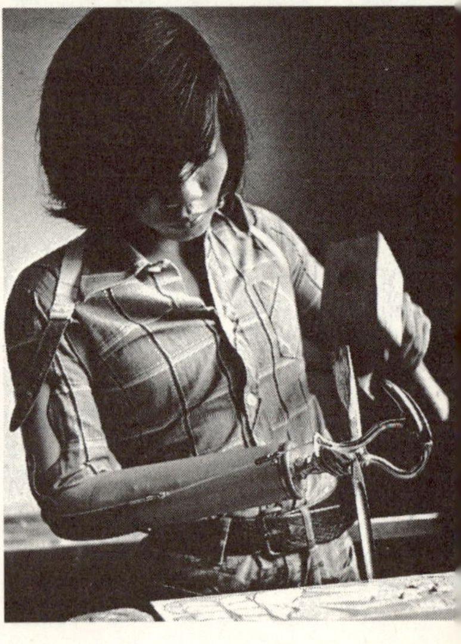

lernte – erst dann konnte ich die *Personen*, die Individuen, die KINDER in diesen Kriegsopfern sehen. Statt physisch und psychisch zerstörte Wesen traf ich *Menschen* mit einer ungeheueren *Lebenskraft* und Lebendigkeit, denen auch die härtesten Umstände, Bomben und Krieg, nichts hatten anhaben können.

Hier sah ich mein photographisches Thema. Ich wäre traurig, wenn man beim Betrachten meiner Bilder nichts als Mitleid empfände.

Mein Kinderwunsch: Diese Erfahrung hat meine Einstellung grundlegend verändert! Wir müßten uns alle, nicht nur als Eltern, verantwortlich fühlen, einer solchen Lebenskraft Raum zu geben. Verantwortlichkeit heißt nicht, daß wir für Kinder entscheiden, ob Leben noch lebenswert ist oder nicht. Ich kann es nicht mehr hören, wenn immer wieder gesagt wird, daß man bei Krebs, Krieg und Luftverschmutzung keine Kinder in die Welt setzen könne! Ich finde diese Weinerlichkeit zum Kotzen. Sie ist für mich nur Indiz der allgemeinen elterlichen übertriebenen Fürsorglichkeit.

Michael Bauer

KINDER, KRIEGE, KRIEGSSPIELZEUG

Gegen die moralische Kriegs-Spielzeug-Diskussion, bei der sich Linke und Rechte um den Hals fallen
Fünf Thesen

- Ursache der Kriegsspiele sind unsere wirklichen Kriege, nicht das Kriegsspielzeug.
- Moralisches Einwirken auf Kinderspiel gibt es nicht. Das Von-oben-herab des Kriegsspielzeugverbots wird zur Absolutionsphrase der Erwachsenen. Eine nicht aufgepfropfte Moral entwickelt sich über Mechanismen der gegenseitigen Kontrolle aus den Kindern selbst.
- Die konkrete Verwendung des Spielzeugs entscheidet sich im Spiel, bleibt Kindersache!
- Kriegsspielzeug wird gesammelt und sortiert. Nicht der Militarismus, sondern der Ordnungssinn, Besitzgefühl, die Macht über die gesamte Masse von Kriegsgerät und Heerscharen, Eindruck-Machen und Herzeigen-Können sind Gründe für die kindliche Liebe zum Kriegsspielzeug. Die Paraden aufstellen, formieren, registrieren wird wichtiger als das Kriegspielen. Bedeutungsinhalte des Gesammelten werden vielfach variiert und von dem Eindruck der hohen Zahl überschattet. Anstelle des Kriegsmaterials treten Heidi-, Fußball- und Asterixsammelbilder, Briefmarken, Münzen und Muscheln.
- Wenn begonnen wird, zu hauen und zu schießen, handelt es sich nicht um das Spiel der Generalstäbe, Militaristen und Salonstrategen. Das Kriegsrecht, die Regeln der ordentlichen Kriegsführung, die Hierarchien von Waffen und Divisionsstärken werden über den Haufen geworfen. Kriegsspiel wird zum Spiel der Spielverderber. Feind und Freund geraten durcheinander. Der geregelte Krieg, die Schlachtordnung, die Zahlenökonomie der Heere, Kriegsmaschinerien und Explosionsstärken haben keine Gültigkeit, ebensowenig wie die Naturgesetze, die Regeln der historischen Chronologie und der internationalen Politik.

Ingo Cesaro
UNTERSCHIED
Gedicht

schon die
Kinder
erkennen
am Motorengeräusch
die verschiedenen
Maschinen

bei uns
unterscheiden sie
Autos
in Kriegsgebieten

Bomber.

Wolfgang Kubin
MUSTERUNG
Gedicht

In dir habe ich meine Unruhe gezeugt,
Den Zorn Gottes.
Im Kindergarten lernst du die Norm der Dinge
(In jedes Haus gehört ein Hausbesitzer,
An den Baum eine Säge),
In der Schule das Einmaleins des Grundgesetzes
(Wer regiert, darf auch reagieren),
Die Kirche vollendet an dir ihre zehn Gebote
(Auch Gott trägt Krawatte und Anzug).
Wenn in dir dann alles beruhigt ist,
Werde ich wohlgelitten sterben
In gottloser Zeit.

Draginja Dorpat

DAS PRIVILEG DER HENKERSMAHLZEIT

oder
Warum ich damals Kinder wollte
Abrechnung nach vorn

Schuld war die Ungarnkrise.

Während jener Krise im Herbst des Jahres 1956 keimte zum ersten Mal seit Kriegsende wieder die Furcht vor einem neuen Krieg in Europa. Zwar galt der neue Verteidigungsminister Strauß damals immer noch als Beschwörer der verfaulenden Hand beziehungsweise des verdorrenden Arms, so diese je wieder zur Waffe griffen, und nicht als offensiver Rüstungsminister, – dennoch fürchteten viele eine baldige kriegerische Auseinandersetzung der Exalliierten auf europäischem Boden. Wir konnten uns nicht vorstellen, wie das aussehen würde: Krieg in einem technikbesessenen Jahrzehnt. Im schlimmsten Fall würde Europa zerfetzt werden; im günstigsten würde wieder beginnen, womit der letzte Krieg geendet: hungern, frieren, in Todesangst in Kellern hocken, obdachlos sein, gefoltert, vertrieben, ermordet werden. In jedem Fall bedeutete Krieg ein Leben im Wartestand, ein Leben, geschrumpft zum Doppelpunkt, hinter dem nichts kam, es sei denn Ungewißheit, Leere, Mißmut, Schrecken. Krieg: ein blinder Fleck.

Wir, die frühen Twens der Mittfünfziger Jahre, eben dem Hunger und den Kleidermarken entronnen, sollten schon wieder mit Verzicht beginnen? Wozu, wenn es jetzt wieder Krieg gab, hatten wir gelebt? Um zu lesen, exzerpieren, referieren, diskutieren? Um Grenzüberschreitungen im Geist zu üben, uns mit Theorie begnügen, mit der Anschauung der Welt, ohne sie gesehen, ohne sie erlebt zu haben? Nein, es ging nicht um weiter reisen, schöner wohnen, besser essen, es ging nicht um Karriere, Stand und Rang, hatte nichts zu tun mit Konto und connections, wir wollten das erlebte Leben, das Lebens-Erlebnis, wir wollten, eh wir in die Grube fuhren, wissen, wie das ist: Menschsein, ursprünglich sein, mehr als cogito ergo sum und mehr als coito ergo, wir wollten das nicht erwerbbare, das ungeheure, elementare, markerschütternde Erlebnis, aber auch nicht nur das Außerordentliche, das Exotische, es mußte etwas anderes sein als Ersatz für Sensationen, es mußte etwas sein, was die Gegensätze bändigte, das Außerordentliche und zugleich das Banale, das Horizontsprengende und zugleich das Natürlichste, das Verrückte und zugleich die alltäglichste Normalität, nicht hirnzentriert, nicht fragmentarisch sollte es sein, ein Ganzes, irgendwie ein Ganzes, ohne Aussparungen, ohne Verkürzungen, die vier Wände dehnen zum Kosmos, die Achttausender besteigen im Innern – war es das? Und was war das bitte? Leben ohne Eros – das war der Kerker, aus dem wir ausgebrochen waren. Eros ohne Folgen – war das nicht wie Wandern ohne Ziel, Freiheit ohne Haus, Musik ohne Tanz, war das nicht wie Vasen ohne Blumen, Erde ohne Grün; Leben ohne Kinder, war das nicht wie eine Abenteuerfahrt – mit dem Zeigefinger auf der Landkarte? Leben mit Kindern, das hatte etwas von seid-umschlungen-Millionen, das roch nach Ur-Sein, Eigentlich-Sein und Ganzsein. Es war das Sinnlose angesichts des kommenden Krieges, das trotzige Dennoch. Der Tod, so dachten wir, schreckt jeden, ob Kind oder Greis, ob schwanger oder nicht, Tod kommt immer zu früh, nur in den Folterkellern kann der Tod willkommen sein. Aber an Folterkeller dachten wir nicht. Lateinamerika war weit. Und sollte Europa zugrunde gehen, so wollten wir sterben mit dem Geschmack von Leben im Mund, mit dem Gefühl des jungen Apfelbaums vor dem Erdbeben. Nur die Paradoxie verhieß Leben. Das hatte mit dem Triumphgefühl der Ohnmächtigen zu tun, alles Lebendige, alles Atmende hatte mit Traum zu tun, dem Erschaffungstraum, wir Todgeweihten wollten ins Leben-rufen, wollten das Leben rufen, ehe es für immer erlosch. So machten wir uns ans Kinderkriegen.

Während Kardinäle Päpste wurden, Landräte Politiker , Generäle wieder wurden, was sie waren, machten wir uns ans Kinderkriegen. Es dauerte noch zwei Jahre, bis unser Himalaya am Horizont auftauchte, bis unsere Nanga Parbat Tour begann. Die Ungarnkrise war vorüber, noch immer glaubten wir, nur mit Lebendigem das Leben einzufangen. Wenn das Egoismus ist, dann ist das ein Egoismus, den man mit radikaler Selbstlosigkeit begleichen muß. Ein Egoismus, der sich selber abschafft. Das beginnt mit den ersten Schwangerschaftsmonaten und hört mit dem Kreißbett nicht auf. Und ist der weibliche Egoismus beim Kinderkriegen größer, so ist es der weibliche Einsatz auch. Während

Päpste verhältnismäßig folgenlos für sich selbst die Stühle räumen, während Feldherrn verhältnismäßig folgenlos für sich selbst die Hügel verlassen, während Bergsteiger verhältnismäßig folgenlos von ihren Bergen steigen und Männer verhältnismäßig folgenlos vom Zeugungsbett sich erheben dürfen, so wirft sich das Weib in dieses Lebens-Spiel mit Leib und Seele. Und Leib und Seele ändern sich von Anfang an. Der kleine Unterschied der Alice Schwarzer ist eine dümmliche Fiktion. Aber während Päpste und Generäle ihre schwachen Taten Biographen zur Konservierung anvertrauen, während Bergsteiger ihre Einsamkeitsekstasen in Büchern zu Markte tragen, während alle mit Pfründen oder Renten oder Tantiemen sich belohnen lassen dürfen, winkt den Weibern nichts für ihre Sondertour als jahrelange Schinderei. Mit der Schwangerschaft trennen sich die Empfindungswege von Mann und Frau. Die neunmonatige Fremdbestimmung ist nicht teilbar, kaum mitteilbar. Beim Anmarsch zum Achttausender, der sich immer deutlicher zwischen Scham- und Brustbein wölbt, bleibt eine Frau allein, ganz gleich, wie nah der Mann danebensteht. Und auch die Foltertour im weißgekachelten Raum bewältigt sie allein, ganz gleich, ob der designierte Vater zum Händchenhalten erscheinen darf oder nicht, ganz gleich, ob die Ärzte vernünftig oder nicht, zynisch oder nicht. Auch ich wurde bei dieser Safari nicht enttäuscht, die Sensationen nahmen ihren Lauf wie auf dem Oktoberfest. Nur viel brutaler. Nur Sterben kann interessanter sein und von bleibenderer Wirkung.

War es das, was wir, was ich gewollt? Die tolle Sensation? Meine Achttausendertour im Alleingang? Ahnen, was es meinen könnte, wenn Berge kreißen? Ja, auch das, auch das, auch das gehörte zum Spiel, zum trotzigen Lebens-Spiel, Abstieg von meinem Nanga Parbat, ein Abstieg ohne Hilfen, mit dem Kind im Arm, achttausend Meter zurück zur Normalität. Bergsteiger achten auf Wetterstürze, Nebelwände, Felsspalten, ich achte auf den Atem des kleinen Wesens, auf die Seufzer, die unruhigen Fäuste, das klagende Weinen, das zornige Schreien, dieses Schreien ist so laut, ich höre es in jedem Winkel, das Schreien ist ein Befehl, der keinen Widerspruch duldet, das Kind kommandiert: trinken! aufstoßen! wickeln! kommandiert Ruhe! kommandiert Radio aus! Fernsehn aus! Plattenspieler leiser! kommandiert: trinken! wickeln! aufstoßen! trinken! wickeln! es verbietet mir zu schlafen, wie oft müssen Babies trinken? sechsmal in 24 Stunden? entgegen den ärztlichen Meinungen? müssen neunpfündige Babies öfter trinken? und mehr? schreien lassen? diese qualvolle Stimme schreien lassen? daß der Mann ungebärdig wird? die Nachbarn neben uns gegen die Wand klopfen? müde sein? ich? unwichtig. Zum Frisör? zur Freundin? unwichtig. Zum Zahnarzt? unwichtig. Fenster putzen? unwichtig. Wichtig nur das Schreien. O nähme es ein Ende. Es nahm ein Ende. Nach vier Monaten.

Jetzt war ich wieder unten, von der Nanga Parbat Exkursion zurückgekehrt. Aber nein, der Rückweg war viel länger, er dauert, bis das Kind zur Schule geht. Vorher aber noch die Kanäle zuschütten, die unterirdischen Verbindungen zwischen Mutter und Kind, das Gluckengefühl töten, jenes Gefühl, das mich unterscheiden läßt zwischen Schweigen und Schweigen, jenes Gefühl, das mir sagt, daß das Schweigen jetzt, in diesem Augenblick, ein lebensbedrohliches Signal ist, jawohl, das Kind hat sich erbrochen und das Erbrochene verschluckt, es röchelt nur noch, Minuten später und es wäre klinisch tot, soll ich das Gefühl ignorieren, das mich zum Balkon treibt, wo ich sehe, wie das Kind auf dem roten Plastikauto den Weg heruntersaust und den herannahenden VW nicht bemerkt, das Gefühl ignorieren, das mich hinunter zum Hof treibt, wo ein größerer Junge mit einem Maurerhaken nach der Tochter wirft, das Gefühl bekämpfen, das mich packt, als das Kind am nächsten Tag wieder zu dem Jungen gehen will, dem Jungen mit dem Maurerhaken, zu den Kindern mit den roten Plastikautos, es wollte Kind unter Kindern sein, es wollte einen Bruder, eine Schwester, bloß keine Puppe, etwas Lebendiges, etwas, was atmet und schreit. Es half nichts, zwei Jahre später war der Bruder geboren, trotz Todesangst vor dem Kreißsaal, wir waren zu viert, endlich eine ganz alltägliche Familie. Der niedere Dienst am Nächsten wurde zur Gewohnheit, der Selbstverzicht zum Dauerzustand, jawohl, ich wusch die Windeln, wusch sie von Hand, das Geld reichte für die Waschmaschine nicht, das Wort Wohlstand war nicht für uns erfunden, ich wickelte zwei Kinder, wusch die doppelte Anzahl Windeln, die heute üblichen dicken Papiereinlagen waren noch nicht erfunden, vielleicht wären sie auch zu teuer gewesen, ich trug den Waschkessel mit der heißen, stinkenden Brühe hinüber ins Bad, um sie in der Wanne zu spülen, wie oft spült man Windeln, dreimal, viermal, bis das Kreuz sich nicht mehr aufrichten will, hatte ich jetzt mein elementares, zeitloses Leben? Nach drei Jahren endlich die Erlösung von dieser Fron, die Kinder hatten sanitäre Selbständigkeit erlangt, und jetzt, als alles vorüber war, war der Wohlstand bis zur Waschmaschine gediehen, jetzt merkte ich, daß ich ohne Freude gelebt hatte, daß sich mir nichts Schönes eingeprägt hatte, daß ich alles schon wieder vergessen hatte, ausgenommen den Waschkübel und den Grießbreitopf, nur mein

Verstand wußte noch, wie der leise Atem eines Babys am Hals hinfächelt, wie das ist, wenn ein Babybäckchen an der Backe vorbeistreift, wie das ist, wenn ein Baby auf dem Arm des Vaters weit hinten im Supermarkt unter unzähligen Menschen plötzlich das Gesicht der Mutter entdeckt und freudig zappelnd ihr die Arme entgegenstreckt, ich hatte alles vergessen, keine Empfindung behalten, vielleicht war jetzt erst, da die materiellen Sorgen wichen, der richtige Augenblick für ein Kind gekommen? Konnte ich denn nicht erst jetzt mit größtmöglicher Bewußtheit, aber ruhigeren Sinnes die Entfaltung des Lebendigen erleben? Egoismus?

Ich suchte das Nanga Parbat Erlebnis ein drittes Mal dort, wo Reinhold Messner es nicht findet. Nein, wir wollten keine Spuren hinterlassen auf dieser Erde, die doch bald zugrunde ging, nicht um Erfahrungen zu machen für irgendeinen verwertbaren Zweck, nicht um Erfahrungen auszuwerten, sondern nur um sie zu haben, nein, nicht um sie zu haben, sondern allein, um sie zu machen. Warum denn hatten Frauen nicht aufgehört, Kinder zu gebären zwischen 45 und 47? Nur aus Unfähigkeit zur Verhütung? War es in den Jahren nach dem Krieg wie in der Zeit nach der Ungarnkrise nicht etwas ganz anderes, was Frauen dazu trieb? die Paradoxie der Henkersmahlzeit? essen mit dem Tod vor Augen? zeugen mit dem Tod am Bett? so tun, als gälte es das Leben, während die andern unaufhaltsam die Stricke drehen? Mit welchem Gefühl haben denn Männer in den Hungerjahren ihre schwangeren Frauen betrachtet? Nahmen sie es gelassen hin, daß ihre Kinder nicht nur für den Tod geboren, sondern auch für Not und Leid? was haben Ungeborene den Lebenden voraus? Das Nichtsterbenmüssen. Eine leere Freiheit, ein Frei-Sein zu nichts. So dachte ich bis zum Ende der siebziger Jahre. Inzwischen bekenne ich, daß meine Argumente aus dem Jahre 56 aufgehoben sind, sie können nicht mehr gelten, weil die Macht, Leben zu rufen, Ohnmacht ist, solange die Chemie Herr über das Leben bleibt, solange die Rüstungskonzerne Herr über Krieg und Frieden sind, solange Völkermord ein strategisches Prinzip bleibt. Heute ist ein Kinderwunsch keine schöne Paradoxie, sondern Ermunterung zur Herstellung von Massenvernichtungsmitteln. Das Privileg der Henkersmahlzeit ist abgeschafft, seitdem die wertfreie Wissenschaft gesiegt hat über das Leben.

Die gebärfähige Generation ist heute vor allem zugleich die wehrfähige, die den ABC-Galgen, an dem sie später baumeln wird, täglich höher und stabiler bauen hilft: Tretet in den Baby-Streik, ihr Bürger, damit keine Bürger nachwachsen,

mit deren Steuergeldern der Galgen finanziert
und der Boden, auf dem der Galgen steht, vergiftet wird,
es hat sich ausgelebt,
ob wir unten oder oben hängenbleiben,
vernichtet werden wir so oder so,
chemisch vergiftet oder atomar gehenkt,
auf dieser Plastikerde gibt es kein Gramm Brot
und keinen Tropfen Wasser, ohne Gift,
mit jedem Atemzug atmet ihr Gift,
es hat sich ausgelebt,
in einer Welt, in der die Heuchler herrschen,
laßt sie gewähren,
aber verweigert ihnen die Kinder,
verweigert ihnen den ABC-Kanonen-Futter-Nachschub,
es geht nicht mehr darum, den Lebenskern zu suchen,
der Lebenskern ist atomar besetzt,
laßt die Atomherren spielen
aber spielt nicht mit
vielleicht gehn ihnen eines Tages die Figuren aus
auf ihrem Todesbrett,
denn auch was sie essen, ist Gift
und was sie trinken, ist Tod
wollt ihr damit eure Kinder füttern
ihr seht
den atomaren Galgen über uns
die Pesterde unter uns
die chemische Keule vor uns
Kinder?
nein danke
Henkersmahl?
Die schöne Paradoxie findet ihr Ende: jetzt,
– es sei denn, ihr setzt den Grundsatz durch,
daß nur Väter und Mütter mit kleinen Kindern
amtierende Politiker sein dürfen
oder besser: nur Schwangere
nur Schwangere sollen die Richtlinien der Politik
bestimmen dürfen
mal sehen, was die zynischen älteren Herrschaften, die
nichts mehr zu verlieren haben, dazu sagen
wetten daß sie sagen: Schwangere – nein danke?

FRAU KIND

Gertrud Höhler

DAS KIND IST DER MENSCH

Über seine rasende Unvernunft, über seine ungeahnten Kräfte
Reflexionen

Seine Augen, wenn es im Schatten der Bettdecke wagt, sie zu öffnen, sind ruhig wie tiefe Seen. Es schaut dich an, wie die zutrauliche Kreatur schaut: unverwandt. Kein Erwachsener schaut mehr so; seine Blicke sind unstet geworden. Vielleicht sehen wir einander so an in Augenblicken der Liebe, wenn vorübergehend Furcht und Mißtrauen verlöschen. Die kleine Kreatur schaut lange so. Sie senkt ihre Augen in die unseren ein, daß wir erschrocken sind vor ihrem Zutrauen. Noch fürchtet sie uns nicht; die Augenblicke, Tage und Stunden, in denen wir unbegreiflich werden, stehen aus. Die Umarmungen freilich auch, und die kindliche Großmut, die Bereitschaft, uns fast alles nachzusehen und jeden Tag mit uns neu anzufangen.

Heute ist vieles, was nur Kinder uns über das Leben sagen können, in Vergessenheit geraten. Der Geistesarbeiter, auch wenn er eine Mutter ist, fühlt harte Konkurrenz zwischen Kind und geistiger Arbeit. Reduziert auf eine Sklavin der Tag- und Nachtbedürfnisse eines kleinen Menschen, schaut sie sehnsüchtig nach ausgeruhten Arbeitstagen aus; Versäumnisgefühle peinigen sie, der Neid macht sie ungerecht, oft ist sie zu müde, um überhaupt noch geistige Bedürfnisse zu spüren. Ist die Welt eigentlich so in Ordnung? Wo liegt der Fehler, daß die Lasten nicht gleichmäßiger verteilt sind? Sie wird bitter, entwickelt ein Dauergefühl der Benachteiligung, das ihr Kind zu spüren bekommt.

Anders wäre das vielleicht, wenn sie wüßte, daß sie sich für diese wenigen Jahre ihres Lebens Zeit lassen kann, die Begegnung mit der kleinen Kreatur zu erleben. Was das Kind uns zu bieten hat, das kann uns keines unserer Bücher erzählen, kein Wissenschaftler kann es uns darlegen. Wir versäumen nichts, weil wir hier vieles lernen, das nur das

Kind uns lehren kann. Übrigens auch jene Geduld, die wir brauchen, wenn es uns quält und überanstrengt, auch jene Gelassenheit, die es uns lehrt, wenn es größere und kleinere Unglücksfälle inszeniert. Und schließlich lernen wir von unseren Kindern, wer wir selbst einmal waren und wer wir heute sind: mit den geheimen Schwächen, die nur ein Kind aufdeckt, ohne uns dafür zu verachten, mit unseren kindlichen Sehnsüchten, unseren ungestillten Hoffnungen, die in der kleinen Gestalt lebendig werden, um uns zu trösten.

Da verstehen wir vieles endlich, was auf den Schutthalden unseres Gehirns ungenutzt lagerte. Wir klären unser unkontrolliertes Verhältnis zu den eigenen Eltern und lernen über vieles zu lächeln, was wir ehemals viel zu ernst nahmen.

Der Widerspruch zwischen geistigen Interessen und dem vitalen, fordernden Kinderleben ist zwar ein abendländisches Erbe. Er vereinfacht, was wir an Widersprüchen zur Balance bringen müßten. Gelingt uns das, dann ist das Kind der Brunnen, in den wir nach getaner Arbeit schauen, um gegen unser Treiben die Urgesetze der Welt zu halten. Was uns tags erzürnte, reizt uns jetzt zum Lachen, was wir vernichtend erlitten, läßt uns jetzt großzügig Distanz nehmen: Hier blickt das Leben uns an, unerfahren und unbefangen, voll unermeßlicher Erwartungen, die uns beschämen: dies gilt uns?

Wir sind diesem Kinde, vorerst, die ganze Welt. Das gibt uns Verantwortung, zwingt uns genauer zu sein in unseren Gesten und Worten, es diszipliniert uns, dieses Grundvertrauen, macht uns schüchtern und stolz zugleich. Wie vieles werden wir, sehr bald, diesem kleinen Kind abzubitten haben! Ehe es uns versteht, in Gedanken; später dann mit Umarmungen und Worten. Niemand verzeiht so großmütig wie ein Kind, niemand gibt uns so viele Chancen. Plötzlich erfahren wir gründlicher als in jedem klugen Buch, was Humanität ist. Nicht, weil wir so großartig und aufgeklärt mit unserem Kinde umgehen, sondern weil es uns mit so überlegener Menschlichkeit entgegentritt.

Aber ist es nicht auch ein Raubtier, ein kleines Ungeheuer, das uns um unsere letzten Kräfte bringt? Von rasender Unvernunft, dabei viel stärker als wir, fast niemals müde und von unerbittlicher Lebendigkeit? Das ist es auch. Es lehrt uns, daß wir älter sind und das Kind behutsam führen müssen. Es zwingt uns, Konturen anzunehmen statt nur Kind mit dem Kind zu sein, wie wir oft gern möchten. Es nötigt uns zu Entscheidungen, zur Konsequenz. Wir müssen glaubwürdig sein. Wo konnten wir das vorher üben? Erwachsene lassen sich von uns betrügen, jederzeit. Ein Kind betrügt man schwerer. Es fordert uns heraus, es macht uns unausweichlich mit uns selbst bekannt.

Wie war das mit diesem Kind, das mein Kind ist? Es hatte grüne Augen. Das Licht tat ihnen weh, sie blinzelten. Öhrchen wie eine Maus, mit kleinen Adern. Spitz zulaufende Finger, kalt. Ein Fellchen auf dem großen Kopf, ein viereckiges Näschen, strichdünne Brauen. Die Wimpern lagen dunkel auf der zarten Haut, wenn es schlief. Ein Kind der Not, Angst und Trauer. Als es geboren war, durchfuhr mich dieser Schreck: Wie geht es jenen Menschen, die das nie erfahren? Fassungslos betastet man dieses kleine fertige Menschlein, an dem nichts fehlt. Grundgefühl: Erstaunen, Verwunderung. Ausgelieferte kleine Kreatur, mir ausgeliefert. Unfaßbar, beängstigend, beglückend. Das Gefühl des Wunders ist übermächtig, man möchte es allen zeigen. Ich konnte mein Kind niemandem zeigen. Begann es, kaum zu Hause angekommen, zu photographieren, fast jeden Tag, um irgendwie sein Dasein objektiv zu machen. Ein düsteres, großes Haus. Kinder und Haustiere verboten. Das Kind wird krank, ich trage es versteckt im Kissen durch das dunkle Treppenhaus. Mein verstecktes, unvergleichliches Kind. Zorn erfüllt mich, Angst und Trauer. Die tiefen Augen, blau geworden, schauen mich vertrauend an. Also werde ich alles können.

Ich sitze aber auch und arbeite, wenn das Kind spielen möchte, im Ställchen zappelt, Möbel verrückt, Vasen umwirft. Bin immer übernächtigt, weil es seinen eigenen Rhythmus hat, der auf Tag und Nacht nur nebenbei Rücksicht nimmt. Niemand kommt, es zu bewundern, lange Monate niemand. Meine Welt ist, notgedrungen, die Kindeswelt, die Gitterzäune in der Nachbarschaft, die Hauseingänge, in die es beim Spaziergang läuft, der Ball mit den Enten, den wir mitnehmen. Wenn ein neuer Tag kommt, steht das Kind strahlend in seinem Bettchen: Die Welt ist neu, es kann wieder losgehen. Tieferer Trost in alltäglicher Bedrängnis ist kaum zu denken.

Natürlich wird, im herkömmlichen Sinne, Zeit verbraucht, viel Zeit. Immer nur meine Zeit, weil ich allein bin. Auch Versäumnisgefühle plagen mich, Sehnsucht nach geistiger Kost meldet sich, nach kleinen Freiheiten: abends einen Spaziergang machen. Mit Erwachsenen reden, klug sein, arbeiten ohne unterbrochen zu werden. Ich denke an die vielen Väter, die ihre Türen zumachen: Psst, Vater arbeitet. Für ihn gibt es jetzt keine Kinderwünsche. Für mich gab es diese Wünsche immer. Ich lernte, mich zu konzentrieren und nach jeder Unterbrechung weiterzukönnen. Lernte, simultan – eigentlich nur: im Ganzen da zu sein, als Mutter und als Arbeiterin. Es geht. Das allein bewahrt mich vor der zerteilten Existenz, die fast alle Menschen haben.

Oft durchflutet mich dieses Glücksgefühl: Ich habe es! Habe die Fülle des Lebens, alles zusammen. Dankbarkeit überwältigt mich, daß ich weiterdenken kann mit dieser zusätzlichen Erfahrung: was das Leben selbst ist, nicht nur was unsere Gedanken daraus machen. Ich brauche so vieles nicht mehr abgeleitet aufzunehmen, sondern schlürfe Lebensauskünfte, unmittelbar, untrüglich, ungeschminkt. Ich kann deshalb vieles, was ich ohne dieses Kind an Weisheiten der Psychologen und Pädagogen geglaubt hätte – hätte glauben müssen! – nicht mehr glauben.

Das Leben ist anders als viele unserer Theorien über das Leben. Ein Kind macht menschlich nicht nur, sondern es fördert und kontrolliert unsere Erkenntnisse. Wir verteilen die Nützlichkeiten anders, wir lassen nun vieles aus, was wir ehemals erlebenswert fanden. Und wir werden dadurch nicht ärmer, sondern unser Dasein konzentriert sich. Ich mußte viele Jahre sehr genau meine Zeit einteilen: Im Beruf gab es kein Pardon. Ich lernte, wie viele Stunden der Tag hat: sehr viele! Ich lernte, deren Nutzung wichtig zu nehmen. Ja, es ist richtig: Zu verzichten lernt man auch.

Altmodische Tugenden sind es, die uns Kinder in ihrem Wert erkennen lehren. Wertsystem-Diskussionen sollte man einmal bei diesem Ausgangspunkt beginnen: Welche Werte muß man im Umgang mit Kindern entwickeln, welche Werte demonstrieren die Kinder uns, welche erleichtern das Leben mit ihnen? Wahrscheinlich entsteht dann ein humaner Katalog an wirklich brauchbaren Tugenden. Was ich gearbeitet und gedacht habe im Schatten dieses Kindes, das hat in vielem Korrektur und andere Konsequenz erfahren, weil es dieses Kind gibt.

Das Kind ist der Mensch, wie wir ihm in uns selbst nicht mehr oder erst dann wieder begegnen. Es ist ganz ernstzunehmen: Kinder machen eine Gesellschaft menschlich. Ohne sie vergessen wir, was der Mensch ist, weil wir uns selbst allen Zwängen überantworten. Entwürfe für eine bewohnbare Welt werden inspiriert von Kindern. Wo sie nicht atmen können, da sind wir schon unter der Hand gestorben, ohne es zu bemerken. Wo sie nicht mehr spielen können, da ist auch unsere Menschenwürde, ohne daß wir das wahrnehmen, bereits vernichtet. Kinder lehren den unverstellten Blick auf die Unmenschlichkeit unserer Welt. Ohne sie treiben wir immer weiter von dem weg, was der Mensch ist und was er braucht. Die Unschuld ihrer täglichen Bedürfnisse lehrt uns sehr bescheiden zu erkennen, was der Mensch jenseits seiner Perfektion ist: ein unvollkommenes, hilfsdürftiges Wesen, das von der Zuwendung anderer Menschen lebt. Wir betrachten mit mehr Liebe auch erwachsene Menschen, wenn wir die Würde der einfachsten Bedürfnisse an unseren Kindern begreifen gelernt haben. Bei ihnen können wir manche unserer Tränen trocknen, weil sie großmütiger und unverstellt verzeihen. Sie werden stark, wenn wir schwach sind, und wir fühlen ungeahnte Kräfte, wo sie uns rückhaltlos vertrauen.

Ingo Cesaro

MUTTERSTOLZ

Gedicht

voller Stolz
und blind vor Liebe
sagte die Mutter

mein Junge
du hast heute schon
Riesenfüße
und Hände wie ein Bär

ich sehe dich schon
als Rekordschwimmer
in den Schwimmbecken

der ganzen Welt.

Elisabeth Albertsen

GLÜCK? WAS IST DAS?

Kinder-Alltag/Mutter-Alltag/Familien-Alltag
Tagebuch-Auszug

11. Mai

Muttertag, gut gemeint. Viel zu früh kamen die Kinder an mein Bett, triumphierend: Heute ist Muttertag, wir haben es nicht vergessen.

Muttertag, Tag der Mutter. Eine Erfindung des Führers angeblich, besonders zählebig. Zum Teufel mit diesem und anderen braunen Riten! Bloß einmal kurz zurücktauchen wollte ich noch in Wärme und Nacht. Und E., dieses kleine Biest, sagte auch noch: Gä Mami, schlafen ist schön. –

Sie hatte ein Gedicht aus der Schule mitgebracht, da steht es, fast fehlerfrei, in ihrer schönsten Linkshänderschrift:

> Ich hab doch nichts so lieb, so lieb/wie dich mein Mütterlein/Es müßte denn der Liebe Gott/droben im Himmel sein/den lieb ich weil er dich mir gab/und mir erhält das allerliebste/Mütterlein auf weiter, weiter Welt.

Kam mir irgendwie bekannt vor. Hab es früher vielleicht selbst leuchtenden Augs zelebriert.

Achgoddeli, sagte ich. Das entfährt mir anscheinend immer, wenn meine Seele um Fassung ringt. E. stutzte. Gefällt es dir etwa nicht? Und ich, schnell, bevor ihr noch das Wasser in die Augen stürzte: Aber natürlich gefällt es mir, lieb von dir, danke. Zarte Blüten und Schmetterlinge umrahmen das Poem. Und natürlich Herzen. Es regnet Herzen, irgendwie traurige Herzen, denn immer malt sie sie fallend, mit der Spitze nach oben. Wie Tränen hängen sie über den Buchstaben, dort, wo sonst die i- und ü-Pünktchen sind.

Alles wiederholt sich. Der Blumenstrauß, wahllos zusammengerupft, Wiesenschaumkraut vor allem, davon gibts jetzt so viel. Nichts schöner als so ein richtiger Feldstrauß, sagte ich.

Der Frühstückstisch war unvollständig gedeckt, das Ei zu weich gekocht, der Kaffee flau. Beim vierhändigen Geschirrspülen büßte die Kaffeekanne ihre Tülle ein. Das Petersilienmuster, sagte ich, kann man jetzt schon im Kaufhof kriegen.

Später der quälend langsame Kellner im überfüllten Restaurant. Eine geschlagene Stunde haben wir auf ein simples Steak gewartet und dann gabs nur noch Kinder-Schnitzel ‚Räuber Hotzenplotz'. Rundherum quengelnde Gören, anständig schwitzende Männlichkeit.

Aber die Mütter. Die Heute-bleibt-die-Küche-kalt-Mütter. Sie lächelten an ihrem Ehrentag. Ein etwas grämliches Lächeln. Du hast nicht zufällig einen Spiegel bei Dir, fragte ich. Ich war von allen guten Geistern verlassen.

Jetzt, an meinen Schreibtisch zurückgekehrt und wieder allein, bin ich es weniger. Ich bin nicht mehr allein, meine ich. Aus K's Zimmer klingen gedämpft Mahlers ‚Lieder eines fahrenden Gesellen', die Kinder sind draußen. Wenn ich mich vorneige, kann ich C. auf dem Trainingsplatz sehen. Seine – meine langen Beine. Immer die Nase vorn, immer wie ein Windhund hinter dem Ball her. Du lieber lieber Libero, wann schießen wir wieder ein Tor?

E. spielt mit zwei Freundinnen Gummi-Twist. Seltsam hüpfendes Ritual! Bei jedem Grätschen verfängt sich ihr Rock in den Gummisträngen. Warum ziehen wir ihn nicht einfach aus?

Sechsuhrläuten. Werde die Pizza in die Röhre stellen.

Sind alle da und bei mir. Ich auch.

15. Mai

C. ist krank. Eine Sommergrippe mit hohem Fieber. Er ist matt und anhänglich und von einer Zärtlichkeit, die blendet. Das berührt mich. In letzter Zeit war er eher rauhbauzig und spröde. „Mumi" nennt er mich wieder oder auch nur „Mum", aber mit ganz langem *u*, „Mum ist Natur", hat er früher in Anlehnung an irgendeinen Werbeslogan verkündet. Jahre her! Es muß aus der Zeit stammen, als ich mit E. schwanger ging und ihn die pränatale Eifersucht zu dieser merkwürdigen barocken Metaphorik inspirierte: Ach du mit deinen Brüstlein, ach du mit deinem Bäuchlein, ich lieb dich so, daß ich Zecken kriege und mich überall kratzen muß. Komm, sei doch ein bißchen streichelig zu mir. Kitzel mich einmal auf deutsch. Ich will lachen bis ich Scherben im Bauch hab. –

Wenn eins der Kinder krank ist, hab ich nachts immer den flachen Atem eines wilden Tieres. Ich liege instinktiv auf der linken Seite, dort, wo die Unruhe, das Herz ist. Meine Sinne sind dann reizbarer, schärfer. Beim kleinsten Geräusch bin ich hellwach und sprungbereit. Die Fürsorge brennt in mir wie ein kleines Fieber. Sie kann Züge einer Besessenheit annehmen, die mich von allem anderen um mich trennt. Ich vergesse, mich zu waschen und zu kämmen, ich verspüre keinen Hunger. Ich weiß auch, daß sie mich ziemlich blind und taub macht für die Nöte der „Gesunden", eigentlich für alles, was nicht unmittelbar der Genesung meines Kindes dient.

Beim ersten Zeichen der Besserung aber bin ich wie neugeboren. Die Obsession weicht, der Appetit regt sich, meine Antennen, die einige Tage ausschließlich auf das Krankenbett gerichtet waren, stehen wieder nach allen Seiten.

Jetzt zum Beispiel. C's Fieber ist gefallen. Wir lachen über E., die beim Rollschuhlaufen eine neue Figur erfunden hat: Standwaage mit Nasenbohren.

23. Mai

E. hat ein phänomenales Wortgedächtnis. Sie kann Geschichten, die ich ihr vor Jahren erzählt habe, heute noch wortwörtlich reproduzieren. Ihr numerisches Gedächtnis dagegen ist nur wenig ausgeprägt, eine Schwäche, mit der in weiblicher Erbfolge nunmehr wenigstens drei Generationen unserer Familie behaftet sind. So geht sie immer unlustig an die täglichen Mathe-Aufgaben – sie hat mein Verständnis!

Gestern ist sie bei einer Klassenarbeit an einer ziemlich undurchsichtigen Aufgabe aus der Mengenlehre gescheitert. Sie ärgert sich, ich ärgere mich. Ja, ich kann's nicht hindern, ich ärgere mich auch: E's Mißerfolg ist zugleich auch meiner, womit die alte leidige Autismus-These wieder einmal bewiesen wäre. Die Stimmung bleibt jedenfalls etwas gedrückt. Und jetzt kommt's: In der Nacht träume ich noch einmal vom Martyrium meiner Abitur-Arbeit in Mathematik. Sie ist selbstverständlich mit Gemeinheiten aus der Mengenlehre, die damals noch gar nicht eingeführt war, nur so gespickt. Ich stolpere in jede Fallgrube. Der Zeiger der Uhr rückt vor, mein Füller fegt blindwütig durch ein Gestrüpp undurchdringlicher Formeln und Zeichen ... Einer nach dem anderen gibt ab, klatscht sein Heft aufs Pult, ich wieder mal die Letzte, Panik und pochende Schläfen ... Naaa? Lehrer Reimers beugt sich grinsend zu mir herab. Wie kommt nur der alte Reimers aus der Breitenberger Zwergschule in meine Abi-Klasse, frag ich mich noch. Da, endlich das Pausenzeichen ... der Wecker ist es, ich wache schweißgebadet auf.

10. Juni

Dieses schöne, träge, sommerliche Treiben. Liege im Garten, sehe, höre (?) das Gras wachsen und die Kinder. Ihre braunen, biegsamen Körper. Was will ich noch?

Gelegentliche Anfälle von Schreiblust, aber nicht zwingend. Wird alles vom Leben verzehrt.

11. Juli

Heute waren wir in Taggia. Saßen lange auf der alten römischen Brücke, und das Wasser der Argentina zog flach und trübe unter uns dahin. Ich geriet in einen Zustand, in dem das Denken keiner erkennbaren Logik mehr zu folgen schien. Paradies, sagte ich vor mich hin, ‚embryonales Paradies'. Was ist das? fragte E. Versunkenes aus einem Tübinger Bloch-Seminar stieg wieder auf. Glück? Was ist Glück? „Glück kühlt sich im Jetzt, wenn es in dieses einfällt, leichter ab. Es ist vorher und nachher meist glücklicher als wenn es eintritt."

Die schöne, ungenaue Diktion des Meisters! Ich hatte seine Stilblüten damals gesammelt, eifrig und entzückt. Mein Gott, das muß in einem anderen Leben gewesen sein!

Und während wir noch mit unseren Holzsandalen über das uralte Kopfsteinpflaster dappeln, sehen wir auf der steinernen Bank, die in die Brückenbrüstung eingelassen ist, ein kleines Mädchen sitzen – das heißt: eigentlich, wie so oft, ist es E., die es zuerst entdeckt.

Cento lire, cento lire per favore! Ein Stimmchen wie das Miauen einer ganz jungen Katze.

E. bleibt stehen, sprachlos, mit weiten Augen, und das Mitleid überkommt sie wie eine weiche Glut. Ich kenne das an ihr. So ist es auch, wenn wir durch Frankfurts Straßen gehen. An keinem Bettler darf ich mich vorbeidrücken, keinem Pennbruder und Stadtstreicher, wenn er die Hand aufhält. Und nun sogar ein bettelndes Kind!

Arme Kinder gibt es im Märchen. Arme Kinder gibt es auf den Handzetteln, die mit mildem Lächeln der Pfarrer verteilt. Arme Kinder gibt es im Fernsehen, fern, fern in fernen Wüsten. Es sind Wesen mit viel zu großen, greisenhaften Köpfen und aufgeblähten Bäuchen auf dürren Beinen. Aber irgendwie bloß Bilder. Bilder für etwas so Abstraktes wie Hunger und Brot für die Welt.

Aber dieses Kind, gar nicht so sehr weit fort von daheim, ein Mädchen in E's Alter, acht Jahre vielleicht, nicht mager, nicht ohne Liebreiz. Die kurzen braunen Haare verfilzt, zu einer zweiten, krustigen Haut geworden der Dreck an Armen und Beinen. Ein geräumiges T-Shirt dient ihm als Kleid, darauf ‚love me', die Bitte in ehemals weißen Lettern. Daß sie Adriana heiße, erfahren wir von einer englischsprechenden Passantin, Adrianella, daß sie Tag für Tag hier ausgesetzt werde, am Morgen gebracht, am Abend wieder geholt, vom Vater oder einem der vielen älteren Brüder.

Ein Rudel deutscher Foto-Touristen kommt heran. Blende acht, sagt einer, nimm auf jeden Fall Blende acht! Vorne ein Stück Kopfsteinpflaster, das Mädchen in der Mitte und im Hintergrund Lampedusa!

Du und deine Vorliebe fürs Pittoreske, hat K. zu mir gesagt.

Ich taumel ein wenig. Die Hitze. Das Flimmern der Gedanken. Hastig und ein bißchen linkisch leere ich den Inhalt meines Brustbeutels in die Hände des Kindes, ziehe die widerstrebende E. mit mir fort. Sie will nicht, kann nicht, als hätte sie Wurzeln geschlagen.

Verdient gar nicht so übel, die Kleine, höre ich noch. Na komm, Kalle, jetzt ein kühles Blondes, aber groß muß es sein, so groß!

Ich hatte mich ertappt. Die schnellen, bequemen Gesten des Helfens. Und da war er auch wieder, der kleine, behagliche Schauder inmitten des Bedauerns: Wie gut geht es uns doch!

Der Vormittag im Tübinger Uhlandbad fällt mir wieder ein. Das Schwimmerbecken war fast leer, einige Senioren zogen vorsichtig und freudlos im Wasser ihre Kreise. Doch im Nichtschwimmerbecken, da war Leben, eine ganze Klasse, so schien es, eine lauthals lachende und übermütig spritzende Schar. Die sind halt au läbensfroh, sagte ein alter Herr am Beckenrand zu einem anderen.

Mein Gott, da erst bemerkte ich, daß es behinderte Kinder waren. Und ich sah die Mongolenfalten, flache Nasen, dicke Lippen, seitlich weggedrehte Hände und alles, alles.

Da stand ich in der Reihe der Gaffer. Eins nach dem anderen drang in mich ein, schmerzhaft deutlich, ich versuchte gleichgültig auszusehen, eine selbstverständliche, fast gelangweilte Miene aufzusetzen und mußte doch immer wieder hinschauen. Was ich fühlte, war wohl Mitleid, ein wenig Neugier auch, aber dahinter die klammheimliche Freude, die Genugtuung, die man so leicht mit Dankbarkeit verwechselt: Unsere Kinder sind gesund.

16. Juli

Gestern in Venedig war plötzlich E. im Menschengewühl verschwunden. Heute, beim Baden, wurde sie auf ihrer Luftmatratze aufs Meer hinausgetrieben. Das ist: Zweimal gestorben vor Angst.

18. September

Kindergeburtstag. 21 Kinder waren eingeladen. Obwohl vom weitläufigen Geländespiel übers Negerkußwettessen bis hin zur Kleiderstaffette ein enormes Spielangebot vorhanden war, obwohl es an heißgeliebtem junk-food, Würstchen, Bouletten, Pommes, Cola nicht fehlte, blieb es ziemlich chaotisch. Die Jungen haben sich ständig herumgekloppt, die Mädchen waren reihum beleidigt. Als das Gezänk sich auch in den Abend hinein noch fortsetzte, E. beim ‚Kniffel'-Spiel wieder einmal nicht verlieren konnte, K. nach Hause kam und meinte, unter dem Strohteppich im Flur müßte aber endlich auch mal Staub gesaugt werden, das sei ja, wie wenn man über eine Wanderdüne ginge, da platzte mir schließlich der Kragen, und ich hab wegen einer Nichtigkeit auf C. eingeprügelt.

Selbstverständlich wollte ich es nicht! Selbstverständlich weiß ich, daß körperliches „Züchtigen" nur Haß erzeugt, weil es das Kind demütigt. Pädagogisch völlig sinnlos, sage ich immer, wenn irgend so ein autoritärer Pinkel meint, eine Tracht Prügel habe noch niemand geschadet, die Tat lediglich müsse man mißbilligen, nicht aber der

Person des Kindes schaden. Keine Körperverletzung, kein Fernsehverbot, kein Hausarrest, vor allem: kein Liebesentzug. Ich wollte es nicht, ich schwöre! Ich schlug diesen Tag, ich schlug alle Tage, die waren wie dieser.

Jetzt sitze ich hier, die Ohren noch taub vom Kindergeschrei. Auch *mein* Geburtstag war vor drei Tagen. Zum Feiern kein Grund. Nachts Träume von abfahrenden Zügen.

1. November

K. ist mit den Kindern nach E. gefahren, – damit ich zum Schreiben komme, sagt er. Der erste Tag, an dem ich allein war, – unbeschreiblich kostbar und schön. Der Regen, die eingedickte Stille, das langsame Verströmen von Zeit. Heute schon die ersten Entzugserscheinungen. Ich sehe einen löchrigen Kinderstrumpf herumliegen oder einen Zettel,auf dem weiter nichts steht als „Liebe Mami, bin zur Annette gefahren", mit obligatem tränenden Herzchen über dem *i* – schon schießt mir das Wasser in die Augen. Ich gehe ruhelos durch die leeren Räume, bin zerstreut, schlecht durchblutet, der Kopf tut mir weh. Symptome eines akuten Vitaminmangels. Könnte man sagen. Und ich zähle die Stunden, bis ihr wieder da seid.

Ursula Adam

DER FELIX

Jetzt ist er zwei Monate alt, trinkt, scheißt, schläft, schreit und speit
Ein Zustandsbericht

Einen Baum pflanzen.
Ein Kind zeugen.
Ingeborg Bachmann, in:
„Das dreißigste Jahr"

Wenn einer in sein 30stes Jahr geht, so wird er anfangen, sein Leben zu überdenken. Er wird überlegen, ob es nicht an der Zeit sei, eine Lebensform zu wählen, welche auch immer. Alles ist ihm nicht mehr möglich, Grenzen sind abgesteckt. Er wird sich auch entscheiden müssen, ob er ein Kind haben will oder nicht.

Ein Kind – eine neue Sprache, eine neue Welt – so läßt Ingeborg Bachmann den Vater in ihrer Erzählung „Alles" denken – und läßt ihn mit seinen hochfliegenden, idealisierenden Plänen scheitern. Trotzdem – die Hoffnung ist da, ein neuer Anfang.

Ich ging ins 30ste Jahr. Soweit ich mich zurückerinnern kann, ist mir früher der Gedanke an ein Kind nicht gekommen: bei meiner ersten Liebe nicht, später auch nicht in den wechselnden und mehr oder weniger heftigen Liebesbeziehungen. Die Pille hatte sich schon etabliert, und ein Zufallskind konnte so gut wie sicher ausgeschlossen werden. Dann, als ich geheiratet habe, wollte ich schon gar kein Kind. Ich war ja eben erst mit dem Studium fertig, wußte noch nicht so recht, was anfangen mit der neuen Situation, alles in allem unfertig, keine so rechte Vorstellung von meinem weiteren Leben, Berufssuche im Vordergrund. Dann das zerrissene Leben in der heutigen Welt, mobil sein, einmal da leben, einmal dort, wo sich grad was bietet. Daraus entstehende Partnerprobleme.

Wo ist noch Kontinuität? Jedenfalls: ich wollte kein Kind. Und wurde dreißig dabei. Beim zehnjährigen Maturatreffen waren wir schließlich nur noch zwei, die die Unterhaltung ohne Kinderphotos und

Geschichten von den Kleinen zu bestreiten hatten. Ich wunderte mich: Hatten die Leute sonst nichts zu bereden als ihre Kinder? Hatten die je gelebt? Leben – was ich mir halt so drunter vorstellte!

Ich hatte inzwischen ein Buch geschrieben, lebte getrennt von meinem Mann. Ich hatte einen anderen kennengelernt, *den* anderen, war verliebt, und im Laufe der Zeit wurde eine Liebe daraus. Mit 30 ist man aber schon ziemlich festgefügt; trotzdem warf ich alles noch einmal über den Haufen, meine Ehe, meinen Beruf und lebte ein Jahr lang mit ganzer Intensität nur dieser Liebe, dem Nachdenken darüber, den wechselnden Empfindungen, den Zerreißproben, den Infragestellungen.

Ich schrieb an meinem Buch. Ich hatte eine Menge Ängste durchzustehen, manchmal war ich nahe daran, meine Pläne für ein neues Leben zum Scheitern zu bringen. In dieses neue Leben gehörten dieser Mann und – das war mir plötzlich Gewißheit – ein Kind. Wir lebten aber beide in anderen Städten, er hatte schon ein Kind und wollte keines mehr. Als ich dann schwanger wurde und er sagte, ein Kind käme ihm ungelegen, fühlte ich mich alleingelassen und verstummte. Die Kränkung saß tief.

Am Tag, als ich mich zur Abtreibung entschloß, betrank ich mich sinnlos und schlug mir den Kopf blutig. Es würde nichts mehr gut werden, nie mehr. Ich war haßerfüllt und zornig. Mein Zorn half mir dann wieder auf die Beine und bewahrte mich vor dem Versinken in der Depression. Das Kind allein aufzuziehen, das hätte ich mir nicht zugemutet. Außerdem liebte ich ja.

Später konnte ich mit meinem Freund wieder sprechen, und wir sind uns über diese Erfahrung nähergekommen. Von Zeit zu Zeit erfaßt mich aber heute noch ein Gefühl aus Trauer und Schuld. Inzwischen stieg ich erneut ins Berufsleben ein, wieder in einer anderen Stadt, von meinem Ehemann nun endgültig getrennt. Was blieb, war der Kinderwunsch, und daß ich das Kind von meinem Freund wollte, nicht von irgendwem. Wie er mir in unseren Gesprächen sagte, fühlte er sich durch meinen vehementen Kinderwunsch überfahren, außerdem mißtraute er mir, unterstellte mir böse Absichten und hörte nicht auf, zu hinterfragen.

Anfangs war ich wieder gekränkt, mit der Zeit wurde ich sicher und konnte meinen Wunsch trotz seiner Querschüsse vertreten.

Wenn wir zusammen schliefen, so dachte er, ich täte es nur, um schwanger zu werden, und er als Person sei mir gar nicht mehr so wichtig. Zeitweilig war es auch so. Das Zusammensein war aufreibend.

Ich empfand seine ständigen Bedenken als überflüssig und zeitraubend. Wir waren in Pattstellung. Da wir immer noch getrennt lebten, überlegte ich ständig, wie ich unsere Treffen so arrangieren konnte, daß sie möglichst um einen Eisprung herum stattfanden. Das ging nicht immer. In meiner Freizeit las ich Bücher mit Titeln wie „Bewußt fruchtbar sein" oder „Mutterlust – Mutterfrust" und war erstaunt, was die Frauen da alles zuwege brachten und vor allem, daß ihnen am Vater gar nicht so viel gelegen war. Ich überlegte wieder, daß es auch ohne gehen müßte, war mir aber klar, daß ich nur Saure-Trauben-Philosophie betrieb, denn ich wollte ja ein Kind *und* einen Mann. Wenn ich wieder meine Monatsblutung bekam, weinte ich einen Tag lang und haßte den potentiellen Kindesvater. Allerdings war ich nicht bereit aufzugeben. Mein Kinderwunsch wurde immer heftiger und meine Überlegungen immer ausgeklügelter.

Als ich schließlich ganz fest entschlossen war, nahm ich mir kurzerhand eine Woche Urlaub und lockte meinen Freund tagtäglich und zu jeder nur verfügbaren Stunde ins Bett. Abgesehen von der Kinderzeugung hat uns das auch viel Freude gemacht. Als ich zurückfuhr, war ich schwanger. Jetzt mußte die nächste Entscheidung gefällt werden: das Kind allein aufziehen, wenn er partout nicht wollte oder sich trotz der vorerst noch so unvereinbar scheinenden Positionen auf Gemeinsamkeit einlassen und den Konflikt austragen. Ich schwankte hin und her, wünschte mir eine unbelastete, freudige Schwangerschaft und sah gleichzeitig eine Fülle von Problemen auf mich zurollen. An meiner Dienststelle war man nicht sehr erfreut. Meine Arbeit war eben erst ins Laufen gekommen und würde in absehbarer Zeit wieder verwaist sein.

Während ich schreibe, brüllt mein Kind und ich muß unterbrechen!

Da mein Freund über meinen Zustand nicht sehr erfreut war, fühlte ich mich zurückgestoßen. Ich hätte gerne die neue Situation gemeinsam mit ihm erlebt und mich gemeinsam gefreut. Damit war es nichts. Jede Bemerkung war ein Hieb auf meine ohnehin so wunde Stelle. Meine Freude war beeinträchtigt, meine Vorstellung, wie schön die Schwangerschaft sein und wie ich sie genießen würde, waren zunichte. Ich hatte keinen Mitspieler, sondern einen Zerstörer an meiner Seite. Da ich mich zur Trennung nicht entschließen konnte, bekam ich allmählich Wut auf das Kind in meinem Bauch. Ich hatte mir vorgestellt, von Liebe und Fürsorge umgeben zu werden. „Schwangerschaft ist nichts besonderes!", sagte mein Freund, und ich weinte. Für mich war es etwas besonderes. Schließlich war es mein Kind.

War ich allein, so schob ich den Konflikt beiseite und gab mich meinen Träumereien hin. Ich vergaß, daß ich etwas tun sollte, um die Bedingungen zu schaffen, die ich wollte. Das merkte ich etwas spät, und als ich es merkte, war ich schon hochschwanger.

Und während ich schreibe, speit mein Sohn gerade im Schwall auf den Boden!

Ich wollte nun doch mit meinem Freund zusammenbleiben. Als ich im siebten Monat war und mein Mutterschaftsurlaub begann, fanden wir eine Wohnung. Ich zog wieder einmal in eine andere Stadt, hochschwanger, ich kannte niemanden, wußte nicht, wo ich das Kind kriegen sollte und war in keiner Weise in wohlwollende Verhältnisse eingebettet, wie ich meinte, daß es einer schwangeren Frau zustand. Ich lamentierte, daß sowieso alles verhaut sei, und in solchen Verhältnissen ein Kind zu kriegen, das sei glatter Wahnsinn. Ich dachte, Wünsche, die Wünsche bleiben, sind doch viel schöner als solche, die Wirklichkeit werden. Ich konnte mich nicht länger meinen Gedanken und Träumereien hingeben, ich mußte handeln: Ärzte, Ämter aufsuchen, Formulare ausfüllen, Vorbereitungen treffen.

Und nichts stimmte! Da ich erst im fünften Monat der Schwangerschaft geschieden worden war, war mein geschiedener Mann noch rechtskräftiger Vater des Kindes, der leibliche Vater des Kindes hingegen sagte, wenn ich so gar nicht zu Rande kam: „Nun, es ist ja dein Wunschkind." Und ich fühlte mich wieder alleingelassen. Meinen Zorn richtete ich dann auf das Kind, das konnte sich nicht wehren und war so ein guter Angriffspunkt für mich – immer gegen die Schwächsten.

Und dann war er da, *der Felix*. Es war Abend, er blickte mich an und war so warm und weich und glitschig auf meinem Bauch, ich seufzte.

Die ersten Tage war ich sehr verliebt in ihn. Ich konnte es noch gar nicht fassen: Ich hatte wirklich ein Kind, ein wirkliches Kind.

Und während ich schreibe, schreit mein Kind vor Hunger!

Jetzt ist er zwei Monate alt, trinkt, scheißt, schläft, schreit und speit. Wenn er schreit, habe ich ein schlechtes Gewissen, ich komme mir als schlechte Mutter vor. Ich denke, aus den Tränen der Kinder von heute entstehen die Kriege von morgen. Wenn man sie nur rundum zufriedenstellen könnte. Aber trotz eines vollen Einsatzes ist das nicht immer möglich. Sie werden geplagt durch mitgeschluckte Luft beim gierigen

Trinken, sie haben es manchmal zu kalt, manchmal zu warm, sie werden krank, sie schreien.

Ich trage meinen Sohn durch die Wohnung, stundenlang, ich lege ihn hin und nehme ihn wieder auf, ich stecke ihm unzählige Male den Schnuller in den Mund, damit er getröstet in dieser unfreundlichen Welt doch einschlafen kann. Wenn ich stille, weiß ich nie, ob er zuwenig bekommt oder zuviel. Er zeigt es mir, indem er mich anspeit oder weiterschreit. Es ist ein ständiges Fragen nach den Bedürfnissen des Kindes, ein ständiges Raten. Wie oft gehe ich dabei falsch.

Und meine Bedürfnisse?

Ich bin schon froh, wenn ich irgendwann am Vormittag zum Frühstükken komme, wenn ich ein paar Stunden Schlaf habe und kurz einmal Milch und Zeitung holen gehen kann.

Das wird alles besser mit der Zeit, sagen wohlmeinende Leute. Ja, sage ich.

Das Kind kommt mir chaotisch und maßlos vor. Ständig hat es Bedürfnisse und kann nicht sagen, was es will. Daneben ist es ganz auf

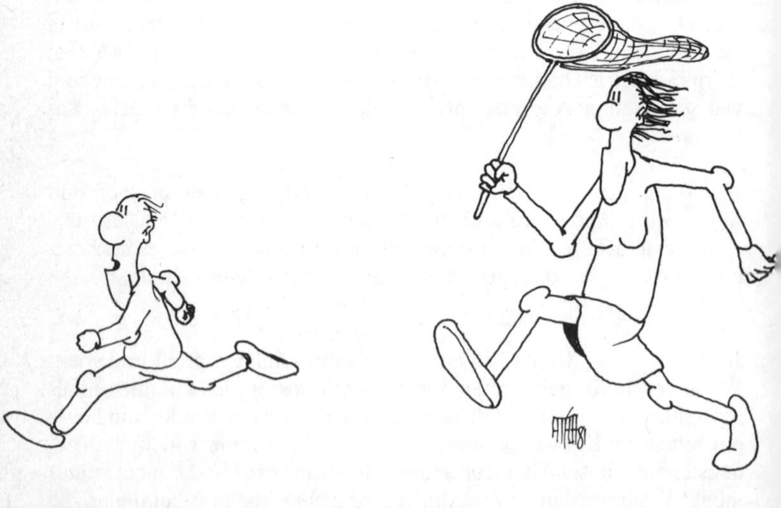

die Fürsorge seiner Umgebung angewiesen. Ich bin wieder auf Versuch und Irrtum angewiesen beim Erfüllen dieser Bedürfnisse.

Oft hasse ich diese Stadt und den Winter und daß ich mit dem Kind allein in der Wohnung hocke. Ich würde gerne mit einer zweiten Frau zusammenleben, die auch cin Kind hat. Ich frage mich, wie es beruflich weitergehen wird. Wenn mein Karenzjahr abgelaufen ist, muß ich wieder zurück übersiedeln an meine Arbeitsstelle, ich muß mir wieder eine Wohnung suchen, ich muß das Kind unterbringen, ich muß mich wieder umstellen, ich muß, ich muß, muß.

Inzwischen hat das Kind lachen gelernt. Es ist ganz aufgeregt, wenn ich es durch die Wohnung trage und es neue Dinge entdeckt. Ich freue mich an dem quirligen Körper und den aufgerissenen Augen. Seit das Kind da ist, fühle ich mich trotz aller Widrigkeiten stark, lebensbejahend. Wie mir eine Freundin schrieb: „Ein Kind verändert ja das Leben von Grund auf. Wenn man zu der Veränderung ja sagen kann und will, ist es gut. Schwerer wird es, wenn man, um seinen Freiraum besorgt, jede Mühe und Einschränkung abzumessen und nachzuzählen beginnt. Da ist es oft schwer, die Balance zu halten. Meine Erfahrung ist freilich, daß ein Kind der eigenen Existenz den notwendigen Ballast einbringt, ohne den man doch nur herumschwankt und immerfort mit dem Scheitern spielt. Das hat mich meine ganze Jugend verfolgt – bis ich endlich 27 war – und Mutter."

Und die Beziehung zu meinem Freund? Die ist oft zum Zerreißen gespannt. Ich fühle mich verantwortlich, wenn das Kind schreit, unruhig ist, nicht gedeiht. Er soll möglichst nicht gestört sein. Daneben bin ich auch noch Geliebte. Und wir legen uns zusammen ins Bett, und das Kind fängt zu brüllen an …

Ich habe ein Kind gewollt, ich habe es jetzt, ich möchte über Kinderwunsch schreiben und das Baby schreit und schreit und schreit!

In den Büchern lese ich, daß die Mütter erschöpft, aber glücklich sind. Ich bin oft erschöpft und unglücklich. Dann habe ich wieder ein schlechtes Gewissen, weil eine unglückliche Mutter ja kein glückliches Kind aufziehen kann. Ich kann mir aber selber nichts vormachen. Den Vater des Kindes möchte ich gerne heiraten. Ich wünsche mir eine richtige Familie. Der Vater des Kindes wünscht sich das nicht. „Nur keine heile Welt!", sagt er und vergißt dabei, daß auch mit Familie die Welt nicht heil wird. Er hat Angst, zu verbürgerlichen, und daß eine Heirat der Anfang vom Ende sei.

So lebe ich wieder in Verhältnissen, die mir nicht passen. „Es kommt darauf an, sie zu verändern!“ Das will ich versuchen. Zwischen dem, was ich dem Kind bieten möchte – frohe unbeschwerte Kindheit – und dem, was ich ihm bieten kann – Trostlosigkeit der Großstadt, Übersiedlungen, gespannte Beziehungen –, gibt es eine große Kluft. Wenn ich darüber nachdenke, werde ich mutlos. Daher lasse ich das Denken – in der Form des Grübelns – so viel als möglich sein und versuche, den Alltag so gut als möglich zu meistern. Das ist ein ewiger Kampf, der geführt werden muß, um die Bedingungen für schöne Erfahrungen zu schaffen. Wenn ich dem Kind einen Teil meiner eigenen Verwüstungen und Ängste ersparen kann, dann ist schon viel geschehen.

Soweit ich kann, möchte ich mein Kind menschlich, ideologielos aufziehen, für eine menschliche Welt.

Lange hat es gedauert – und es dauert immer noch – bis ich annähernd unterscheiden lernte, was das Baby wirklich tut, von dem, was es tun soll. Ich merke, daß ich selber vollgestopft bin mit mir unvereinbaren Normen, und daß ich das auch auf das Kind übertrage. Vorsicht also: Immer wieder Reflexionen über das, was ich tue und unvoreingenommene Beobachtung vor allem, damit ich die Realität nicht sehe, wie sie sein soll, sondern wie sie ist. Meine utopischen Gedanken lasse ich mir aber nicht nehmen, und ich bin auch bereit, etwas dafür zu tun.

Im Erfahrungsaustausch mit anderen, im Gespräch mit anderen Frauen, befreie ich mich von Vorstellungen, von Einschränkungen, sehe neue Möglichkeiten und feile an einer lebenswerteren Welt. Ich verwerte die Erfahrungen anderer, gebe meine eigenen weiter, lasse mich bestätigen, lasse mich widerlegen. Setze mich aus. Ständig wach sein. Das Kind wird weiterarbeiten. So hoffe ich.

Eva H.
Problemanalyse
Michael ist dagegen. Total.
Typisch Mann!
Aber wenn ich doch ein Kind von ihm kriege, könnte er garnix gegen machen.
Null Chance
Ein Kind haben, das ist schließlich mein gutes Recht als Frau!
Mein Analytiker sagt ja auch, daß ich mich zur Sensibilisierung meines Egos in eine Mutter-Kind-Dyade einbringen muß
du, der blickt wahnsinnig durch
Und alle Frauen, mit denen ich zusammen Diplom gemacht hab, sind alleinerziehende Mütter geworden
Du, weißt du, wenn Michael echt nicht will - heiraten ist eh Scheiße
du, heiraten ist totaler Wahnsinn
Das Problem ist halt, daß mein Analytiker das Problem mit dem Gummibaum als nicht echt aufgearbeitet empfindet
was'n für'n Problem?
du, weißt du, Michael hat mir doch mal 'nen Gummibaum geschenkt und mein Analytiker fragt sich, warum ich - wenn ich emotional echt ein Kind von Michael will -
warum vergeß ich dann immer wieder diesen Gummibaum zu gießen?!

Gudrun Reinke

GRUSSPETERBRÖTCHEN MIT GEKREUZTEM SCHINKEN

24 Stunden mit Anne
Eine Anrede

Du fragst, wie es Anne geht, lieber H., Anne geht's gut. Sie steht mit beiden Beinen auf der Erde oder hüpft mit einem von Stein zu Stein. Rotzfrech ist sie geworden, streitlustig manchmal, neugierig beinahe immer. Selbst wenn sie schläft. Dann entdeckt sie eine Welt voller Kinderträume, wo es Raben gibt mit Äpfeln im Schnabel, Pferde mit Flügeln und Wolken, die Märchen erzählen von Schokoladenbäumen.

Ich sitze dabei, in Gedanken oder Träumen versunken, stricke warme Pullover, denn der Herbst steht vor der Tür. Er legt uns schon sein goldenes Rotbraun zu Füßen, manchmal bücken wir uns und heben etwas davon auf: Kastanien, Eicheln, Maronen, Pilze und die feuchte Kälte, die unsere Nasen rötet.

Das Leben mit ihr macht Spaß, auch wenn es hoch her geht bei uns. Wenn Türen knallen, lautes Gebrüll durch die Räume dröhnt oder Schweigen herrscht, weil wir böse aufeinander sind. Das nimmt mir oft Kraft und Zeit, denn ich arbeite ja nach wie vor und genug.

Ich weiß, Du hast damals bewundert, daß ich das alles „so schaffe", erinnerst Du dich?

Es war schon seltsam. Ich hatte ein Kind und Du eine „Kinderwunschfrage". Du hast gesagt: Es gibt da etwas bei mir, so verborgene Wünsche und Träume, und: daß Du Dich manchmal nach einer Familie sehnst.

Ich weiß noch, als wir uns kennenlernten. Du kamst oft nachmittags. Ich saß meistens mit Anne auf meinem Bett und spielte mit ihr, las ihr vor, oder ich pusselte vor mich hin. Da standst Du dann, an den Türrahmen gelehnt und hast gelächelt. Als ich Dich danach fragte, hast Du gesagt: Manchmal stelle ich mir das schön vor, nach Hause zu kommen und das zu sehen. Aber ich habe Angst, die Verantwortung zu tragen. Das hat mich irritiert, auch, daß Du so viel fragst und analysierst und diskutierst. Der „subjektive Faktor" und der „objektive Faktor", so hieß es, glaube ich, immer bei Dir.

Letzterer ist mir mittlerweile bekannt. Ich weiß nicht mehr, worin er sich begründet; ich sehe und fühle ihn, und das wird durch das Leben mit Anne noch verstärkt. Wenn ich mit ihr durch die Straßen Frankfurts gehe, sehe ich die asphaltierten Straßen und betonierten Häuserfassaden wie riesige Hufeisen auf uns zukommen, und dann wünsche ich mir die Verwandlung in eine Riesin herbei, die alles mit zwei großen, kräftigen Händen einfach wegdrückt, einreißt und den Horizont freilegt, damit die Sonne uns endlich erreicht.

Da fällt mir ein – neulich fragte sie mich: Mama, ist die Sonne eigentlich ein Mann oder eine Frau? Weil mir so schnell nur der germanische Sonnengott Baldur einfiel, machte ich kurzerhand die Sonne zu einem Mann. Und der Mond? wollte sie weiter wissen. Eine Frau, sagte ich spontan, was ich schon Sekunden später bereute, weil ich mich erinnerte, daß der Mond sein Licht von der Sonne erhält.

Dann geht der Mann, die Sonne, am Tag arbeiten, und wenn er nach Hause kommt, dann geht die Frau, der Mond. Etwas verwirrt über solche Gedanken über Sonne und Mond murmelte ich, ja, so kannst Du es vielleicht auch sehen. Sie sagte eine Weile nichts und fügte dann hinzu: Weißt Du Mama, ich finde, die Sonne müßte eigentlich die Frau sein, die wärmt so schön! Mit so einem Satz wärmt sie dann mich.

Der „objektive Faktor" ändert sich dadurch nicht, aber manchmal ändert sich meine Sicht auf ihn. Und die ist klarer geworden, denn ich lerne mit Annes Hilfe, Wichtiges im Unwichtigen und Unwichtiges im Wichtigen zu erkennen. Und manchmal erkenne ich gar nichts, da ergreift mich eine blinde Wut. Dann stelle ich mir vor: Millionen Mütter, von der Art der Brecht'schen Mutter Wlassowa, erheben sich – sie haben erkannt, daß über das menschenwürdige Leben, das ihnen fehlt, nicht in der Familie entschieden wird. Noch erheben wir Mütter uns nicht. Noch lassen wir uns treten, schinden und für alles verantwortlich machen. Wir sollen mit Glitzerschleiern uns und unser Leben verdecken, um es erträglicher zu machen.

Aber manchmal vergesse ich ihn auch, den „objektiven Faktor". Gestern zum Beispiel, früh am Morgen: Ich lag, mit halbgeschlossenen Augen, in meinem Bett, als ich Anne in mein Zimmer treten sah. Sie stand da, im Nachthemd, mit ihrem Schlafbär im Arm. Ihre langen blonden Haare glänzten im morgendlichen Sonnenlicht, das durch die

Rollos ins Zimmer fiel. Ich beobachtete ihr schmales Gesicht und ihre wachen Augen.

Mama, steh auf, ich muß zur Schule, sagte sie plötzlich. Ich saß sofort in meinem Bett. Was? Wie spät ist es denn? Es ist schon halb elf, antwortete sie mir. Ich stieg eilig aus dem warmen Bett in die Kälte, in den Tag. Als ich, schon in Schuhen und Mantel, nach Anne rief, kam sie mir entgegen: Mama, Uli sagt, heute ist Samstag!

Du kannst Dir vorstellen, wie mir zumute war! Ich stand vor ihr, sprachlos. Mir war zum Lachen und zum Heulen. Freust Du Dich denn nicht, fragte sie. Statt ihr eine Antwort zu geben, ging ich an ihr vorbei, erst langsam, dann schneller und direkt in mein Bett.

Ich hörte sie hinterherkommen und hörte den Satz: Warum liegst Du mit Schuhen im Bett? Bei mir schimpfst Du immer. Du lachst jetzt wahrscheinlich. Ich, gestern früh zumindest, nicht. Ich sank in meine Kissen und beschloß, nur noch träumend zu leben. Ich stand auf einem Berg inmitten hüfthoher Heide. Der Wind strich sanft über mein Gesicht und von Ferne hörte ich das Meer. In gleichmäßigem Rythmus überspülten die Wellen den Sand und zogen sich wieder zurück. Anne hing schlafend in einem Tuch an mir, ihre Wärme strömte durch meinen Körper und ich empfand ein Gefühl der Zufriedenheit und des Glücks.

Mama, willst Du ein gekochtes Ei?, hörte ich plötzlich Anne fragen. Ich öffnete meine Augen und sah Anne, und ich wunderte mich über ihr Gesicht. Heidehonig und Meer, murmelte ich und tauchte zurück.

Kurze Zeit später hörte ich in der Küche ein Räumen und Klappern und Anne, die sang: Es tanzt ein Bibabutzemann in unserem Haus herum, wiedebum, es tanzt ... Als sie wenig später mit vollgestelltem Frühstückstablett in meinem Zimmer erschien, war ich schließlich auch ohne Traum zufrieden.

Wir frühstückten in Eintracht und Ruhe im Bett. Ich freute mich auf das Wochenende mit ihr, ohne Zeitdruck, mit wenig Arbeit. Wochenenden ohne Anne liebe ich natürlich auch. Da koch' ich nicht, da wasch' ich nicht, da häkel' ich keinen Puppenpullover und da beantworte ich keine Frage, die mit Warum beginnt. Das Warum-Spiel ist Annes Lieblingsspiel, und es wird immer schwieriger. Da bin ich froh, wenn jemand kommt, der mir das Mitspielen abnimmt. Wie am Abend des gestrigen Tages, dessen Beginn ich zu erzählen anfing.

Freunde kamen zu Besuch und dabei war auch Ossip, ein Mann, den sie noch nicht kannte. Sie fand ihn offenbar nett, denn ihm galten ihre Fragen. Warum bist Du denn hier?, begann sie. Wir wollen zusammen mit Deiner Mutter kochen bei Euch, antwortete Ossip höflich. Die kindliche Logik hat andere Gesetze als unsere. Welche – das konnte ich bei meinem Kind bisher noch nicht erforschen. Ich nehme es mir aber für meine Enkelkinder vor, falls Anne Kinder und keine „Kinderwunschfrage" hat. An dem Abend also fragte sie Ossip: Hast Du Kinder? Vielleicht dachte sie, daß er welche hat, sie aber zu Hause läßt. Ossip hat keine, also antwortete er mit Nein. Warum nicht, fragte sie, nun doch logisch für mich. Ratlosigkeit zeichnete Ossips Gesicht und er begann mit seiner Antwort. Hm, ja, also, ich weiß nicht. Sie muß seine Hilflosigkeit gespürt haben und sie hat ihm wohl helfen wollen, als sie sagte: Weil Du keine Frau hast.

Ich schluckte und verschwand zu den anderen in die Küche und nahm mir vor, zu denken: Sie ist alt genug, sie muß lernen, die Verantwortung zu übernehmen für das, was sie sagt. Das hat wenig genützt, denn als sie ihm erzählte: Meine Mama sagt, daß wir keine Kinder mehr kriegen, weil wir keinen Mann haben und sie arbeiten muß, rief ich, von Schamröte belegt: Aber Anne, das hast Du doch alles falsch verstanden!

Ossip kam zu uns in die Küche und sprach verständnisvoll: Das macht doch nichts, sie ist doch noch ein Kind. Es ist manchmal nicht nur anstrengend mit ihr, sondern auch peinlich, und ich muß schon äußerst gut gestimmt sein, um das zu haben, was in solcherart Situationen nötig ist: Gelassenheit.

Jeder mögliche Rest davon war an dem Abend vollends verschwunden, als sie wenig später, im Nachthemd und kurz vorm Schlafengehen sich nochmal an Ossip wandte und ihn fragte: Schläfst Du bei uns, Du Rocker? Das war zuviel, und ich wünschte mir märchenhafte Verhältnisse, in denen sich plötzlich der Boden auftut und man sang- und klanglos verschwinden kann. Ich sah mich im Geiste unter der Erde wüten. Mit wildwehenden Haaren stand ich vor der Hölle, laut fluchend forderte ich Einlaß, um Anne abzugeben.

Die Tür war verschlossen und niemand zu sehen. Kein Feuer, kein Ruß, nur diese schwarze verschlossene Tür und eine Stimme hinter mir, die sagte: Deine Tochter ist aber auch nicht auf den Mund gefallen.

Viele komische Geschichten hast Du mit uns erlebt und Du hast sie genossen, wie Du gesagt hast. Ich weiß noch, Du warst einmal einkaufen mit Anne, und sie durfte auf Deiner Schulter sitzen. Da kam eine Frau auf Euch zu und hat gesagt: Das ist aber fein, bei dem Papa auf der Schulter zu sitzen. Da soll Anne gesagt haben: Das ist nicht mein Papa, das ist mein Freund.

Du warst begeistert: So ein Kind, wenn es älter ist, das könnt' ich mir schon eher vorstellen.

Sie ist schon merkwürdig, diese „Kinderwunschfrage". Ich denke manchmal, sie läßt sich nicht diskutieren, denn es gibt keinen rational zugänglichen Grund, mit einem Kind zu leben. Es ist „laut, kostet Geld und Zeit". Diese Argumente habe ich schon von vielen gehört, und ein anderes von Dir, das wohl sehr ehrlich war: Ängste, Dein „subjektiver Faktor".

Aber ich habe manchmal den Verdacht, daß Ängste für alles herhalten müssen, was schwer zu erklären ist. Vielleicht sind sie vorgeschoben. Vor das, was vielen Menschen, auch den besonders kritischen, zur Gewohnheit geworden ist: ohne Verbindlichkeiten, vor lauter Argumenten entscheidungsunfähig geworden, leben sie ein Leben mit Kommen und Gehen, ohne Abschied und ohne Empfang.

Mit einem Kind leben heißt im Widerstand leben gegen vieles, was in diesem Land herrscht. Das ist manchmal schwer, und manchmal nicht. Wie an dem Tag gestern, dessen Ende ich Dir nun endlich erzählen will.

Der Abend mit den Freunden war schön, und als ich allein war, freute ich mich auf eine ruhige Stunde vorm Schlafengehen. Ich zündete Kerzen an und gönnte mir noch einen guten Wein. Bei Klaviermusik rollte ich mich in eine Decke ein. Draußen wütete der frühe Herbst. Zweige schlugen gegen das Fenster. Ich wickelte mich noch mehr in meine Decke ein. Ich betrachtete fasziniert dieses Abenteuer vor dem Fenster und traute meinen Augen nicht, als mir plötzlich der Mond erschien. Er sprang, kugelrund und kaum zu sehen, auf meinen Schaukelstuhl, und als er gerade himmlische Geschichten zu erzählen anfing, stand Anne vor mir.

Was ist denn mit Dir los, fragte sie erstaunt. Was soll denn mit mir los sein, fragte ich ebenso erstaunt zurück. Sie beobachtete mich eine Weile, mit einem besorgten Blick und sagte: Du guckst so komisch. Ich verstand sie zunächst nicht, und es dauerte lange, bis ich zu mir kam, und zu der Erkenntnis, daß es doch etwas spät war für eine Unterhaltung mit einem siebenjährigen Kind.

Ist der Kerl weg, fragte sie plötzlich in diesen Gedanken hinein. Der ist wohl wieder aus'm Fenster raus, antwortete ich spontan. Aus'm Fenster? fragte sie ungläubig, und ich ergänzte meine Antwort, ja, der hat auf'm Schaukelstuhl, ach Du meinst Ossip? Endlich begriff ich, wen sie meinte. Ja, wen denn sonst, fragte sie. Ich fühlte Empörung in mir wachsen und ein Bedürfnis nach Autorität. Ich fragte sie mit anschwellender Stimme: Sag' mal, was machst Du eigentlich hier? Ich hab' Hunger. – Um die Zeit?

Aber als ich sie mir genauer anschaute und sah, wie sie da stand, wieder mit diesem beeindruckend langen Nachthemd und ihrem zerdrückten Schmusebär, ergriff mich Mitgefühl, und ich fragte, etwas freundlicher geworden: Was willste denn?

Grußpeterbrötchen mit gekreuztem Schinken, antwortete sie da.

Nun frag' ich Dich, hast Du sowas schon mal gegessen? Ich nicht. Bevor ich mich jedoch auf meine mitternächtliche Grußpeterbrötchendebatte mit ihr einlassen wollte, ging ich wortlos in die Küche und schmierte ihr ein Stück Brot.

Als ich ihr dann die Schnitte reichte, strahlte sie mich an und ging kauend ins Bett.

Von Mond, Träumen und gesättigtem Kind verlassen, sehnte ich mich schließlich nach einem tiefen und langen Schlaf – mein „subjektiver Faktor" übrigens, der mich vor allem dann oft überfällt, wenn ich eigentlich noch wach sein will.

Da tröste ich mich meist mit Brechts Moldaulied, in dem es heißt: „Das Große bleibt groß nicht und klein nicht das Kleine, die Nacht hat zwölf Stunden, dann kommt schon der Tag."

Barbara Scharioth

KEINE RICHTIGE FRAU

Beobachtungen einer Kinderlosen
Ein Gedankenprotokoll

Haben Sie Kinder? Diese Frage wird in der Regel zum Nachtisch serviert. Denn Geschäftsessen bieten auf vielfältige Weise die Möglichkeit, dem Gesprächspartner auch menschlich näher zu kommen. So nennt man das wohl.

Sie hat sich angewöhnt, dieser Frage mit einem glatten Lächeln zu begegnen, dem Gegenüber direkt ins Gesicht zu schauen und je nach Situation ihr „nein“ zu dehnen, eine Pause einzubauen oder nach dem Kaffee zu fragen.

Kaum einer gibt ein Warum? zurück. Vielmehr gleiten je nach Typus gesprächsglättende Floskeln über den Tisch in der Art von: Was nicht ist, kann ja noch werden! Oder: Bei ihrem interessanten Beruf ... Den meisten Männern ist dieses lächelnde Nein unangenehm, oft sogar peinlich. Wieviel lieber sähen sie die gut funktionierende, dynamische Reklamefigur vor sich, die allen gängigen Klischees einer erfolgreichen, berufstätigen Frau, die alles schafft – Beruf und Familie – entspricht; die dasjenige verkörpert, was sie selbst in ihrer eigenen Ehe erfolgreich zu verhindern wissen.

Irgendwann hat sie begonnen, dieses Lächeln, das keine weiteren Fragen aufkommen läßt, einzuüben. Und sie hat gelernt wie sie – falls unvermeidlich – solche Gespräche führen muß: Sie antwortet mit einer Gegenfrage. Gemütvolle Väter erzählen sofort inbrünstig von ihren Kindern, nicht ohne auf kaum endende Schwierigkeiten mit ihnen hinzuweisen – quasi zum Trost. Denn trotz dieser wortreichen Klagen können sie sich ihre Ehe ohne Kinder nicht vorstellen. Sie glauben plötzlich, da sitze ihnen ein amputiertes Leben gegenüber, eine Frau, irgendwie beschädigt in ihrer Weiblichkeit. Eine Frau, die nicht Mutter ist – gleicht sie nicht der unverheirateten Tante, der auch heute noch geschmähten „alten Jungfer“, die nichts vom Leben weiß?

Saloppe Gesprächspartner greifen zum Scherz und reden von Freiheit, womit sie zweifelsohne die sexuelle meinen. Doch auch sie umgehen die plötzlich im belanglosen Gesprächsdunst aufgetauchte Klippe, indem sie einen schnellen Satz machen in ein anderes Terrain.

Berufstätige Geschlechtsgenossinnen kommentieren meist forsch die vermutlich absichtsvolle Kinderlosigkeit. Ein kurzes: Ja, wozu auch? leitet über zu der einen oder anderen Form wohlmeinender weiblich-solidarischer Zustimmung. „Mitgeführte“ Gattinnen nutzen die Chance, effektvoll stöhnend auf die unangenehmen Seiten ihrer Mutterschaft und des einhergehenden Hausfrauendaseins hinzuweisen. Zwangsläufig entspinnt sich dann einer jener öden, in allen Nuancen austauschbaren Dialoge: Höfliches Verständnis für die Situation der anderen; ein bißchen geplänkeltes Pro und Kontra Kinder, Fensterreden. Die vielzitierte Selbstverwirklichung der Frau, was immer damit gemeint sein mag, streben sie alle an – mit und ohne Kinder.

In letzter Zeit trifft sie häufig leidenschaftliche Mütter, die ihr Leben einteilen in die Zeit vor der Geburt und der bedeutungsvolleren danach.

Im beruflichen Kontext erlebt sie ihre Kinderlosigkeit als Form einer Behinderung, als Nichtfunktionieren des eigenen Körpers. Oder als Beweis ihrer maßlosen Selbstsucht, Karrierebesessenheit. Eine Frau, die ihren Beruf zu einem wichtigen Bestandteil ihres Lebens macht, die dasjenige tut, was die Gesellschaft per stillschweigendem Konsens den Männern abverlangt – oder sollte man besser sagen: zubilligt? – ist auf merkwürdige Weise unweiblich aufgrund eines physischen oder psychischen Defekts.

Denn welche Frau verzichtet schon freiwillig auf die Mutterrolle? Kann sich dies ein Vater, der unter einer berufsbedingten Distanz zu seinen Kindern leidet, kann er sich einen Verzicht auf die enge körperliche und emotionale Bindung *der Frau* zu ihren Kindern vorstellen? Seine Fremdheit erklärt sich ihm weniger aus der Wochenendvaterschaft als aus einer „natürlichen“, biologischen Funktion der Frau. Aber nicht nur Männer setzen Weiblichkeit mit Muttersein gleich. Viele Frauen beziehen aus dieser Analogie ihre Macht.

Ihre Kollegen betrachten sie bei konkreten Meinungsverschiedenheiten gelegentlich als Monster. Eine Frau, die mit ähnlicher Hartnäckigkeit wie sie selbst Kopf und Knowhow einsetzt, die ihren Beruf ganz offensichtlich ernst nimmt, ist irgendwie unberechenbar. Auch in diesem Zusammenhang verleiht man ihr gern das Etikett „unweiblich" – ein vernichtendes Urteil in den Augen jener Männer, die die Rolle der Frauen von ihrer eigenen ableiten.

Eine Zeitlang hat sie versucht zu argumentieren, für sich selbst und die anderen. Bis sie merkt, daß sie Verteidigungslinien aufbaut. Das Gespräch über ihre Kinderlosigkeit gerinnt zum taktischen Scharmützel, wird Teil der beruflich abverlangten Harmonisierung. Ihr Versuch, aus dieser Art Unterhaltung ein Spiel zu machen – Ironie gegen Biedersinn – endet stets mit einem vorzeitigen Matt. Der Spaß bleibt auf der Strecke, der Magen schmerzt, der Mund wird trocken.

Allmählich begreift sie, daß die professionelle Frage keine wirkliche Hürde bedeutet, auch keine sein kann. Denn tiefsitzende, platzgreifende Unruhe befällt sie erst im Umgang mit Kindern. Im Gespräch, bei der Beobachtung, im körperlichen Berühren entstehen Gefühle von Wärme und Gemeinsamkeit, spürt sie Verwunderung und Staunen, Unmittelbarkeit und Überraschung auch über das eigene Denken und Handeln. Das Leben hat plötzlich ein neues Gesicht, ein nicht vorausgesehenes, phantastisches. Logik ist nicht gefragt, dafür Vorstellungskraft und Einfälle. Trösten, erklären, Stummsein sind wichtig. Sie braucht keine Gummibärchen oder Schokoriegel – ein Lachen, eine Geschichte klären den Kummmer. Im Beisein von Kindern verläßt sie ihren eingeübten Blickwinkel, klettert herunter vom Hochsitz, der da heißt Verstand. Weiß sie, was sie ausklammert aus ihrem Leben?

Sie fragt Freunde. Was hat Eure Entscheidung für Kinder beeinflußt? Wie lebt Ihr jetzt, mit Kindern? Sie hört und sieht viel Widersprüchliches. Sie besorgt sich Bücher, liest vieles quer und gegen den Strich. Je mehr ihre innere Unruhe wächst, umso eindeutiger wird ihr Verhalten: Es läßt kaum noch Fragen zu. Sie stellt sich stets und überall ganz selbstverständlich als kinderlose Frau dar.

Wie wichtig ist ihr der Beruf? Wieviel von ihrer Person wird da verschüttet im alltäglichen Ritual? Von Männern gestaltet und unhinterfragt weitergeführt ist der Arbeitsalltag noch immer geprägt vom allseits hochgehaltenen „Gegensatz der Geschlechter“, von der angeblichen biologischen und geistigen Beschaffenheit von Mann und Frau.

Doch sie liebt die Eigenständigkeit ihrer Gedanken, die aktive Teilnahme an vielerlei Fragen, die Gespräche und Anregungen, die kreativen Prozesse, die kontroversen Dispute. Sie kann sich ein Leben ohne stets neue intellektuelle und sachliche Herausforderungen nicht vorstellen.

Die Polarität von Beruf und Kindern sei konstruiert, meint eine Freundin. Man könne, ja, man müsse sogar beides miteinander vereinbaren – als Frau! Der Beruf könne nur einen Teil des Lebens ausmachen. Ein Leben mit Kindern, eine „richtige“ Familie zu haben – das erst gäbe Weiterungen, Erfahrungen, die zur Selbstfindung führten. Kinder als Instrument für das eigene Ego?

Mit ihrem Lebenspartner diskutiert sie die Kinderfrage nicht mehr. Er kennt ihre Geschichte, ihre Verletzbarkeit. Er weiß, welchen Stellenwert ihr Beruf für sie besitzt und schätzt die Freiheit, die ihr Job ihm läßt. Manchmal wünscht er sich Kinder. Dann „leiht“ er sie sich bei Freunden oder Verwandten. Er wäre ein liebevoller, verständiger Vater.

Sie ertappt sich dabei, wie sie immer häufiger an ihre Schwangerschaft denkt. Berufliche und finanzielle Unsicherheit damals, Einzimmerwohnung, Nierenversagen; graue Wochen auf der Entbindungsstation, Kaiserschnitt, Totgeburt. Ihr Versagen als Frau wurde überlagert von ihrem jammervollen körperlichen Zustand. Sie suchte neue Anfänge mit ihrem Partner. Schmerz, Unsicherheiten. War sie noch diejenige, die er sah, gesehen hatte – davor? Arbeit, Reisen, Studium. Läßt sich Gesundheit herstellen? Sie packt sich mit Arbeit zu, ist geschäftig, auch erfolgreich.

Die Kinderfrage erledigt sich durch medizinischen Rat. Und der Kinderwunsch? Die Entscheidung für oder gegen eine Adoption wurde nie gefällt.

Bald wird man aufhören, ihr Fragen zu stellen. Nicht mehr lange wird sie als gebärfähig gelten. Ihre Berufstätigkeit wird sie geprägt haben. Sie wird die selbstbewußte Egoistin darstellen, deren ganzer Elan in ihr Berufsleben geflossen ist. Männer und Frauen verübeln ihr das – schon jetzt.

Sibylle Quack

EIN KIND, ABER KEINEN MANN!

Verzicht auf den Partner, von Anfang an
Erklärungen

Manchmal komme ich mir vor wie in der Diaspora: geächtet, verfolgt, allein gelassen, gleichwohl kämpferisch.

Ich bin für alle eine Provokation. Ob links, ob rechts, ob Mann, ob Frau – ob Freund, ob Feind: alle fühlen sich herausgefordert. Seit ich mich dazu entschlossen habe, ein Kind zu bekommen, ohne in einer Beziehung zum Vater oder wenigstens zu einem anderen Mann zu stehen, weiß ich, wie schwer es ist, gegen den Strom zu schwimmen. Und so allein! Hätte ich eine Religion, eine „Bewegung", große Ideen und Theorien hinter mir. Aber ich handele nur so, wie es mir mein eigenes Gefühl eingegeben hat.

„Das finde ich aber mutig, so ohne Mann, ich könnte das nicht", sagen die Frauen aus der Schwangeren-Gruppe. Und weisen gleichzeitig daraufhin, wie gut es ihnen jetzt in ihrer Partnerschaft geht, wie ihre Männer oder Freunde sie in dieser Situation unterstützen.

Sie bekommen so viel Zuwendung und Zärtlichkeit und – schließlich: man braucht das doch, gerade jetzt.

Ich kriege Schuldgefühle. Ich kriege Defizitgefühle.

Ich *soll* Schuldgefühle, *soll* Defizitgefühle kriegen.

„Du mußt dich doch manchmal furchtbar einsam fühlen", insistiert eine Freundin, die ihren Partner über eine Annonce in einer Wochenzeitung gesucht und gefunden hat, feindlich.

Ich fühle mich einsam. *Soll* mich einsam fühlen.

Dieselbe Freundin zerbricht sich den Kopf über den Vater meines Kindes. Ob der sich nicht ausgebootet, ausgenutzt vorkomme? Und sie verweist auf einen Artikel in einer Zeitschrift, der ihr aus dem Herzen gesprochen habe.

Ich beeile mich, den Artikel zu lesen. Er ist unsäglich. Eine weinerliche Abrechnung mit einer bösen harten Frau, die in Wirklichkeit nur Frauen liebt und eines Nachmittags einen weichen, liebevollen jungen Mann zum Tête à Tête bestellt, verführt und – Zweck dieser Übung – von ihm schwanger wird. Der arme Kerl hat das Nachsehen, liebt doch Kinder und möchte so gerne mit der Frau zusammenleben. Aber er darf nicht. Stünde nicht hinter den Zeilen eine moralische Verurteilung von Frauen, die alleine Kinder kriegen wollen, ich könnte achselzuckend zur Tagesordnung übergehen. Aber der Artikel ist von einer Frau geschrieben, und eine Frau aus meinem Freundeskreis (vielleicht noch mehrere?) denkt genauso.

Ich werde wütend. Bevor ich als Frau nach meinen Gründen gefragt werden, warum ich mich entschlossen habe, ein Kind ohne den Beistand eines Mannes auszutragen, bin ich bereits verurteilt, und der „arme Mann" wird heftig verteidigt und mütterlich in Schutz genommen.

Ich beginne also, mein „unmögliches" Verhalten zu erklären. Sage, daß ich wahrscheinlich andere Erfahrungen mit Männern gemacht habe als die Frauen, die sich entschließen, gemeinsam mit Partnern die Kinder zu kriegen. (Das stimmt doch gar nicht, schießt es mir durch den Kopf.) Schlechtere Erfahrungen also? Sofort stellen sich Minderwertigkeitsgefühle ein: Ich bin wohl „beziehungsunfähig", womöglich werde ich immer verlassen, die arme Sitzengelassene also? Ich versuche, im Gespräch offensiv zu bleiben. Für mich sei es schwerer, in einer Beziehung ein positives Verhältnis zu dem Kind zu entwickeln, sage ich. Ich kenne mich; weiß, daß ich in Beziehungen zu Männern dazu neige, mich schwach zu fühlen und dann auch tatsächlich zu sein. Weiß um das Wechselspiel zwischen Macht und Ohnmacht in meinen Beziehungen, um meine oft von den Männern ganz unabhängige freiwillige Unterordnung. Und wenn ich kämpfte, wenn ich versuchte, einen gleichberechtigten Zustand herzustellen, zerbrach die Beziehung.

Also erwog ich den Gedanken, aus freiem Entschluß heraus, von Anfang an auf den Beistand eines Mannes zu verzichten. Mich konsequent zu der Erfahrung zu verhalten, daß ich ohne Zweierbeziehung stärker bin.

Wichtig ist mir jetzt, daß ich das positive Verhältnis zu dem Kind in meinem Bauch behalte. Aber bei Gesprächen mit „normalen", „konventionellen" Schwangeren schiebt sich über dieses positive Gefühl oft der Eindruck des Versagens, des Nichterfüllens einer Norm.

Ich will kein Prinzip daraus machen, will nicht anderen Frauen raten, ebenfalls auf diesen Moment der Sicherheit und Stärke und vor allem des Sich-Selbstvertrauens zu warten. Aber es wäre schön, sich bei diesem Weg nicht so alleine fühlen zu müssen, Bündnisgenossinnen zu haben. Allein kann es einem schwer werden.

Es wird viel verlangt: Verständnis für die Situation der anderen Frauen und Ruhe für die eigene. Ich muß aufpassen, daß ich mich im Gespräch mit den anderen Frauen nicht verhärte, nicht rigide werde; mich nicht in eine Heilslehre flüchte.

Warum willst du überhaupt ein Kind, so wie du lebst? Diese Frage wird mir jetzt oft gestellt. Und überall droht der erhobene Zeigefinger. „Kinder sind nicht Liebesersatz, Kinder sind nicht Ersatz für ein zerbrochenes Lebensziel, Kinder sind nicht Füllmaterial für die Leere unseres Lebens, Kinder sind eine Verantwortung und eine schwere Aufgabe" heißt es oberlehrerhaft in einem von der Frauenbewegung für gut befundenen Schwangerschaftsbuch. Und auch in einer Titelgeschichte des „stern" über den „Mythos Mutterliebe" unterteilt die Autorin streng in zwei Arten von Müttern: diejenigen, die aus wahrhaft emanzipatorischen Gründen, vernünftig und stark, beschließen, Kinder zu haben, und diejenigen, die sich ihr verpfuschtes Leben über ein Kind retten wollen, einen Lebensinhalt brauchen.

Ich frage mich, wer eine so sauber geteilte Psyche hat. *Ich* gebe offen zu, alle diese Schrecklichkeiten in meinem Herzen erwogen zu haben, und mich dennoch nicht der Verpflichtung und Verantwortung dem neuen Menschen gegenüber entziehen zu wollen. Ich fühle mich auch stark genug, das Kind selbständig werden zu lassen, es nicht in eine lebenslange Symbiose zu zwingen. Jedenfalls spüre ich die Gewißheit, mich so gelassen auf das Kind einstellen zu können, wie es ihm zusteht. Es wächst in mir, *ich* bin verantwortlich, ich kann die Verantwortung nicht teilen, nicht delegieren, ich, ganz allein ich, muß sie übernehmen. Das ist gut so. Schwerer ist oft leichter. Und Leichtigkeit kann verdammt schwer sein.

Vielleicht spüren davon die Frauen etwas, die den „leichteren" Weg gehen. Früher war es einfach: da konnte man eine Frau, die ohne Mann ein Kind austrug und aufzog, bemitleiden: denn sie war von einem Bösewicht verlassen worden. Jetzt geht eine Frau freiwillig den Weg allein: das bedroht, das provoziert. Dadurch wird man selbst und die Beziehung zum Partner in Frage gestellt. Kein Wunder, daß viele aggressiv, weil verunsichert, reagieren.

Dorothee Neukirchen

GRETCHENFRAGE

Anke und Philips Kinderwünsche.
Szenen aus dem Drehbuch für die Filmkomödie „Dabbel Trabbel“

Personen der Handlung:
Anke Rhode, Rechtsanwältin
Philip Rhode, Hilfsreferent in einem Ministerium
Lisa, Studentin
Bille Raster, Universitätsassistentin
Ulrike Brasig, Rechtsanwältin

Szene 2: Wohngemeinschaft, Küche *Innen/Nacht*

Philip Ich habe eigentlich Lust umzuziehen. Man muß sich leicht ohne Last verändern können.

Bille steht auf und beginnt betont aufzuräumen.

Wie wärs mit einer schönen Atelierwohnung durch zwei Etagen?

Anke Sehr kindergerecht!

Philip Wer sagt denn was von Kind?

Anke Ich!

Das Telefon klingelt. Bille geht in die Diele.

Philip Ich kann keine Frau brauchen, die nur vom Windelnwaschen redet.

Lisa Jetzt geht *das* wieder los!!

Anke Erstens sollst du mich nicht gebrauchen, zweitens wäscht heute kein Mensch mehr Windeln und drittens heißt Mutter werden noch lange nicht, seinen Verstand im Kindbett zurückzulassen.

Philip Der Verstand wird nicht zurückgelassen, er wird „kindgerecht“ reduziert. Und wenn dann Mama Papa nur noch Papa nennt und Papa Mama nur noch Mama …

Anke Warum sollen wir uns denn ändern? Das Kind wird einbezogen.

Philip Ich seh dich schon mit dem Säugling vor Gericht.

Er spielt die Szene vor, als hätte er ein Baby im Arm.

„Verehrter Herr Vorsitzender, entgegen dem hier entstandenen Bild möchte ich zugunsten – pscht! – meines Mandanten geltend machen, – pscht, alle meine Entchen, schwimmen auf dem See, schwimmen auf ...

Szene 7: Wohngemeinschaft, Küche *Innen/Tag*

Verschlafene Sonntagmorgenstimmung, Radiomusik, Zeitungen, ein halb abgegessener Frühstückstisch. Lisa reckt sich, liest weiter. Philip im Kimono, mit dickem Schal, ist demonstrativ krank. Anke bringt ihm ein Kamillendampfbad und deckt ihm ein Handtuch über den Kopf. Philip kriegt sofort einen Hustenanfall. Lisa ißt Hipp-Babynahrung und liest aus der Zeitung vor.

„Ein Menschenleben kostet im Durchschnitt 408000 Mark. Ein Vollzeitbeschäftigter ist mit 650000 Mark dreimal so teuer wie eine Hausfrau."

Anke Wer sagt das?

Lisa Berechnungen, ob sich ein Rettungshubschrauber lohnt. „Die Rechenmethode spricht bei der Umsetzung von menschlichem Leben in Mark und Pfennig von den Aufzuchtkosten, die der Mensch als Kind bereitet."

Philip brummelt unter dem Handtuch.

Philip Siehst du, ein Kind ist viel teurer als eine Eigentumswohnung.

Anke weiß, daß das, was sie sagen wird, eine kleine Bombe ist. Leichthin:

Anke Ich soll eine Pillenpause einlegen.

Absolute Stille. Unter dem Handtuch

Philip Wie stellst du dir das vor?

Anke beißt in ihr Frühstücksbrot.

Anke Ich nehme keine Pille mehr.

Philip taucht auf

Philip Wenn etwas passiert?

Anke deckt ihn wieder zu.

Anke Kinder gehören zum Leben.

Philip Kinder sind eine Ersatzbefriedigung für Menschen, die selber nicht leben können.

Anke setzt sich dicht neben Philip, streichelt seinen Arm.

Philip Hör auf, mich zu kitzeln.

Anke Ich kitzle dich nicht, ich habe dich gestreichelt. Du kannst doch nicht gegen Erfahrungen sein, bevor du sie gemacht hast.

Philip Ein Kind ist keine Erfahrung.

Er taucht kurz auf.

Ein Kind ist eine Falle!

Er verschwindet wieder unter dem Handtuch.

Anke krabbelt Philips Arm.

Philip Hör auf mich zu streicheln!

Anke Jetzt habe ich dich gekitzelt. – Sei doch mal ein bißchen mutig.

Philip taucht endgültig auf, trocknet sein Gesicht ab.

Philip Das ist keine Mutprobe!

Anke ärgert sich über diese unqualifizierte Bemerkung, nimmt wütend die Schüssel und schüttet das Kamillenwasser aus.

Anke Ich seh uns schon alt werden, wie Hütelchen und Tütelchen. Nachher schenken wir uns noch Teddybären zum 40. Geburtstag aus lauter Verzweiflung.

Philip trinkt Milch wie Medizin.

Philip Das mit der Pille ist jedenfalls unfair von dir.

Anke Wieso ist das unfair von mir, wenn *du* kein Kind willst?

Szene 19: Wohngemeinschaft, Küche *Innen/Nacht*

Eine nächtlich-rotweinselige Stimmung. Neben der Spüle schmutzige Töpfe, auf dem Tisch Reste, Brotstücke, Käse, Oliven. Bille sitzt auf der Fensterbank und raucht selbstgedrehte Zigaretten. Ulrike strickt. Lisa spielt perfekt und klassisch Flöte.

Ulrike Wie Zahnziehen, sage ich Euch. Nicht schlimmer. Eine Sterilisation ist bei Männern ein Klacks. Keine Vollnarkose, nichts.

Ulrikes Augen tun weh, sie nimmt ihre Haftschalen raus.

Aber denkst du, die wollen das wahrhaben? Da schicken sie lieber ihre Frauen ins Krankenhaus.

Anke Das ist alles eine Frage der Aufklärung.

Eine Haftschale ist runtergefallen.

Ulrike Nicht bewegen!

Philip kommt naßgeregnet in die Küche. Er bleibt erschrocken in der Tür stehen. Lisa erklärt:

Lisa Haftschalen.

Philip schüttelt seinen nassen Mantel aus, wirft ihn über einen Stuhl.

Bille Bist du aufgeklärt Philip?

Philip Immer.

Er macht einen langen Arm zum Rotwein, aber der Tisch ist zu weit weg. Er macht einen vorsichtigen Schritt. Ulrike protestiert.

Bille Würdest du dich sterilisieren lassen?

Philip Ich mich?

Ulrike Du Dich!

Ulrike hat die Haftschale gefunden, verpackt sie im Kästchen und setzt die Brille auf.

Philip macht sich über die Essensreste her.

Ulrike Die Frage war, ob du dich sterilisieren lassen würdest?

Ulrike und Philip sprechen in einem aggressiv ironischen Ton miteinander. Philip befingert Ulrikes Strickzeug.

Philip Lila, die Farbe der Bewegung.

Ulrike Du brauchst gar nicht abzulenken.

Philip holt groß aus, doziert.

Philip Wenn ich die Wahl habe zwischen der problematischen aber nicht definitiven Pille und der unproblematischen aber definitiven Sterilisation, dann entscheide ich mich lieber für die problematische aber nicht definitive Pille. Klar?

Philip angelt sich eine Zigarette vom Tisch. Nach einer Pause reden alle gleichzeitig.

Ulrike *Du* mußt die Pille ja nicht nehmen.

Lisa Sonnenklar.

Bille Warum lehnst du eine definitive Lösung ab? Ich denke, du willst grundsätzlich kein Kind?

Ulrike Dann kannst du wenigstens nicht mehr hinter deinen eigenen Entschluß zurückfallen.

Philip Man soll niemals niemals sagen.

Diesen letzten Satz hat Anke sehr genau registriert. Philip fängt ihren Blick auf und knickt seine nicht angezündete Zigarette in drei Teile.

Da käme ich mir nur halb vor.

Ulrike Die drei Samenfäden weniger merkst du überhaupt nicht.

Philip Mindestens 90000.

Bille Unser Überschußproduzent!

Philip denkt, Angriff ist die beste Verteidigung.

Philip Was ist denn eigentlich mit eurem Gebärstreik? Große Ankündigungen. Die Macht der Frauen, alles bricht zusammen, wenn ihr keine Kinder mehr kriegt.

Anke Gebärstreik ist Quatsch.

Bille und Ulrike fallen gleichzeitig über Anke her.

Ulrike Die einzige Möglichkeit! Wer heute noch Kinder kriegt, ist unverantwortlich.

Bille Unter bestimmten Umständen ist der Anspruch auf privates Glück fahrlässig.

Philip ist froh, die Debatte umgelenkt zu haben. Er nimmt sein Rotweinglas und verläßt die Küche.

Ulrike Frauen, die Kinder kriegen, gehen der Bewegung verloren.

Anke Eine Bewegung die ausstirbt, kannst du dir an den Hut stecken.

Lisa Ich weiß auch nicht, ob ich den Mut hätte heute, ich meine, in diese Umwelt ...

Ulrike Guck dir die Statistiken an: Jedes 16. Kind wird schon mißgebildet geboren. Vor 40 Jahren waren es nur jedes 125ste.

Anke Man kann sich auch gleich eine Kugel durch den Kopf jagen.

Bille und Ulrike finden diesen Ausbruch von Anke irrational. Anke fühlt sich unbehaglich.

Anke Es hat immer Schwierigkeiten gegeben, Krankheiten, Kriege, Hungersnöte.

Bille Die gegenwärtige Situation ist historisch absolut unvergleichbar ...

Ulrike Dein ganzer Kinderwunsch ist doch nur eine subtile Wiederholung des alten Mutterterrors.

Szene 20: Wohngemeinschaft, Ankes Zimmer *Innen/Nacht*

Anke und Philip liegen im Bett.
Anke streichelt ihn.
Philip wird auf einmal ganz ernst.

Philip Begreifst du nicht, daß ich Angst habe.

Anke Es geht dir doch nichts verloren.

Philip Wie soll ich ein Kind haben, wenn ich selber noch nicht weiß, wer ich bin.

Er küßt sie besitzergreifend.

Ich brauche dich, ungeteilt

Anke Ich möchte das Kind nicht gegen dich, ich möchte es mit dir.

Philip Es muß doch einen Grund haben, daß ich mir nicht vorstellen kann, Vater zu sein. – Wenn es mir zu eng wird, das ertrage ich nicht. – Ich kann mich nicht zubauen.

Anke Warum wolltest du eigentlich unbedingt heiraten?

Philip Weil du das überflüssig gefunden hast.

Szene 21: Wohngemeinschaft, Ankes Zimmer/Küche *Innen/Tag*

Am nächsten Morgen.

Anke schläft in Philips Arm. Der Wecker klingelt.

Anke will aufstehen. Philip hält sie zurück, gibt ihr einen Kuß und ein Thermometer. Anke schiebt das Thermometer unter ihre Zunge, steht aber trotzdem auf.

Philip Du mußt liegenbleiben, Liebling.

Anke Ich habe einen wichtigen Termin.

Sie rennt – mit dem Thermometer im Mund – in die Küche, setzt Kaffeewasser auf, sieht in den Kühlschrank, trifft im Flur auf Lisa.

Wenn du Brötchen holen gehst, bringst du Milch mit?

Lisa versteht sie nicht, da sie wegen des Thermometers undeutlich spricht.

Milch! Milch ist alle.

Philip geht ins Bad, muffelt Anke an.

Philip Wenn du Volksreden hältst mit dem Ding, kannst du die Messerei gleich sein lassen.

Anke Ist das ein Vorschlag?

Philip Nein!

Er knallt die Badezimmertür zu.

Anke geht in ihr Zimmer, nimmt das Thermometer aus dem Mund, liest ab, macht einen Strich auf der Tabelle.

Friederike Hassauer

KARRIERE, KINDER, KOLLEGEN

Übungen im Kosten-Nutzen-Denken
Ein Essai

Der Druck von außen

Die Schonzeit ist jetzt vorbei. Ich bin dreißig. Promotion abgeschlossen. Stelle an der Universität.

Bei der letzten Konsultation fand mich der Gynäkologe – „wenn Sie meine Frau wären" – längst überfällig. Wie lange ich denn noch warten wolle, in meinem Alter. Mit einem Mal sei es zu spät. Dann wären die Frauen verzweifelt, und nichts und niemand könne ihnen mehr helfen. Verfehltes Leben. Als Frau gescheitert. „Ich weiß, wovon ich rede."

Ich nicht. Das macht den Unterschied.

Meine mütterliche Freundin Hanna rechnet mir über Christstollen und Kaffee plötzlich Empfängnisquoten und Mißbildungsraten im Verhältnis zum gebärfähigen Alter vor. Ob mir nicht in zehn Jahren der Berufserfolg, den sie natürlich bewundere, mit einem Mal „schal und leer" vorkomme. Bücher könne ich immer noch schreiben, aber Kinder – Kinder kann man nur einmal bekommen. Unwiederbringlich dahin, verloren, vorbei. Auch sie, Mutter von zwei Kindern, weiß wovon sie redet. Ich nicht?

Wenn es ihn gibt – meinen ureigenen Kinderwunsch, dann bin ich noch nicht zu ihm vorgedrungen. Vorläufig spüre ich nur den Druck von außen. Den sozialen Kinderwunsch statt des individuellen. Den dumpfen Sog des Normalen, des Selbstverständlichen, des Natürlichen, des Erwarteten. Des *Eigentlichen,* das mit der Frauen-Rolle, mit Biologie, nicht aber mit meiner Person zu tun hat. *Eigentlich* soll ich zum Kinderkriegen gemacht sein. Die Maschine ist auf eine bestimmte Produktionskapazität ausgelegt. Mein Uterus wird nur auf halbe Schicht gefahren. Das Gebärpotential ist nicht ausgeschöpft, liegt brach.

Tu was, sonst ist es zu spät.

Faszinosum und Obszönität öffentlicher Heiraten wie der von Königin Silvia oder Lady Diana liegen für mich gerade darin, daß einem hier kollektiv dieses *Eigentliche* vorgeführt wird. Die Berichterstattung vor, während und nach der Vermählung ist wenig mehr als glanzvoll verbrämte Spekulation über prospektive und eingetretene Schwangerschaft. Darin erschöpft sich die genealogische Funktion der betreffenden Damen.

Innenperspektive

Natürlich habe ich Angst. Das intellektuelle Potential auszubauen und auszuschöpfen statt das Gebärpotential – darauf wird bei Frauen viel weniger gedrängt. Das soziale Bild von weiblicher Selbstentfaltung, von weiblicher Produktivität und Rentabilität macht nach wie vor Halt vorm professionell genutzten Hirn. Anscheinend hat man mir bis zur Dissertation einen sozialen Schonraum zugebilligt. Daß ich jenseits dieser Schwelle mich weiter qualifizieren, an der Universität bleiben, auch meinem Ehrgeiz folgen und dem Vergnügen an dieser Arbeit nachgeben will, heißt wohl: den Schonraum überstrapazieren.

Jetzt wird eingeklagt. Von wem?

Mit Mühen und entsprechenden psychischen Kosten, unter glücklichen Zufällen und günstigen Umständen habe ich mir einen Raum schaffen können, in dem ich als „professional“ akzeptiert werde. *Wenn* man dieses berufliche Profil einmal entwickelt hat, ist man nach den Regeln des Betriebs geschlechtsspezifischen Anfechtungen weniger ausgesetzt, kann dann ungestörter arbeiten. *Daß* man dieses Profil als Frau an der deutschen Universität überhaupt entwickeln kann, sich den Einstieg zutraut, ihn wagt, dann durchhält, daß man sich zu seinen Berufswünschen bekennt – dazu müssen auch heute noch untypische glückliche Voraussetzungen zusammen kommen. Ein Partner, der stützt, der Durststrecken und Erfolge mitträgt, sich mitfreut und nicht mit Rivalität reagiert. Universitätslehrer, die kontinuierlich individuell betreuen, fördern, Mut machen, Möglichkciten sehen statt auf Geschlechtsrollen zu reduzieren.

Jetzt ist für mich die erste Aufbauphase zu Ende. Jetzt sehe ich Ergebnisse. Professionelle Identität entsteht. Ich habe zuviel Zeit und Leben investiert, um dahin zu kommen, mir ist diese Forschungs- und Lehrarbeit zu wichtig, als daß ich jetzt alles für ein Kind aufs Spiel setzen würde.

Noch einmal: der äußere Druck

Und jenseits dieses eng umgrenzten Arbeitszusammenhangs, in dem man den eigenen Ort entwickeln und selbst bestimmen konnte? Jetzt kommen die Angriffe von außen. Von einer „Öffentlichkeit", an die man – gerade erst stabilisiert – mit seiner Berufstätigkeit tritt. Ich gehe meinetwegen zu einem Universitäts-Arbeitskreis „Frauen in der Hochschule". Eine Studentin, hochschwanger, beklagt sich über Schwierigkeiten mit den Prüfern, mit dem BAföG-Amt – denn die Geburt ihres Kindes fällt in ihre Examenszeit. Für mich wäre eine solche Situation undenkbar gewesen – das Ungeborene dem Examensstreß auszusetzen und die Arbeit für das Examen durch die Geburt, durch die Hinwendung auf das Kind zu unterbrechen. Für sie sind die Prioritäten klar: Der Hochschulbetrieb muß den Arbeitsbedingungen von Müttern angepaßt werden. Später wird in der Gruppe über Quotierungsgesetze diskutiert, die bei Bewerbungen um einen Lehrstuhl bevorzugt Frauen auf Professorenstellen bringen sollen. Dieselbe Studentin sagt: „Bevor wir für einen Frauenbonus sind, müssen wir erst einmal die Bewerberinnen unter die Lupe nehmen. Wir wollen keine Karrierefrauen pushen."

In neuer Form das alte Vorurteil, die alte Trennung in ‚weibliche' und ‚männliche' Frauen? Was hilft? Aggressiv die Berufsrolle spielen, sich den Schuh anziehen? Die Uniform der Karrierefrau buchstabiert längst jede Modezeitschrift: Blazer, Weste, Krawatte, Pumps, Faltenrock. Für die Provokation der Frauen im lila Overall braucht man dann nichts mehr zu tun – sie läuft von selbst.

Vorwärtsverteidigung also, Anpassung an die herrschenden Geschäftsbedingungen des Betriebs? Das soll helfen?

Manchmal. Vielleicht. Die Rolle tragen wie ein Kleid, spielen, wenn es nötig ist. Die eigene Identität geht nicht auf darin. Es ist die Entscheidung für das *Oder*, weil man das *Entweder* nicht ertragen konnte.

Eine Lösung ist es nicht.

Das neue Vorbild

Was hilft? Die verlockenden Entwürfe der Vereinbarkeit von Kind *und* Beruf statt Kind *oder* Beruf? Organisation ist alles, höre ich. Wie viele Frauen schafften das! Man müsse sich eben mit dem Partner abwechseln und eine Tagesmutter anheuern. Sich die Zeit einteilen. Planen. Wechselschicht.

Ich zähle mich nicht zu denen, die das schaffen. Ich habe keine Lust, mich unter das Joch des neuen, noch viel erdrückenderen Vorbilds zu begeben: der Allround-Perfektionismus der emanzipierten Frau, die mit einem Lächeln Karriere, Kinder, Kollegen, Partner locker und erfolgreich auf die Reihe bringt. Das Lächeln – Schönheit und Gepflegtsein nicht zu vergessen – sieht mir zu sehr nach Großformat auf Kunstdruckpapier aus. Das neue überlebensgroße Vorbild setzt nur die schlechte alte Frauentradition der ständigen Überforderung, des ständigen sich nicht gut genug Fühlens fort. Es erscheint mir unglaubwürdig, auch wenn ich Kolleginnen sehe, die es schaffen oder aus meiner Außenperspektive zu schaffen scheinen.

Das *Und* ist für mich keine Lösung. Ich will es mir nicht als Vorwurf vorhalten lassen. *Ich* eigne mich nicht dafür.

Die eigenen Bedingungen

Nach zehn Jahren habe ich jetzt – ich bin dreißig – genug Arbeitserfahrung mit mir selbst, um zu wissen, daß ich zu der kurzfristig abrufbaren Konzentration einer Mutter nicht fähig bin – häppchenweise, gestückelt, fremdbestimmt nur dann arbeiten, wenn das Kind schläft, ständig unterbrechen und neu einsetzen können. Ich halte es mit Marie in Büchners „Danton“: „Ich bin sehr reizbar und hänge mit allem um mich nur durch eine Empfindung zusammen.“

Was heißt denn Professionalität anderes als ein kontinuierlich hohes Maß von Konzentration auf einen Gegenstand? Was mich reizt, ist die Schönheit eines vollkommenen Gedankengangs, wenn alles sich zusammenfügt und der Bogen sich selbst trägt. Ich weiß, wie mir die Konzentration wegsackt, wenn das Telephon klingelt, wenn ich gestört werde, wenn mein Rhythmus unterbrochen ist. Zu meiner Arbeit gehört, daß ich dem einen Gedanken nachhängen kann durch den Tag. Stelle ich etwa das Radio an? Wieviel weniger hätte da ein Kind Raum! Und keine Tagesmutter kann mir den Sog eines Kindes abnehmen, die Konzentration auf die Entwicklung dieses neuen Lebewesens, die Zuwendungsenergie, auf die es ein Recht hätte.

Welchen Raum hätte denn überhaupt ein Kind bei mir, auf absehbare Zeit?

Keinen. Ich bin ausgefüllt. Bis zum Rand. Ich habe meinen Partner. Ich habe meine Arbeit. Ich habe mich selbst. Ich habe mir mein Leben so eingerichtet, wie ich es mir immer gewünscht habe. Gegen die Widerstände von außen und von innen, gegen die Angst und die Trägheit und gegen die vorgezeichnete Rollenbiographie. Ich weiß inzwischen, wie groß die Verlockung ist, dem ausgetretenen Pfad nachzugehen, wieviel bequemer, den gespannten Bogen sinken zu lassen, wie entlastend, sich an die Norm anzuschmiegen und an das Natürliche und Erwartete wegzugeben. Wieviel Kraft es ständig kostet, das Eigene herauszufinden, zu tun, zu befestigen. Zuviel, als daß ich jetzt alles einem Kind in den Rachen werfen wollte.

Es ist das Leben, das ich mir wünsche. Aber es beansprucht meine ganze Kraft, weil ich meine Kräfte kennenlernen will. Es führt regelmäßig in Randzonen, oft über das Limit dessen hinaus, was ich bewältigen kann, weil ich meine Reichweite erproben will.

Nichts mache mehr Lust als solche Grenzgängerei, in der man sich selbst verwirklichen kann?

Ja. Aber sie macht auch störanfällig, macht ungeeignet für zusätzliche, für andersartige Belastungen. Sie hat ihre Risiken und ihren Preis. Das muß man lernen, um dieses Leben aufrechterhalten zu können. Ich scheue mich davor, den Entwurf meiner Existenz auch nur versuchsweise aufs Spiel zu setzen, ihn zur Disposition zu stellen, ihn dem Sog eines Kindes auszusetzen.

Für *mich* kann ich die Risiken eines solchen Entwurfs tragen, besser oder schlechter. Nicht aber für ein Kind, das von mir abhängig wäre. Während der Arbeit an der Dissertation habe ich Isolation und Absorbiertheit des Schreibenden zu genau kennengelernt, die Depressionen und die Hochs, die man dem Partner mit aufbürdet, die er mit aushalten muß. Und oft ist noch der Lebensgefährte zuviel in der Einsamkeit, wird nur als Hausmann und Koch beansprucht, wird als Lastenträger mißbraucht. Dahinein ein Kind? Ich könnte ihm nie gerecht werden. Für mich ist auch ein *Und* keine Lösung, das zwischen Beruf und Kind vermittelte.

Nachdatierte Legitimation

Genauso scheiden die nachträglichen Bewältigungsstrategien aus: Wenn das Kind erst mal da ist, wird man schon damit fertig. Weil man muß, sagen mir die Mütter – im Rückblick. Die ersten Jahre sind hart, da muß man durch, Zähne zusammenbeißen, sagen sie. Man hat kaum noch Zeit für sich, geschweige denn füreinander, von irgendeiner schwierigeren als Haus-Arbeit gar nicht zu reden. Aber dann. Wenn die Kinder aus dem Gröbsten heraus sind. Dann kann man ja wieder. Was?

Ohne mich. Ich will mir diese Jahre der durchwachten Nächte mit dem blassen Gesicht und den Ringen unter den Augen und dem abwesenden Blick ersparen. Wenn sie sich in andere Biographien, in andere Berufe einschieben lassen , gut – in meine nicht. Ich habe zu oft gesehen, wie Kinder gerade dann ‚passierten', wenn in der beruflichen Biographie der Frau eine Entscheidungs- oder Krisensituation eingetreten war, ein Knick. Der Ausweg, die Flucht in die Schwangerschaft schillert so verlockend wie natürlich, sozial so respektabel wie stillschweigend erwartet. Und die Sehnsucht, sich die Entscheidung aus der Hand nehmen zu lassen, indem man dem Zufall Spielraum gibt!

Meine Hypothek

Ja, ich überhöhe beides maßlos – den Beruf und die Mutterschaft. Ich übertrage den beruflichen Perfektionismus auf die Kindererziehung statt an beidem Abstriche zu machen. Ich übersehe, daß doch auch der Vater die Kinder betreuen kann. Ich übersehe die vielen Bekannten, bei denen die Kinderfrage partnerschaftlich bewältigt wird.

Trotzdem. Ich beharre auf meiner Erfahrung. Ich beharre auf den Anfälligkeiten meiner Biographie. Ich kenne sie und muß mit ihnen rechnen. Und ich beharre darauf, daß verschiedene Berufe verschiedene Menschen verschieden stark absorbieren.

In meiner Vorstellung sind Väter etwas anderes als Mütter. *Den* Karriere-Vater gibt es für mich nicht. Er ist eine Produktionseinheit aus Sekretärin, Frau, Kindern, die seine Arbeitskraft reproduzieren helfen. Er ist *auch* Vater, unter anderem. Feierabendvater, Wochenendvater. Aber seine Arztpraxis, seine Anwaltskanzlei, seine Recherchenreise, sein neues Buch leiden nicht darunter. Die Mütter dagegen sind nicht nur *auch* Mütter. Sie müssen für den Notfall parat stehen, immer. Wenn das Kind einen Fahrradunfall hat, wenn es krank wird, nachts. Sie stehen rund um die Uhr im emotionalen und psychischen Dienstleistungsgewerbe. Sie puffern mit ihrer Existenz die Reibungen zwischen draußen und drinnen ab. Reibungsverluste gehen zu ihren Lasten. In meinem Kopf schirmen alle Katja Manns die Thomas Manns ab. Die Kinder werden *Ihm* in appetitlichem Zustand stundenweise zugeführt. Bei Hermann Hesse habe ich die Rede „Beim Einzug in ein neues Haus" gefunden: „Es war mir klargeworden, daß es moralisch nur noch eine Existenzmöglichkeit für mich gab: meine literarische Arbeit allem anderen voranzustellen, nur noch in ihr zu leben und weder den Zusammenbruch der Familie noch die schwere Geldsorge, noch irgendeine andre Rücksicht mehr ernst zu nehmen. Gelang es nicht, so war ich verloren. ... Freilich hier ... war ich kein Hausherr und Familienvater mehr, der ein Haus und Kinder und Dienstboten hat, seinem Hunde ruft und seinen Garten pflegt, ... Materiell hätte ich jene Jahre nicht zu überdauern und meine Arbeit nicht zu leisten vermocht, wären nicht mehrere Freunde mir immer wieder treulich beigestanden ... und einen besonders großen Freundesdienst hat mir Cuno Amiet geleistet, als er meinen Sohn Bruno zu sich nahm."

Welche Mutter würde sich in unserer Kultur aus Gründen moralischen Überlebens darauf berufen, ihre Kinder wegzugeben? Eine solche Haltung kann der Vater sich nur leisten, weil er von Müttern umgeben ist, die ihre moralische Existenz gerade darin sehen, alles den Kindern zu opfern.

Das ist das alte patriarchalische Modell? Inzwischen gibt es Alternativen?

Aber das ist die Hypothek, die ich mitbringe und von der ich nicht absehen kann. Angesichts eines Kindes müßte ich mich ständig mit ihr auseinandersetzen, fühlte mich überverantwortlich, sähe mich in ungeheuerliche Pflichten gedrückt. Ich müßte meine Ansprüche gegen die des Kindes abwägen und Prioritäten setzen, Entscheidungen treffen, Schuldgefühle durchstehen. Das wäre eine Zerreißprobe zwischen Kind und Beruf, bei der *ich* auf der Strecke bliebe.

Die ideale Kindheit

Mein Bild vom Leben mit Kindern ist, gegen die eigene Kindheit gewendet, so ins Ideale überzogen, daß es den Beruf daneben unmöglich machte. Wenn ich als Kind ein genaues Gespür dafür entwickelt habe, welche Last ich mit Krankheiten und Schulsorgen für meine psychisch, physisch, geschäftlich überforderten Eltern dargestellt habe, dann will ich nicht ein eigenes Kind in dieselbe Lage bringen. Dann will ich es nicht an eine Tagesmutter abgeben. Dann will ich nicht alle die biographischen Defekte, die ich inzwischen an mir kenne, auf einem Kind austragen. Dann will ich von vornherein nicht in dieses Spiel einsteigen, auch nicht ‚auf der anderen Seite des Wickeltischs'. Dann setze ich mich der Wiederholungssituation lieber schon gar nicht erst aus.

Zu meiner Kindheit habe ich nicht das selbstverständliche Verhältnis, das beliebig in die nächste Generation zu verlängern wäre. Kindheit – das ist Angst, Mangel; das sind Übergriffe auf mein Ich. Jedes Jahr des Älterwerdens, des Erwachsenwerdens – ein Schritt weiter in die Freiheit, selbstbestimmt zu leben. Was ich an Kindheit ungewollt reproduzieren würde, wäre fatal.

Ein Kind dürfte, so phantasiere ich lieber, nie dazu mißbraucht werden, um existentielle Löcher im Leben der Eltern zu stopfen. Es müßte nur um seiner selbst geliebt werden, und nicht nach Maßgabe dessen, wie gut es psychische Funktionen für seine Erzeuger erfüllt. Ein Kind müßte gezeugt und erzogen werden in interesselosem Wohlgefallen. Das könnte ich nicht. Also lasse ich die Finger davon.

Wenn

Ja, *wenn*. *Wenn* ich ein Kind wollte, wirklich wollte. Dann würde ich sicher alles ganz anders sehen. Dann würden sich die Prioritäten verschieben.

Aber was spüre ich von meinem Kinderwunsch? Er steht irgendwo am Horizont, ein ferner Gedanke, eine abstrakte Möglichkeit, von der ich erst allmählich sehe, daß ich mit ihr gemeint sein könnte.

Die Unschuld der ‚natürlichen' Lösung ist seit der praktikablen Geburtenkontrolle verloren. Was bleibt, wenn man nicht in den kalkulierten Zufall flüchten will, ist reflexives Verhalten zu einem reflexiv nicht lösbaren Problem.

Halb bewußtlos habe ich bisher meine Entscheidung gegen Kinder getroffen. Sie fiel selbstverständlich. Die Wahl zwang sich mir auf. In unserer Kultur ist berufliche Entwicklung so geregelt, daß gerade die entscheidenden Jahre am wenigsten Raum für ein Kind lassen. „Karriererelevante Phase" nennen das die Statistiken. Die Freiheit, diese unmenschliche Alternative zwischen Kind und eigener Arbeit neu zu formulieren, sehe ich nicht für mich. Freiheit kann höchstens Einsicht in die Notwendigkeit sein. Trauer, daß mehr als die Einsicht mir nicht möglich ist: Ich würde mich aufreiben zwischen einem Kind und meinen Berufswünschen. Kinderwunsch und Berufswunsch schließen sich für mich mit Notwendigkeit aus – so wie beide unter den Bedingungen unserer Kultur realisiert werden müssen, wie ihre Verwirklichung institutionell zementiert ist.

Wie langfristig dieser Zustand sei? Ich weiß es nicht. Ich halte ihn für mittelfristig stabil. Aus Biographien, aus empirischen Erhebungen weiß ich – theoretisch –, daß sich die zunächst notwendige Dominanz des Berufs später in einer Lebensgeschichte verschieben kann. Dann, wenn man sich einen Platz, seinen Platz, geschaffen hat. Als Margaret Mead mit 38 Jahren ihr erstes Kind bekam, schreibt sie, im Rückblick: „Ich machte mir keine Sorgen darüber, was die Tatsache, daß ich ein Kind hatte, meiner Karriere antun würde. Ich hatte schon einen Ruf, auf dem ich mich auch ein paar Jahre ausruhen konnte, und unsere Forschungsreise nach Bali und Iatmul hatte für Material gesorgt, an dem ich für den Rest meines Lebens arbeiten konnte."

Ich kann mir vorstellen, daß dann innerer Raum frei würde für ein Kind – aber dieser Gedanke bleibt Vorstellung, Theorie, ohne Erfahrung im eigenen Leben.

Plädoyer

Ich plädiere für Verzögerungstaktik. Ich plädiere dafür, daß eine traditionelle Routinemedizin 35jährige Erstgebärende nicht mehr selbstverständlich als „Risikoschwangerschaften" einstuft. Dafür, daß diese Medizin sich auf neue soziale Gegebenheiten und individuelle Lebensentwürfe einstellt; daß sie Chancen und Risiken des höheren Gebäralters erst einmal systematisch erforscht. Ist es vielleicht kein Risiko, wenn ein Kind eine Ausbildung unterbricht, den Aufbau eines Berufslebens abschneidet, ein Hausfrauenleben vorprogrammiert? Wenn die Mutter überfordert ist, mit 22 Jahren plötzlich aufwacht und ihr Leben für verfehlt hält?

Ich plädiere dafür, daß man potentielle Mütter Mitte/Ende 30 nicht mehr von vornherein als biologische Risikofälle diskriminiert. Dafür, daß endlich Schluß gemacht wird mit dem medizinisch bemäntelten gesellschaftlichen Druck zur frühen Geburt, die ihrerseits soziale und psychische Risikofälle schafft.

Ich plädiere dafür, daß man potentiellen Müttern ein *soziales* Gebäroptimum schafft, und ihnen nicht wie Kühen ihr ‚natürliches' *biologisches* Gebäroptimum aufzwingt.

Allerletzte Übung

Ich spielte auf Zeitgewinn? Ich ginge einer Entscheidung aus dem Weg?

So ganz bewußtlos, so sehr unter Zwang habe ich sie bisher wohl doch nicht getroffen. Meine Prioritäten waren immer eindeutig. Die Wahl zwischen Kind und Beruf war nie eine echte Frage. Es wäre schöner gewesen, die Entscheidung mit größerer Freiheit treffen zu können. Es klingt verlockend, sich Verhältnisse vorzustellen, in denen man nicht zum Entweder/Oder gezwungen wäre.

Ich will mich nicht festlegen. Lassen. Ich treffe keine nicht mehr rückgängig zu machende Entscheidung. Ein Kind wäre genau das gewesen. Ein Kind hätte bisher in meiner Biographie zuviel unmöglich gemacht, irreversibel.

Ich will mir die Entscheidung vorbehalten. Ich will den Zeitpunkt selbst bestimmen: *meinen* Zeitpunkt. Und ich bestehe auf den Bedingungen, unter denen die abstrakte Vorstellung – der Kinderwunsch ‚an sich' – erst Wirklichkeit werden kann: *meinen* Bedingungen.

Karla Hielscher

DIE TOCHTER ALS FREUNDIN

Zwischen Wunschkind und Unfall
Ein Rückblick

Katja ist kein Wunschkind. Sie ist nicht, wie es heute fast die Regel ist, in einer gefestigten Ehe mit gesicherten beruflichen und finanziellen Verhältnissen nach reiflicher Überlegung in bewußter, freier Entscheidung geplant, gezeugt und empfangen worden. Nein, Katja ist ein Kind der Epoche vor der Pille. Eigentlich hätte es sie gar nicht geben dürfen! Als sie sich meldete, wider Erwarten, und als dann der Test in der Apotheke „positiv" ausfiel, bekamen wir einen Schrecken. Beide waren wir noch Studenten, wenn auch nicht mehr allzu weit vom Examen entfernt. Der Gedanke an Heirat, Familie, Haushalt, gemeinsame Zukunft war für uns damals in der Zeit der beginnenden Studentenbewegung einfach nicht aktuell, unendlich fern. Wir hatten anderes im Kopf.

Und doch haben wir den Gedanken an Abtreibung fast nicht an uns herankommen lassen. Vielleicht, weil auch das damals viel schwieriger war als heute. Wir haben die Sache hingenommen und uns darauf eingestellt: Wir haben geheiratet, eine Wohnung gesucht, unsere Stipendien zusammengeschmissen, Wohngeld beantragt und erstmal so weiter gelebt wie vorher. Wir haben studiert, Examen gemacht, die Abende in politischen Versammlungen diskutiert, bei Demonstrationen den Kinderwagen vor uns her geschoben. Später haben wir eine wichtige Aufgabe in der Organisation unseres selbstverwalteten antiautoritären Kindergartens gesehen.

Es liegt mir fern, und es wäre eine Lüge, diese Jahre zu idyllisieren. Sie waren schwer. Die Belastung für unsere Ehe war groß, das Gefühl der Isolation in den ersten Jahren mit Baby, Kleinkind zu Hause war quälend, meine berufliche Entwicklung wurde trotz freiberuflicher Tätigkeit in dieser Zeit verzögert und eingeschränkt. Trotz der Freude am Kind haben diese Jahre an Kraft, Nerven und Selbstbewußtsein gezehrt.

Und doch kann ich im Nachhinein nur Ja sagen zu unserer Entscheidung fürs Kind, oder eher dazu, daß wir alles haben seinen Gang gehen lassen. Denn eines weiß ich ganz genau: Ohne diesen „Unfall" hätten wir Katja nicht, wäre unsere Tochter nie geboren worden. Nie hätten wir den Mut, die Entscheidungskraft und die Sicherheit gefunden, zu sagen: „Nun ist der richtige Zeitpunkt gekommen, jetzt setzen wir unser Wunschkind in die Welt." Nie! Wieviele Argumente hätten immer dagegen gesprochen: unsere von der Studentenbewegung geprägte Lebensauffassung, unsere Partnerprobleme, meine Kränklichkeit, die berufliche Unsicherheit oder die berufliche Aufbauphase, die alle Kräfte erforderte.

Es gehört so ungeheuer viel Lebenskraft und Vertrauen in die Zukunft zu einer bewußten Entscheidung zum Kind. Ich beobachte es bei guten Freunden und Geschwistern, gerade bei denen, die ihre Arbeit lieben, die auf die politisch-gesellschaftliche Situation sensibel reagieren, die ihre Partnerprobleme ernst nehmen: Nur zu oft wagen sie diesen Schritt nicht, so wie ich ihn nicht gewagt hätte, nur zu oft schieben sie die Entscheidung vor sich her, bis es zu spät ist. Und so bleiben schließlich gewünschte Kinder ungeboren, liebesfähige Menschen werden nicht zu Eltern.

Vielleicht sind wir mit manchen Entscheidungen überfordert. Vielleicht ist nicht jede Lebensfrage rational und bewußt zu klären. Vielleicht sollte man manchmal auch einfach dem Leben seinen Lauf lassen! Wenn ich meine große, strubbelige, schlaksige Tochter ansehe, mit ihrem klaren, ernsten, oft mürrischen Gesicht, das plötzlich so unerwartet strahlen kann, dann weiß ich, daß sie doch ein Wunschkind ist.

Mein Glück darüber, daß sie da ist, wird immer größer, immer selbstverständlicher und unbelasteter. Ich beobachte, daß ich für ein heranwachsendes Kind eine bessere Mutter sein kann als ich es für das Kleinkind sein konnte. Warum? Es ist ein Unterschied für Kind und Eltern, ob man sich bewußt und freudig fürs „Familienleben" entscheidet, dafür, zumindest eine Zeitlang ganz für die Kinder da zu sein und seine Erfüllung im Zusammensein mit ihnen zu finden – oder ob man sich, wie es für viele Frauen inzwischen typisch ist, Selbstverwirklichung ohne eigenen Beruf, ohne eigene Arbeit nicht mehr vorstellen kann. Solange nicht beide Partner Halbtagstätigkeiten haben und sich die Arbeit mit Kind und Haushalt wirklich ganz teilen, bleiben die

Schwierigkeiten letztlich unlösbar. Eine Frau, die ihre Identität in ihrer Arbeit findet, wird für ein *kleines* Kind nie die ideale Mutter sein. Die selbstvergessene Hingabe an die Bedürfnisse des Kindes: stundenlanges Spielen und Basteln, Herumtollen und die Zeit vergessen – ich hab das nie gekonnt. Gerade weil ich zuhause gearbeitet habe, also immer präsent war für das Kind, war die Zeit für Katja abgemessen, das Spielen eine Pflicht, das Herumtollen für mich nur selten ein echter Spaß.

Es erfordert ununterbrochene Anspannung, die kurzen Schlafpausen des Babys, die durch den Kindergarten freien Vormittagsstunden sofort zu konzentrierter Arbeit zu nützen. So ein Leben mit Kleinkind und eigener Berufstätigkeit verlangt ständige Planung und Durchorganisieren des gesamten Tagesablaufs, in dem für entspanntes, müßiges, spielerisches Beieinandersein kaum Platz bleibt.

Nein, leicht war es nicht! Und zu vieles haben wir sicher falsch gemacht. Aber geliebt haben wir Katja immer!

Nun ist sie fünfzehn Jahre, und gerade im letzten Jahr aus einem verspielten, fast nur mit ihren Tieren beschäftigten Kind zu einem ernsten, nachdenklichen, hübschen jungen Mädchen geworden, das ein kompliziertes eigenes Leben führt.

Jetzt, wo es darauf ankommt, die Probleme der Heranwachsenden zu verstehen, mit ihr ihre Fragen zu Welt und Gesellschaft zu diskutieren, ihre Konflikte mit Lehrern, Freundinnen und ersten Freunden vorsichtig zu besprechen – jetzt merke ich, daß die eigene in Berufsleben und politischem Engagement gewonnene Erfahrung wichtig wird, daß meine Kenntnisse und mein Einfühlungsvermögen gebraucht, meine Belesenheit genutzt wird. Jetzt spüre ich, daß ich nicht mehr nur als sorgende Mutter, sondern auch als Gesprächspartnerin anerkannt werde. Und ich erfahre es als großes Glück, in meiner Tochter eine richtige Freundin zu haben.

GROSS
KIND

Christa Rotzoll

EIN SCHLECHTES GESCHÄFT

Kleine Theorie über das Fehlen
von Marktgesetzen in der Familie
Ein Feuilleton

Die Spur in die Zukunft, Fortpflanzung als Ehrendienst und Lebenssinn – als ich zwölf war und das Dritte Reich ganz jung, war es das Allerhöchste. Wie schön und rührend die Erzählung im Blättchen der NS-Volkswohlfahrt: Die ärmlich angezogene Frau sticht die mit Schmuck behängte Dame aus. Ihre vier Blondköpfe, ihr Reichtum, sind durch keine Perlen aufzuwiegen. Wenn am Romanende der Held aufs Rad geflochten wurde, doch gesunde Söhne hinterließ, dann klappte ich das Buch befriedigt zu. Der Hingemordete konnte noch immer siegen.

Naturkunde- und Deutschlehrer warnten uns vor dem Aussterben. Wer weniger als vier Kinder in die Welt setze, versäume seine Pflicht. Doch daß ziemlich jedes Mädchen heiraten und Kinder kriegen wollte, war kaum dieser Propaganda zu verdanken. Unverheiratete, kinderlose Frauen waren auch ohne Einmischung des Führers irgendwie verfehlte Existenzen, nicht verdammens-, doch bedauernswert. Insofern änderte dann auch der Frühling 1945 nichts. Vor etwa 20 Jahren wollte ich eine Schulfreundin besuchen. „Ist sie verheiratet?" fragte mich meine Schwiegermutter. „Ja". „Und hat sie Kinder?" „Nein". „Dann bist du ihr überlegen." Berufstaten des Mannes oder gar der Frau waren innerhalb dieses Bewertungsschemas Nebensache.

Niemand strebt danach und nur die Tapfersten riskieren es, als Niete zu erscheinen. Falls eine Frau in meinem Alter (Jahrgang 1921) keine ehelichen Kinder vorzuweisen hat, nicht mal das eine Kind, mit dem man notfalls noch als wahre Frau durchschlüpft, dann wird sie vermutlich weniger ihrem Freiheitsdrang entsprochen haben als von der Statistik abgeschmettert worden sein. Heiratswillige Männer waren nach dem Krieg entsetzlich knapp und manchmal doch zu mies. Durchaus begreiflich, daß so viele meiner Generationsgefährtinnen seit ungefähr zehn Jahren damit begonnen haben, ihre als Blamage getragene Ehelosigkeit in eine persönliche Entscheidung, eine Pioniertat umzumünzen.

Hier ist von den jeweils verbindlichen Erfolgsvorstellungen die Rede, nicht von den ja immer unterschiedlichen Bedürfnissen. Auch von uns hätte so manche die Beweglichkeit und die Umworbenheit im Eitelkeitsberuf (Theater, Presse, Film) der Hausarbeit und Kinderpflege vorgezogen. Und manche hat auch mit Balancekünsten, unter Gewissensdruck den Kompromiß erzielt, sie hat sich durchgemogelt. Als Junggesellin – ledige Mütter waren tragisch oder mehr kurios – enttäuschte man noch mit einem Nobelpreis in der Tasche seine Eltern hart.

Welchen Einbrüchen und Umwälzungen hat diese Verfassung nicht getrotzt! Und wie schnell geht es jetzt! Noch eben haben sie im Chor geschworen, sich vor der Falle Mutterschaft zu hüten. Sie seien doch nicht blöde! Und nun sind gerade Kinder – Ehe oder keine, aber besser keine – als die Wahrzeichen der Überlegenheit über den Mann wieder erwünscht. Unheimlich ist die Gesinnungsmode schon! Aber nicht unheimlicher als unsere Wettbewerbsbedingungen vor 40 Jahren.

Doch welche egoistischen Motive und sozialen Übereinkünfte zum Entschluß, ein Kind zu kriegen, beigetragen haben: Wer sich entschließt, läßt sich auf ein Naturereignis ein. Vom Vortrag eines Psychologen habe ich mir dies gemerkt: Jede Frau blicke in jeden Kinderwagen, an dem sie vorbeikommt. Jede. Und kein Mann habe für fremde Babys einen Blick. Frauen, die mit mir gealtert sind, die Mütter 20-, 30-, 40jähriger Kinder, blühen auf, wenn diese Kinder als Besucher wieder mal den Haushalt durcheinanderbringen, was die Väter, obwohl sie die Kinder mögen, eher stört. Nur Abrichtung? Nicht auch Natur?

Wenn die Schwiegermutter, von der schon die Rede war, einen Satz mit „Eine Mutter“ anfing, hatte ich gleich genug. Das klang so heuchlerisch, nach unechter Madonna. Als aber unsere längst erwachsene Tochter ernstlich krank war, hätte ich fast genauso angefangen. Besorgt war auch der Vater, aber „eine Mutter“ wird, sie muß deswegen nicht der zartere und bessere Mensch sein, anders mitgeschleift.

Wenn aber nun ein Kind kein Kind mehr ist, geht dann die Mitgenommenheit von Krankheit und Krisen dieses Kindes überhaupt noch als Naturerscheinung durch? Die eher naturbelassenen Tiere füttern und verteidigen nur ihre Jungen. Mit den Ausgewachsenen, den

Ausgeflogenen stellen sie sich nicht weiter an. Aber Menschen sind eben teils mehr, teils weniger als Natur, sind trübe Mangelwesen einerseits und andererseits die gepriesene Krone. Menscheneltern, Menschenmütter jedenfalls sind als Naturwesen ganz schön defekt. Und eben darum als Sozialwesen ein Trost. In jeder menschlichen Beziehung steckt ja ein Geschäft, etwas, das auf die Dauer klappen, aufgehen muß, auch dann, wenn Außenstehende nicht recht sehen, wieso es klappt. Die bürgerliche Ehe, die nun wegsackt und der wir nicht nachweinen, war als Gegengeschäft höchst solide angelegt, so oft in Einzelfällen zugezahlt wurde, von der Frau oder vom Mann. Bei dicken Freundschaften glaubt man nicht selten, einen Ausgebeuteten und den Ausbeuter wahrzunehmen. Es könnte sein, daß der Ausbeuter seinen stärkeren und großzügigen Freund mit Dankbarkeit oder Bewunderung entlohnt. Vielleicht sind die Ergebenheit und Dankbarkeit ja auch getürkt. Das wird sich zeigen, wenn der Unterlegene ein Stück emporgekommen ist.

Zwischen Eltern und erwachsenen Kindern aber herrschen diese Marktgesetze nicht. Die kleineren Kinder sind ja noch den Eltern, die sich für sie abmühen und beschränken (sollen), ausgeliefert. Größere haben sich, falls da nichts schief gelaufen ist, entfernt. Dies aber selten ganz. Sie reisen plötzlich an, hocken sich vor den Eisschrank, fragen: „Haben wir denn keine helle Wurst?“ Ich möchte nicht die Kinder hören, falls die Eltern solche Art von Zuwendung zurückgäben. Die Eltern wieder wären außer sich, wenn jemand anders als die Kinder sie so unterhielte wie die Kinder: Die geben grausig an, mit ihren Leistungen und Leiden, ihren höheren Einsichten und problematischen Triumphen und verlangen eilig Geld für irgendetwas, das kaputtgegangen ist. Nur Flegel oder Egomanen führen sich so auf? Sehr wahr, falls nicht Vater oder Mutter oder auch ein Elternpaar das Publikum abgeben. Dann sitzt man vor der Horrorszene wie beschenkt.

Für eine Sechzigjährige wiegt gerade dieses Argument nicht leicht: Habt Kinder, damit ihr nur einmal Lebenskraft, Geduld, wenn nicht Besessenheit an etwas wendet, ohne Gegengaben oder auch nur ein Erhabenheitsgefühl, etwas wie eigene Heiligkeit, herauszukriegen. Schuldig sind sie euch nichts, ihr aber bleibt ihnen am Ende etwas schuldig. Da sitzt die junge Frau, die Würdenträgerin, erzählt etwas, und ich denke: „Niedlich, wie sie quatscht!“ Man will nie wahrhaben, daß sie erwachsen sind.

Und sollte sie deshalb nicht zu oft sehen.

Gisela Mága

ABNABELN?

Über den Schmerz des Kinderabschieds
Kleiner Brief

Lieber Peter Roos,
Sie haben in unseren Mutter-Sohn-Gesprächen immer wieder das Wort *abnabeln* gebraucht, das mir unpassend scheint und mir fremd bleibt als Ausdruck für die seelische Ablösung des Kindes von der Mutter, im Gegensatz zu dem körperlichen Vorgang bei der Geburt. Für mich sind meine beiden erwachsenen Söhne noch immer meine Kinder, und die Vehemenz und Radikalität, mit der Sie die strikte Abnabelung der Kinder vom Elternhaus sehen, als Bedingung zum Eigenständigwerden, zum Erwachsensein, kann ich für mich nicht bejahen. *Abnabeln.* Das ist ein Modewort. Ich möchte, daß es für mich nicht existiert. Weil sich an meinen Gefühlen zu den heranwachsenden Söhnen nichts geändert hat.

Was heißt *abnabeln?*

Ich fürchte inzwischen, es gibt dieses Phänomen überhaupt nicht. Das Einzige, so glaube ich mit der Zeit immer mehr, was man als Mutter lernen kann ist, *endlich die Angst um das Kind zu überwinden.* Um das Kind, das inzwischen genug Erfahrung gesammelt hat, um selbst über sich zu bestimmen.

Ich liebe meine Söhne so elementar, daß alle Negativa, die sie in meiner Haltung ihnen gegenüber sehen, nur Ausdruck der Sorge um sie sind. Nichts schränkt dabei die *Liebe* ein – das mag auf das geliebte Kind erdrückend wirken, so ausweglos, wie eine Naturkatastrophe. Für mich ist es ein Wunder.

Und wie es für eine Mutter ist, wenn ihr Kind *geht?* Vielleicht so: Nachts, bei –15° Kälte in einem ungeheizten Zimmer in ein gut gelüftetes Bett steigen und versuchen, sich darin zu erwärmen! Vernunft, einzig Vernunft läßt einen regelmäßig und tief durchatmen. Wer diese Vernunft nicht hat, der ist ausgeliefert.

Mittendrin in diesen Naturkatastrophen und Wundern bin ich, und ich kann Ihnen aus dieser Phase noch nicht mehr sagen.

Herzlich, Ihre Gisela Mága.

Egon Schwarz

ICH WURDE EIN ERSTAUNLICH PASSIONIERTER VATER

Wie Kinder ins Leben eingreifen
Ein autobiografischer Bericht

Jetzt, wo alles so lange her ist und bereits die nächste Saat aufgeht, kann ich, so möchte ich meinen, leidenschaftslos zurückdenken, vielleicht sogar hinter die damals von allerlei Undeutlichem mitbestimmten Rationalisierungen. Ich weiß jetzt, daß ich im Grunde keine Kinder wollte, jedenfalls noch nicht. Es waren keine edlen Motive, die dieses Zögern verursachten. Ich wollte einfach meine ohnehin schon reichlich verspäteten Studien nicht stören lassen, ich fürchtete für meine Bewegungsfreiheit und hatte nicht die geringste Lust, meine junge Gefährtin mit irgendjemand zu teilen. Sie selber war aber anderer Meinung und zwar so dezidiert, daß ich schleunig einsah, welche Wahl mir auf längere Sicht gegeben war: zwischen einer unzufriedenen Frau ohne Kinder und einer ausgefüllten mit welchen.

Von Anfang an färbte das ganze Erlebnis die Tatsache, daß wir als frisch eingewanderte Europäer ohne jeden familiären Anhang, ja ohne einen einzigen, noch so weitläufigen Verwandten in USA wohnten. Es war eine gebärfreudige Zeit, drei bis vier Kinder pro Ehepaar schienen die Regel zu sein. Wie behalf sich aber jemand, der keinerlei finanzielle Mittel besaß und von der Existenz ärztlicher Versicherungen nichts ahnte? Der Ratgeber ausländischer Studenten, an den sich meine Frau wandte, fragte sie, ob sie eigentlich verheiratet sei. Als sie die Gesetzlichkeit unseres Bundes nachdrücklich beteuerte, bedauerte der Mann aufrichtig. Für unverheiratete Mütter gebe es eine vorzügliche Klinik. Wie man's macht, ist es falsch! Der nächste Weg führte ins städtische Hospital. Schäbige Büros, langes Warten, noch längere Formulare mit verzwickten, offenbar von einem durch und durch bürokratischen Gehirn ersonnenen Fragen. Schon glaubten wir uns am Ziel, da wurden wir abgewiesen, weil wir nicht lange genug ansässig waren, um als mittellose Nutznießer eines öffentlichen Krankenhauses zugelassen zu werden. Ein ganzer Tag war vertan, ohne uns einen Schritt weitergebracht zu haben. Nach manchen vergeblichen Bemühungen nahm uns schließlich ein kirchlich geführtes Hospital in seine Obhut. Es kam zwar gelegentlich zu Bekehrungsversuchen, die nicht ohne Peinlichkeit waren, aber im großen und ganzen wurden wir Ketzer glimpflich behandelt und nicht nur unser Sohn, sondern ein Jahr darauf auch unsere Tochter kostenlos zur Welt gebracht.

Für jemand, der lieber mit Kindern verschont geblieben wäre und auch wenig Interesse an den Sprößlingen anderer Leute aufbrachte, wurde ich ein erstaunlich passionierter Vater. Ob es an den Schwierigkeiten der ersten Schwangerschaft lag, bei denen ich nicht verweilen will, oder einer natürlichen Wandlung entsprach, ich machte alles Dazugehörige sehr bald völlig und freudig mit. Die Untersuchungen, die Übungen, das Medizinische, die Lektüre, das Nachdenken über die weitere Zukunft und die unmittelbaren Vorbereitungen, alles wurde zum gemeinschaftlichen Unternehmen. An den postnatalen Aufgaben nahm ich redlich teil. Daß trotzdem ich es war, der seine Studien abschloß und eine Karriere antrat, während meine Frau die ihren nach einigen Jahren aufgab, das hatte, glaube ich, andere Gründe.

Von den Kindern selber war ich hell begeistert. Die winzigen Finger und Zehen, die übergroßen Augen, die sprießenden Haare, die zum Weinen oder Lächeln verzogenen Münder, alles entzückte mich. Jede Zunahme an Gewicht oder Körperlänge, jede neuerworbene Geschicklichkeit setzte mich in Staunen und Bewunderung, auf Jahre hinaus, und das erstreckte sich natürlich auch auf das geistige Wachstum. Vor allem verblüfften mich die sehr früh auftretenden Charakterunterschiede. Bei aller Andersartigkeit hielt ich aber die drei, die uns beschert waren (meine anfängliche Zurückhaltung fiel gleich nach dem ersten in nichts zusammen), für Wunder der Schöpfung und Ausbünde der Schönheit, und ich bin auch heute trotz des Abstands der Zeiten und vielfältiger Ernüchterungen, die mit den Dekaden kommen, nicht sicher, daß ich so ganz unrecht hatte.

Aufgezogen wurden sie nach dem Baby-Buch des Dr. Benjamin Spock. Das war die damalige Kinder-Bibel. Man hielt sie geöffnet in einer Hand und tat mit der anderen, was die aufgeschlagene Seite vorschrieb. Niemand hat gezählt, wie oft das zerfledderte oder verlorene Exemplar durch ein neues ersetzt werden mußte. Der Name „Spock“ war aber nicht nur die Bezeichnung eines Taschenbuchs, sondern das Kennwort für die sogenannte „progressive education“, ein demokratisches „laisser faire", das der viel später in Deutschland einsetzenden „antiautoritären Erziehung" ähnelte. (Übrigens rechtfertigte Dr. Spock später im Vietnam-Krieg unser in ihn gesetztes Vertrauen durch sein unmißverständlich pazifistisches Verhalten, das ihn oft genug in Arrest brachte).

Dieses Geltenlassen der Persönlichkeit des anderen, gerade auch des Benachteiligten oder in irgendeiner Weise Unterlegenen, entsprach überhaupt unserer Auffassung Amerikas. Wir machten uns solche Grundsätze bewußter zueigen als die anderen Ehepaare unserer Bekanntschaft, die ihre Kinder mehr aus Bequemlichkeit und Gutmütigkeit gewähren ließen, während wir es, aus unserer Kindheit an so weitgehende Freizügigkeit nicht gewöhnt, mit der Freiheit und Weite des Landes in Zusammenhang brachten, eines Landes, in dem man sich nicht polizeilich zu melden brauchte, keinen Ausweis mit sich führen mußte und einen Führerschein bekommen konnte, ohne eine Fahrschule besucht zu haben. So verschieden unsere Lebenslinien bisher auch verlaufen sein mochte, so war dies für uns beide die erste Begegnung mit einer halbwegs funktionierenden Demokratie. Weder das faschistische Europa noch die südamerikanischen Republiken, in denen ich gelebt hatte, waren da die rechte Vorbereitung gewesen.

Natürlich darf man Demokratie nicht mit Parlamentarismus verwechseln. Nicht daß alle vier Jahre ein Präsident und alle zwei Jahre ein neuer Kongreß gewählt wurde, war das Eindrucksvolle, sondern wie tief Freundlichkeit, Hilfsbereitschaft und Achtung vor dem Nächsten das Betragen vieler Leute bestimmte. Die Gastlichkeit, die Höflichkeit beim Autofahren, das Fehlen der Zäune, die Tatsache, daß man die Wohnung unverschlossen verlassen konnte und Postpakete stundenlang unberührt am Straßenrand auf den Heimkehrer warteten, hatten eine bleibende Wirkung auf uns. Nicht nur in den spärlich besiedelten Gebieten des Westens, sondern auch in den Großstädten spürte man wenig von Kriminalität. Wenn ich an meine völlig unbekümmerten nächtlichen Streifzüge durch Harlem denke, sträuben sich mir heute die Haare.

Ich schreibe diese Erinnerungen im gleichen Land nieder, in denen sie sich gebildet haben, und mir ist dennoch, als redete ich von einem anderen Planeten. Die große Offenheit, die Zuversicht und die Zuvorkommenheit des amerikanischen Lebens versetzten uns in einen wahren Rausch des Menschheitsvertrauens, das sich auch auf die Erziehung der Kinder auswirkte. Dazu gehörte, daß man sich in einer kinderfreundlichen Welt bewegte. Wohin man kam, in der Post, den

Ämtern, der Universität, den Restaurants wurde man nicht trotz sondern wegen der kleinen Kinder mit Entgegenkommen behandelt. Welcher Kontrast zu Deutschland und Frankreich, wo man, wie wir bei unseren ersten Nachkriegsbesuchen bald merkten, als Familie in den gleichen Lokalitäten scheel angesehen und oft schäbig abgefertigt wurde.

Natürlich beruhte unsere frühe amerikanische Harmoniegewißheit auf mangelhaften Kenntnissen, die durch den Beginn des Kalten Krieges, die Hysterie der von Joseph McCarthy angezettelten Bewegung und gewisser außenpolitischer Abenteuer einer enttäuschenden Korrektur unterzogen wurden. In dem Maße wie die Erfahrungen wuchsen, wurde die Einstellung kritischer; auch diese Veränderung übte Einfluß auf die Kinder aus und gestaltete ihre Begegnung mit der Schule problematisch, besonders in den Jahren des Vietnam-Krieges, den wir von Anfang an verdammten, während die meisten Nachbarn in der Illusion lebten, die USA könne nichts Falsches oder gar Verwerfliches tun.

Zweimal am Tag mußten unsere Kinder ihre häusliche Atmosphäre mit einem diametral entgegengesetzten Milieu vertauschen. Vom Familientisch, an dem die letzten Greuel angeprangert und die neuesten Lügen der Regierenden oder der Militärführung analysiert wurden, begaben sie sich in ein Klassenzimmer, wo man patriotische Eidesformeln nachsprechen und die Flagge anbeten mußte. Diese Gegensätze verschärften sich noch mehr im Lauf der Zeit und haben die tief aufgewühlte Adoleszenz unserer Kinder mitverursacht. Freilich war das dann kein individuelles Problem mehr, sondern gehört zu dem geschichtlich gewordenen Phänomen der amerikanischen Jugendbewegung in den 60er und 70er Jahren.

Die sozio-psychologischen Verschlingungen und Verwicklungen sind zu komplex, als daß sich sagen ließe, was für die Kinder in ihrer Schulzeit „gut“ und was „schlecht“ gewesen sei. In einer Hinsicht aber zögere ich nicht, ihr Heranwachsen in Amerika uneingeschränkt für günstig zu erklären. Sie sind einer Mischehe entsprossen, haben einen Juden zum Vater, eine Katholikin zur Mutter. Der Antisemitismus, der wie eine düstere Wolke mein Leben begleitet und es aus seiner ursprünglichen Bahn geworfen hat, ist an ihnen gegenstandslos geworden. Meinen Kindern ist Judentum ein Kuriosum, ein in der Welt existierendes Phänomen ohne psychische Verstrickung für sie selbst. Daß ihre Vorfahren zur einen Hälfte Ghetto-Juden waren und zur anderen westfälische Bauern, ist in Amerika nicht merkwürdiger als jede andere zusammengesetzte Abstammung, von denen es hier so viele gibt.

Heute ist die amerikanische Gesellschaft scharf gespalten. Ihrer eigentümlichen Geschichte ist es zu verdanken, daß ein großer Teil der Bevölkerung noch in Wertvorstellungen des 19. Jahrhunderts lebt. Ihr Glaube an die Größe und Herrlichkeit der Nation, an die Bösartigkeit der anderen Mächte, denen nur durch kriegerische Bereitschaft beizukommen ist, an das System des freien Wettbewerbs, das Recht der Tüchtigen und Erfolgreichen, die Segnungen der Technik, des wirtschaftlichen Wachstums und des Fortschritts im allgemeinen macht ihr Weltverständnis aus und gibt sie Gängelungen preis, die oft erschreckende Ausmaße annehmen. Diese Mentalität ist in den Wirtschaftskrisen, die sie vielleicht erzeugen half, zum Nachteil der Welt nur erstarkt und hat sich auch politisch immer mehr durchgesetzt. Unsere drei Kinder, längst erwachsen und selbst schon Eltern oder auf dem besten Weg dazu, gehören zu dem anderen Amerika, zu seinem umweltbewußten, international ausgerichteten, antinuklearen Teil, und ich schmeichle mir, daß ihre Eltern, bei allen erzieherischen Unsicherheiten, Fehlern und Verkehrtheiten, die sie begangen haben, an diesem Resultat nicht unbeteiligt sind.

Viele Menschen, besonders die wohlunterrichteten, sind heute der Ansicht, daß die Zivilisation ihrem Untergang entgegentreibt, daß ihre Zukunft von nuklearen oder ökologischen Katastrophen bedroht ist. Während Überbevölkerung, Hungersnot und soziales Elend den halben Erdball quälen und die Endlichkeit aller lebenswichtigen Ressourcen wie nie zuvor deutlich machen, halten die Industrienationen mit finsterer Entschlossenheit an ihren Gepflogenheiten und Privilegien fest. In eine solche Welt solle man keine Kinder setzen, hört man oft sagen, und diese Mahner haben die Logik für sich. Aber es ist ziemlich klar, daß mit Logik nicht viel auszurichten ist. Bei zu vielen ist die Fortpflanzung eine ökonomische Notwendigkeit, bei fast allen ein unreflektierter biologischer Vorgang. Wer für den Fortbestand der Menschheit ist, der muß eine radikale Geburtenbeschränkung befürworten, dabei aber nicht versäumen, die Rettung auch auf anderen Gebieten zu suchen. Wenn ich die gängigen Argumente verfolge, dann erkenne ich im kollektiven Hin und Her der Meinungen jene Ambivalenz wieder, zu der mich auch meine privaten Erfahrungen geführt haben: Wer keine Kinder hat, erspart sich manches, versäumt aber auch viel.

Hanns-Herrmann Kersten

SPRÜCHE

Die Tatsache, daß man ein Kind geblieben ist, wie ein Mann ertragen.

Bevölkerungsexplosion im Schatten der Bombe: Der Wettlauf zwischen Zeugung und Atomschlag. Koitus versus Megatod.

„Was – ist – es?", fragte mühsam die junge Mutter. Die Hebamme gähnte: „Ein Mensch."

Die Hilfe des Arztes kam zu spät. Er konnte nur noch das Leben feststellen: Zwillinge.

Hebammen haben Neugeborene künftig in dreierlei Hinsicht zu überprüfen: a) Ist es ein Junge? b) Ist es ein Mädchen? c) Ist es verfassungstreu? Bei negativen Erkenntnissen zu c): Mülltonne.

Eltern setzen ohne weiteres Kinder in die Welt. Aber was für eine Welt setzen sie dann in diese Kinder?

Ein Leben lang ist man „in der Mache": zuerst der Eltern, dann der Lehrer, Chefs, Politiker. – Am Ende ist man „ein gemachter Mann". – Ein „gemachter" Mann – am Ende.

Der Sozialisationsprozeß als Reduktionsdiät: Aus einem ganzen Kerl wird eine halbe Portion.

Einmal geboren, *müssen* wir weiterleben. Mit der Pistole im Genick: auf uns gerichtet bleibt der Lebens-„Lauf".

Vielleicht wollte mir eine gute Fee etwas in die Wiege legen. Leider legte sie es daneben.

Erst wenn das Kind im Brunnen ist, darf man's beim Namen nennen.

Um „etwas zu werden", muß man aufhören, das beste zu sein, das man je war: ein Kind.

Man wird geboren und getauft, und schon ist es höchste Zeit, „sich einen Namen zu machen".

Hansi 13 Jahre

Meine Elternmüßten net sein sie müßten viel Gelt haben, aber nicht zu viel. Weil die Elter dann lam und träge werden würden. Sie müßten unternamungslustig sein und rägelmaßig mit mir ins Kino gehen. Sie müßten mir jeden Wunsch erfüllen und mich versten. Unter versten verste ich das sie mir mehr erlauben als meine richtigen Eltern. Sie müßten mir viel Taschengeld geben, aber nich zuviel weil ich dann zu verwont werden würde.

Mechtild Buschmann

DIE HOCHZEITSNACHT WAR UNBESCHREIBLICH!

Nein – heute nicht noch einmal
Bilanz über eine Biografie mit Kindern

Kinderwunsch war keine Frage, er war eine Selbstverständlichkeit, als ich ein junges Mädchen war. Vor 25 Jahren. 1938 im faschistischen Nürnberg geboren. Katholisch erzogen. In einem katholischen 3000-Seelen-Dorf in Unterfranken aufgewachsen. Unaufgeklärt mit 20 verheiratet. Mit 21 zum erstenmal Mutter. Das zweite Kind mit 23. Das dritte mit 26.

Mit 17 wollte ich raus. Raus aus dem behüteten Elternhaus. Raus aus diesem bedrückenden Unterfranken. Den Besuch des Gymnasiums hatte ich nach viereinhalb Jahren wegen einer schweren Krankheit meiner Mutter abbrechen müssen. Ich war gezwungen, Geld zu verdienen. Was blieb: ein Jahr lang Kaufmännische Fachschule; unendlich scheinende triste Büroarbeit. Ich wollte zu Hause ausziehen; wollte weg, nach England oder Frankreich. Das behütende Elternhaus erwies sich als Fessel.

Was tat ich, um aus meinem langweiligen, ereignislosen Leben auszubrechen? Ich verliebte mich. Bei einem Ferienaufenthalt auf der Quickborn-Burg Rothenfels am Main lernte ich meinen zukünftigen Mann kennen. Das war für meine Eltern akzeptabel. Auch sie hatten sich dort kennengelernt.

Verliebt – verlobt – verheiratet. Ich habe die Reihenfolge brav eingehalten. Vier Wochen vor der Hochzeit war ich kurz davor, aus der Reihenfolge auszubrechen. Ich mußte eine Dienstreise machen, zusammen mit drei Männern, in einem PKW. Für meine katholischen Schwiegereltern war das eine mittelschwere Katastrophe, ich in ihren Augen ein Flittchen.

Ich fühlte mich hundeelend, wußte kaum wovon die Rede war. Ich war immer noch ‚unschuldig'. „Mach Deiner Mutter keine Schande", hatte mein Vater mir als Verlobte mit auf den Weg gegeben. Eine Schande wäre es auch gewesen, die Verlobung zu lösen. Das Gerede der Leute. Ich hatte Angst, brachte den Mut nicht auf – und blieb.

Jung, dumm und unerfahren heiratete ich also den Mann, den meine Eltern als für mich würdig erachteten, und der mir selbst absolut vertrauenswürdig erschien. Sohn eines katholischen Organisten im Rheinland. Musikstudent. Wir wurden kirchlich getraut von einem Monsignore, einem Jugendfreund meiner Eltern. Alles sah nach der heilen Welt aus, die mir in meiner Erziehung vorgegaukelt worden war. Nie hatten meine Eltern vor uns Kindern zu erkennen gegeben, daß das Leben auch Schattenseiten hat. Schlechte Laune, bedrückende Stimmung, traurige Gesichter habe ich immer auf mich bezogen. Über die wahren Gründe wurde nie gesprochen.

Ausgestattet mit viel Naivität und Optimismus ging ich in die Ehe. Ich würde das Leben schon meistern. Das kann doch alles nicht so schwer sein. Finanzielle Schwierigkeiten, vielleicht –? Aber für diesen Fall konnte ich ja mit meinem Beruf einspringen. Sexualität? Aufklärung? Absolutes Tabu im Elternhaus. Meine Mutter war der Meinung, Aufklärung hätte im Religionsunterricht stattgefunden. Mein Vater beschränkte sich auf „Mach Deiner Mutter keine Schande!"

Ich habe keine Schande gemacht – sondern eheliche Kinder. Die Hochzeitsnacht war unbeschreiblich. Beide sexuell unerfahren – „Mach Deiner Mutter keine Schande" – und mit vagen Vorstellungen, geriet sie uns zur Katastrophe. Der Schrecken saß tief. In die erste Schwangerschaft bin ich genauso unbedarft gegangen, wie in die Ehe. Und als ich zur Entbindung in die Klinik kam, glaubte ich zu wissen, was auf mich zukommt. Ich merkte sehr schnell, daß ich nichts wußte und Ammenmärchen aufgesessen war. Die Geburt im katholischen Krankenhaus in Linz am Rhein waren 32 Stunden Quälerei. Arrogante Ärzte, gehässige Schwestern. Ich war 21, ohne Hilfe, alleinegelassen. Not, Angst und Verzweiflung begleiteten meine erste Begegnung mit dem ‚Wunder der Menschwerdung'. Meine heile Welt hatte kräftige Risse bekommen. Ich war verunsichert und nicht in der Lage, eine Beziehung zu meinem ersten Kind, einer Tochter, aufzubauen. Ich verrichtete wohl sorgfältig und sicher auch überbesorgt und überängstlich die alltäglichen Versorgungsleistungen für mein Kind. Aber es dauerte Wochen, bis ich mit meinem Geburtserlebnis zu Rande kam, anfangen konnte, mein Kind kennenzulernen.

Auch mit Kind wollte ich meinen Büro-Job nicht aufgeben. Ich versuchte, mit Hilfe der Schwiegermutter die Berufstätigkeit weiterzuführen. Es klappte immer weniger. Ein halbes Jahr nach Birgits Geburt gab ich meinen Job auf.

Zweieinhalb Jahre nach dem ersten Kind kam das zweite, ein Junge. Er war friedlich, faul und gefräßig. Aller heutigen Still-Ideologie zum Trotz gedieh er mit Milupa-Haferflocken prächtig. Unser Leben schien sich einzupendeln: Zwei gesunde Kinder, eine brave, fleißige Mutter. Und ein Künstler-Vater, dem alle Schwierigkeiten aus dem Weg geräumt wurden, der sich recht wohl in seiner Rolle des sensiblen, wenig belastbaren Musikers fühlte. Ich machte – auch beruflich – für ihn, was ich konnte, räumte ihm unangenehme Dinge aus dem Weg. Ich schrieb es zunächst auch seinem künstlerischen Genius zu, wenn er über seine eigenen, auf dem Fußboden krabbelnden Kinder stolperte. „Die Mechtild macht das schon!", hieß es bei Eltern und Schwiegereltern: „die managt ihn schon." – und das hat sie auch getan.

1963 riet mir der ortsansässige, katholische Gynäkologe – angeblich aus gesundheitlichen Gründen – von der damals noch nicht so verbreiteten Pille ab, obwohl ich meine Kinderwünsche längst hinreichend erfüllt sah. 1964 war ich wieder schwanger. Um keinen Preis der Welt wollte ich ein drittes Kind haben. Voll Verzweiflung ging ich auf die Suche nach einer Abtreibungsmöglichkeit. 1964 in einer katholischen Kleinstadt im Rheinland. Als ich endlich eine gefunden hatte, waren die Bedingungen so demütigend, daß ich den Mut dazu verlor. Der Vater hatte es sich leicht gemacht mit der kühlen Bemerkung: „Das kann aber nicht von mir sein!" Ich habe das Kind ausgetragen, eine Tochter, geboren im Mai 1965. Die Schwangerschaft war bedrückend, unter der seelischen Belastung einer kriselnden Ehe, unter beengten Wohnverhältnissen mit zwei kleinen Kindern, alles im Hause der Schwiegereltern, die uns auf Schritt und Tritt ‚begleiteten'. Genauso bedrückend war die Geburt, die sich über mehrere angsterfüllte Nächte hin ankündigte. Ich war allein. Der Vater war verreist.

Ein Kreislaufkollaps, drei Tage nach der Entbindung, hat die Depressionen, die sich kurz vor der Geburt bei mir erstmals bemerkbar machten, nach oben gespült. Mit mir ging es bergab. Der Vater kehrte von seiner Musiker-Reise zurück. Nicht in der Lage, die Situation zu begreifen, irgendetwas zu erspüren, irgendwelche Hilfe zu geben. Das Baby gedieh überhaupt nicht. Mein Kind war krank, ich war krank. Und ich war auf Talfahrt.

So hatte ich mir die Verwirklichung meiner Kinderwünsche nicht vorgestellt. Ich fühlte mich verraten und verkauft. Ich fühlte mich einem Leben ausgeliefert, das ich so nicht wollte und so auch nicht leben konnte. Ich war überrumpelt – und damit hilflos. Drei Kinder? Ich? Unmöglich! Das kann ich nicht schaffen. Welche Last, welche Verantwortung hatte ich auf mich geladen? Damals, mit 26, 27 Jahren war ich monatelang an der Grenze zum Verrücktwerden. Oft kurz davor, durchzudrehen. Ich lebte in panischer Angst davor, selbst meinen Kindern etwas anzutun, räumte deshalb nachts Brotmesser, Hammer, Scheren aus der Wohnung und verschloß sie sorgfältig in der Abstellkammer. Ich hatte Angst – vor allem vor mir selbst.

Das sollte es also sein, mein Leben?

Waschen, putzen, kochen, Tag und Nacht dasein, sich aufopfern. Das ständige Gebrauchtwerden zerrte an mir und zehrte mich auf. Ich fühlte mich nicht gewachsen, nicht reif dafür, drei Kindern gerecht zu werden. Ich sah mich selbst in meinen eigenen Bedürfnissen hintergangen – oder vielmehr: Jetzt erst fing ich an, *mich* zu fühlen, sehr zaghaft, aber auch sehr schmerzlich.

Eine Ärztin, der ich mein Leid klagte, hat immerhin verstanden, was mit mir los war. Sie hat zwar auch nur mit Pillen zu helfen versucht, mit Psychopharmaka, aber sie hat geholfen. Helfen konnte sie nur, weil ich selbst etwas unternahm. Ich strampelte verzweifelt. Ich wollte aus dem psychischen Loch heraus, in das ich gefallen war.

Mit Mißtrauen und Kopfschütteln sahen Ehemann und Schwiegereltern zu, wie ich damit begann, mein Leben zu verändern. Zunächst half ich stundenweise in einer Zahnarztpraxis in Linz aus. Es machte mir Spaß. Die magere Bezahlung war mir gleichgültig. Ich habe für mich dadurch neue Lebensimpulse bekommen. Die Beschäftigung außerhalb des Haushalts, der Ehe, der Kindererziehung war das Wesentliche. Ich wurde auch ‚draußen' gebraucht, und mit meiner Arbeit akzeptiert. Und ich war unter anderen Menschen, bekam Anregungen, Kontakte, Anerkennung. Mein Ängste und Depressionen ließen nach. Als das jüngste Kind zweieinhalb Jahre war, habe ich meine Berufstätigkeit erweitert. In den Semesterferien des Vaters arbeitete ich aushilfsweise als Sekretärin in Köln.

Langsam begann ich, mein Leben wieder als lebenswert zu empfinden. Ich konnte meine Kinder mehr und mehr akzeptieren, konnte lernen, sie zu verstehen, mich in sie einzufühlen – sie zu lieben. Mutterliebe war nicht einfach da, zwangsläufig, weil ich Frau und Mutter bin. Ich brauchte Zeit, um mit meinen Kindern und an meinen Kindern zu wachsen und zu reifen, um diese vielbeschworene und doch unbeschreibbare Mutterliebe entfalten zu können.

Ich merkte, daß ich den Erziehungsstil meiner Mutter kopierte. Ihre Prinzipien waren Zucht und Ordnung, Sauberkeit, Gehorsam, die sie – wenn nicht anders erreichbar – notfalls mit Schlägen durchsetzte. Ich spürte sehr bald, daß das nicht mein Verständnis von Erziehung sein konnte, daß ich meinen Kindern und mir selbst damit wehtat. Es waren schmerzhafte Erkenntnisse, die mich nachdenklich machten, und die der Anfang waren für die Veränderung meiner Erziehungshaltung.

Ich wurde reif und fähig, wahrzunehmen, was Kindern in Kindergarten und Schule angetan wird. Auch meinen Kindern. Und das hat mich motiviert. „Mit meinen Kindern nicht!" war mein Anspruch. Ich suchte nach Möglichkeiten, andere, nicht ausgetretene Wege zu gehen. Ich setzte mich gegen Ohrfeigen in der Schule zur Wehr, gegen Bestrafung im Kindergarten, gegen „Erziehungshilfen" wie den ‚schwarzen Mann', den ‚Schneider mit der Schere' und ähnlichem angstmachenden Blödsinn. Ich setzte mich auch erfolgreich dagegen zur Wehr, daß meine älteste Tochter jeden Sonntag in die Kirche gehen sollte, weil die katholische Schule es so wollte. Und dagegen, daß sie als gerade Achtjährige in den Beichtstuhl sollte. Mit Erfolg. Sie hat bis heute keinen Beichtstuhl von innen gesehen und ihre Geschwister auch nicht.

Eine Freundin schenkte mir 1968 das Buch „Erziehung in Summerhill" von A.S. Neill. Es kam genau zur richtigen Zeit. Ich habe es begierig gelesen, viel lernen und dadurch verändern können – ich kam meinen Kindern wieder ein Stück näher.

Aber unsere Ehe – „Der Herr streue Rosen auf eueren Wegen" war der fromme Hochzeitswunsch meines Vaters. „Rosen haben Dornen" war meine Antwort. Lachend. Damals, 1959. Die Dornen wurden spürbarer, das Lachen immer leiser. Die sexuelle Seite unserer Ehe war für mich nie beglückend. Nach dem dritten Kind waren es nur noch seltene Pflichtübungen. Ich entzog mich, wann und wie immer ich konnte. Und trotzdem: Ende 1968 eine weitere Schwangerschaft. Ich war nicht entsetzt, nicht wütend, nicht traurig. Ich war mir absolut sicher: Diesmal nicht! Mit einem zynischen „Herzlichen Glückwunsch zu Nummer vier" bestätigte mir ein Gynäkologe in Bonn die Schwangerschaft. Wütend ging ich aus seiner Praxis, beladen mit etlichen klugen Schwangerschafts-Broschüren, einer Schwangerschafts-Bescheinigung für die Krankenkasse und einem Terminzettel, auf dem vermerkt war, wann ich zur nächsten Untersuchung zu kommen hätte. Ich ging auf die Rheinbrücke und feuerte alles fluchend ins Wasser. Hinterhergesprungen bin ich nicht.

Ich wollte leben, aber ohne viertes Kind

Ein Spießrutenlaufen begann. Von einem Arzt zum nächsten. „Bei einer Mutter von drei kleinen Kindern treibt keiner ab“, war die stereotype Antwort. Ende 1968: Die englische Lösung war noch fast unbekannt und Holland noch lange nicht in Sicht. Ich stopfte mich mit Chinin voll bis zum Ohrensausen, badete in allerlei Aufgüssen: erfolglos. Von einem Kölner Arzt bekam ich eine Adresse in Jugoslawien, angeblich eine Abtreibungsklinik. Ich bin nach Zagreb geflogen, alleine und mit geliehenem Geld. Die Adresse ‚meiner‘ Abtreibungsklinik schien der Taxifahrer in Zagreb nicht zu kennen. Er brachte mich zu einer Poliklinik und benachrichtigte dort eine Krankenschwester, die deutsch sprach. Sie erklärte mir, daß die Abtreibung in Jugoslawien wieder verboten sei. Sie kenne aber einen Arzt, der mir helfen kann. Heimlich natürlich – und ohne Narkose. Für fünfhundert deutsche Mark.

Ende des dritten Monats, mit geliehenem Geld, mutterseelenallein in Zagreb, blieb mir die Qual der Wahl erspart. Ich wußte, was ich wollte. Also noch am gleichen Nachmittag, in einem kalten Hinterzimmer eines Einfamilienhauses, die Abtreibung, ohne Narkose. Es war die Hölle. Schreien war nicht erlaubt. Das hätte den Doktor um seinen guten Nebenverdienst gebracht. Anschließend zu Fuß durch Schnee und Eis ins Hotel, in Begleitung der Krankenschwester. Dort verbrachte ich eine bange und lange Nacht, mit vielen Tabletten ausgestattet und für den Notfall mit der Telefonnummer der Schwester versehen. Am nächsten Morgen, einem Samstag, konnte ich noch den letzten Platz in einem Flugzeug nach München ergattern.

Ich hatte Gück im Unglück. Das ganze „Unternehmen Zagreb“ verlief ohne Komplikationen. Bei einer Nachuntersuchung bestätigte mir der Arzt: „Der Kollege hat saubere Arbeit gemacht“.

Summerhill in Rom

1969/70 war die ganze Familie zehn Monate lang in Rom. Der Vater hatte ein Stipendium bekommen. Gebunden durch drei Kinder, von denen das jüngste noch nicht schulpflichtig war, waren meine Rom-Erlebnisse begrenzt. Ich geriet mehr und mehr in Verzweiflung darüber, daß es uns nicht gelang, unsere Ehe positiv zu verändern. Es war keine Ehe mehr; wir waren eine Zweckgemeinschaft geworden. Der Zweck waren die Kinder.

Die beiden älteren Kinder besuchten die deutsche Schule in Rom. Wir merkten, daß Schule auch positive Seiten haben kann. Unsere

Schul-Erfahrungen bis dahin waren durchweg negativ. Katholische Grundschule in Rheinland-Pfalz: Noch 1969 saß Birgit mit mehr als 60 (sechzig!) Kindern in einer Klasse. Mir wurde klar, daß nach dem Rom-Aufenthalt keines der Kinder je wieder in eine solche Schulsituation geraten sollte. Aber wie?

Summerhill fiel mir ein. Ich korrespondierte von Rom aus mit A. S. Neill und bekam von ihm eine Zusage. Er wäre bereit gewesen, alle drei Kinder in seiner Schule aufzunehmen. „Besser Summerhill und eine voll berufstätige Mutter als Elternhaus mit Dauerkrise“ war mein Standpunkt – damals. Der Vater erklärte mich für verrückt und verweigerte die Zustimmung. Ich suchte weiter. Und ich erreichte, daß die Kinder nach der Rückkehr aus Rom in die Montessori-Schule in Köln aufgenommen wurden. Voraussetzung war der Umzug von Linz nach Köln. Darauf konnten wir uns einigen.

Im Herbst 1970 zogen wir in ein Einfamilienhaus am Stadtrand von Köln. Mit dem Wechsel zur Montessori-Schule begann eine positive Phase in der Schulzeit der Kinder. Schule fing an, Spaß zu machen. Was wir manchmal schon ahnungsweise in der deutschen Schule in Rom erlebt hatten, wurde nun fast alltägliche Wirklichkeit. Die Schulängste ließen nach, es gab Freundinnen und Freunde, Lehrerinnen und Lehrer waren nicht mehr die angstmachenden Übermenschen. Ich engagierte mich in Eltern-Pflegschaften, Eltern-Gruppen, half im Schulsekretariat aus, beteiligte mich an der Organisation von Schulveranstaltungen. Oft war ich ebenso wie die Kinder den ganzen Vormittag in der Schule. Es war eine Schulzeit, an die wir alle gerne zurückdenken.

Im Herbst 1972 zog der Vater zu seiner Freundin

Ein Jahr später wurde unsere Ehe geschieden, die Kinder blieben bei mir. Viele Enttäuschungen gab es für uns in der Zeit der Scheidung. Isolation, Diskriminierung. Als „alleinstehende“ Mutter mit drei Kindern machte mich das bundesdeutsche Wohlstandsbürgertum mit seiner Kinder-, Mütter-, Frauenfeindlichkeit bekannt. In ihrem ganzen Ausmaß und ihrer Gewalttätigkeit. Ohnmächtig hat mich das nicht gemacht. Ich hatte schon gelernt, mich zu wehren.

Ich gab das Einfamilienhaus am Stadtrand aus finanziellen Gründen auf und zog mit meinen Kindern in eine große Altbau-Wohnung mitten in Köln. Jahrelang hatte ich jeden Morgen die Kinder mit dem Auto in die Schule gefahren. Das hörte jetzt auf. Wir wohnten so zentral, daß die Schulwege mit der Straßenbahn bewältigt werden konnten. Die

Wohnung war riesengroß, jedes Kind hatte ein eigenes großes Zimmer. Aber der Auslauf fehlte, der Garten. So bin ich doch wieder gefahren: in den Wald, in den Zoo, an die Nordsee – die bekannte Großstadtsituation. Aber das hat uns nicht gestört. Unser Zusammenleben hatte sich positiv verändert. Es war intensiver und vertrauensvoller geworden, nachdem die Unsicherheiten der kriselnden Ehe nicht mehr da waren. Wir waren glücklich miteinander. Das zählte mehr als ein Garten hinterm Haus.

Berufsprobleme tauchten auf

Ich war mit meinem Beruf, meiner Ausbildung alles andere als glücklich. Die monatlichen Unterhaltszahlungen des Vaters reichten nicht aus. Ich mußte zusätzliches Geld verdienen. Eine Halbtagsstelle als Redaktionssekretärin wurde mir angeboten. Ich überlegte es mir – leider – nicht zweimal. Eigentlich wollte ich etwas anderes. Motiviert durch meine Mitarbeit in der Montessori-Schule stürzte ich mich zusätzlich noch in ein Fernstudium für die Begabtensonderprüfung. Die ersten Semester waren vielversprechend. Aber – alleine drei Kinder versorgen, mit allen Pflichten, aller Verantwortung, allen Sorgen, die dazu gehören, Geld verdienen und studieren: Das war zuviel. Etwas davon mußte zu kurz kommen, und es waren die Kinder, denen ich die Zeit abknapsen mußte. Also hängte ich das vielgeliebte Studium leise weinend wieder an den Nagel, nicht ohne zu hoffen, daß ‚meine Kinder es mal besser haben sollen'. Ein vernünftiger Entschluß. Aber auch nicht mehr. Für mich letztendlich unbefriedigend. Sekretärin sein bis zum Lebensende? Eine deprimierende Vorstellung! Ich versuchte, mich zu fügen und meiner Berufstätigkeit ein paar gute Seiten abzugewinnen. Ich arbeitete, mal wieder, fleißig und engagiert, identifizierte mich mit Dingen, die meine nicht sein konnten. Und ich verstrickte mich dabei zunehmend in Widersprüche. Einerseits war ich mit viel Engagement und Freude dabei, alleine drei Kinder auf ihrem Weg zu selbständigen Menschen zu begleiten. Andcrcrseits sollte ich mit unselbständiger Arbeit, im Beruf abhängig und unmündig gehalten, meine Brötchen verdienen. Es machte mir Schwierigkeiten, das nötige Selbstbewußtsein zu bewahren, das ich für das Leben mit meinen drei Kindern brauchte. Es war ein wirkliches Kunst-Stück, in das ich mich da begeben hatte.

Es folgten daraus in den nächsten Jahren entscheidende persönliche und berufliche Veränderungen. Ich engagierte mich bei einer Alternativ-Zeitung. Ich steckte die Nase ins Frauenzentrum, las die COU-

RAGE von ihrer ersten Stunde an, arbeitete in einer Selbsthilfe-Einrichtung mit, später auch in Frauengruppen und im Frauenbuchladen. Meinem Job als Redaktionssekretärin sagte ich nach vier Jahren Lebewohl, froh und bange zugleich. Die Zeitungsarbeit hatte mir bis dahin soviel Spaß gemacht, daß ich versuchen wollte, dabei zu bleiben. Heute ist journalistische Arbeit für den Rundfunk das eine beruflich-finanzielle Bein, auf dem ich stehe. Das andere ist ‚emanzipatorische' Arbeit mit Frauen auf dem Land, in Zusammenarbeit mit Volkshochschulen, ländlichem Bildungwerk usw. Ständige Weiterbildungs-Aktivitäten gehören dazu.

Die Kinder sind jetzt 21, 19 und 16 Jahre jung.

Sie sind mitgewachsen mit meinem politischen Bewußtwerdungsprozeß, der Veränderung in meinem Frauen-Bewußtsein. Ich habe das gute Gefühl, ihnen viel Leben gezeigt zu haben, sie zum Sehen und Nachdenken angeregt zu haben. Sie sind fähig, sich mit ihrem Dasein und damit auch mit ihren Kinderwünschen kritisch auseinanderzusetzen. Ich beneide sie im Nachhinein darum. Sie sind weitgehend selbständig und selbstverantwortlich. Etwas, wofür ich mir selbst auf die Schulter klopfen möchte. Lob oder Anerkennung sind mir bei meiner Arbeit des Kindererziehens kaum begegnet. Kritik dafür in Mengen. Destruktive Kritik oft. Von Hilfe war dabei keine Rede.

Kinderwunsch? Ich?

Noch einmal stand ich vor dieser Frage. Der Kinderwunsch eines Freundes war der Anlaß. Ich habe mich dagegen entschieden. Gegen das Kind und gegen den Mann, dem der Kinderwunsch so lebensnotwendig erschien. Ich: Nicht noch mal! Es geht mir sehr gut mit dieser Entscheidung. Ich sehne den Gebärstreik aller Frauen herbei, mit der Utopie im Kopf, es könnte ein Anstoß sein für diese lieblose Welt, kinderfreundlicher, frauenfreundlicher – menschenfreundlicher zu werden. Und damit für alle Menschen liebens- und lebenswerter. Utopie.

Wut, Trauer, Enttäuschung haben mich auf meinem Weg mit meinen Kindern begleitet; Liebe, Glück und Hoffnung habe ich mit ihnen erfahren und gelebt. Bald bin ich wieder ohne Kinder. Sie machen sich selbständig, nur die Jüngste lebt zur Zeit noch bei mir. Großmutter möchte ich – wenn ich wählen dürfte – nicht werden. *Meine* Kinderwünsche sind erfüllt.

DANK

Unser Dank gilt zuerst allen Autoren dafür, daß sie sich zu Rede und Gegenrede haben provozieren lassen. Dank auch der Lektorin bei Beltz, Barbara Scharioth, für ihre Betreuung und Dank an Margarethe Gräber vom Verlag für zahllose technische Hilfen.

Mit Ratschlägen, Hinweisen, Für- & Widerspruch, mit Ideen und Material haben uns geholfen Horst Bingel, Fritz Hackert, Helge Maria Heinze, Michael Koetzle, Petra Olschewski und Marianne Wagner. Anne Quirin und Tina Stock von der SFB-Frauenfunk-Redaktion „Zeitpunkte" seien hier auch genannt.

Die streitbaren Mutter-Kind-Gespräche mit Gertraute Kippe und Gisela Mága möchten wir nicht missen, wie die Auseinandersetzungen zum Thema mit Ulrike Blotenberg und Gerd Butterwegge.

Wir danken den Lehrern Jürgen Corsepius, Sabine Ludwig, Dieter Wilhelmy aus Berlin und ihren Bochumer Kollegen Eberhard Klos, Rosemarie Schmidt, Helmut Schönig, Heide Stauber – selbstverständlich all ihren Schülerinnen und Schülern, die uns ihre Kinderwünsche zugeschickt haben.

Ronny von Wangenheim („Ruhr Nachrichten") und Rainer Wanzelius („Westdeutsche Allgemeine Zeitung") haben uns bei der Kinder-Suche publizistisch unterstützt.

P. R./F. H.

PS: Dietger Pforte, dem Berliner Literatur-Dezernenten, möchte ich stellvertretend für die Jury meinen Dank zurufen für den Aufenthalt in der Halbstadt, Walter Höllerer, dem Hausherrn und Gastgeber im „Literarischen Colloquium" ebenso, nicht zu vergessen dem Illuminator und Mann-mit-der-grünen-Schürze Hermann Rittweger – Berlin hat zwischen diesen Buchdeckeln seine Spuren hinterlassen.

P. R.

DIE AUTOREN

Ursula Adam, Jahrgang 1950, ein Kind; Studium, Promotion; lebt als Psychologin in Wien; veröffentlichte »Die Zweitgeburt« (1980); erhielt 1981 das österreichische Staatsstipendium für Literatur.

Elisabeth Albertsen, Jahrgang 1942, zwei Kinder; Studium, Promotion; lebt als Autorin in Bad Vilbel; veröffentlichte »Ratio und Mystik« (1968) und »Das Dritte« (1977).

Arnfried Astel, Jahrgang 1933, drei Kinder; Studium; lebt als Redakteur und Lyriker in Saarbrücken, veröffentlichte u. a. »Neues (und altes) vom Rechtsstaat und von mir« (1978), »Die Faust meines Großvaters" (1979), »Die Amsel fliegt auf. Der Zweig winkt ihr nach« (1982).

Isabel Averno, Jahrgang 1950, kinderlos; Studium; lebt als Musikpädagogin und Autorin in München.

Michael Bauer, Jahrgang 1954, kinderlos; Studium; lebt als Diplompädagoge und Schlosser in Münster; veröffentlichte »Kinderkram« (1981).

Gerhard Bliersbach, Jahrgang 1945, kinderlos; Studium; lebt als Psychologe und Autor in Köln.

Anton Brenner, Jahrgang 1950, zwei Kinder; Studium; Berufsverbot als Theologielehrer wegen DKP-Mitgliedschaft; lebt deswegen als Schleifer, Landschaftsgärtner, Drucker und Verleger in Wurmlingen.

Ute Büsing, Jahrgang 1956, kinderlos; Studium; lebt als freie Journalistin in Berlin.

Mechtild Buschmann, Jahrgang 1938, drei Kinder; lebt als Journalistin und VHS-Dozentin bei Köln.

Gerd Butterwegge, Jahrgang 1952, kinderlos; Studium; lebt als Ingenieur und Fotograf in Bochum.

Ingo Cesaro, Jahrgang 1941, zwei Kinder; Studium; lebt als Betriebswirt in Kronach; graphische und literarische Arbeiten, veröffentlichte u. a. »Schutzimpfung« (1981).

Jürgen Corsepius, Jahrgang 1948, ein Kind; Studium; lebt als Germanist in Berlin.

Marianne Corsepius, Jahrgang 1948, ein Kind; Studium, lebt als Biologielehrerin in Berlin.

Karlheinz Deschner, Jahrgang 1924, drei Kinder; Studium, Promotion; lebt als Autor in Haßfurt; veröffentlichte u. a. »Kitsch, Konvention und Kunst« (1957), »Abermals krähte der Hahn« (1962), »Mit Gott und den Faschisten« (1965), »Das Kreuz mit der Kirche« (1974).

Draginja Dorpat, Jahrgang 1930, drei Kinder, Studium; lebt als Autorin in Jungingen; veröffentlichte »Ellenbogenspiele« (1965), »Junge Knaben beim Spiel« (1969).

Ursula Eisenberg, Jahrgang 1946, ein Kind; Studium; lebt als Lehrerin und Autorin in Berlin.

Gisela Elsner, Jahrgang 1937; Studium; lebt als Autorin in München; veröffentlichte »Die Riesenzwerge« (1964), »Das Berührungsverbot« (1970), »Der Punktsieg« (1977), »Abseits« (1982).

Ludwig Fels, Jahrgang 1946; Malerlehre; lebt als Autor in Nürnberg; veröffentlichte u. a. »Die Sünden der Armut« (1976), »Vom Gesang der Bäuche« (1980), »Kanakenfauna« (1982).

Eva Heller, Jahrgang 1948, kinderlos; Studium, Promotion; lebt als Graphikerin in Frankfurt.

Friedericke Hassauer, Dr., Jahrgang 1951; kinderlos; lebt als Autorin und Hochschulassistentin der Universität Siegen in Siegen und Marktheidenfeld; literaturwissenschaftliche Publikationen; Hrsg. mit Peter Roos: »Anna-Seghers-Materialienbuch« (1978), »Notizbuch – Verrückte Rede« (1980), Félicien Rops: »Der weibliche Körper – Der männliche Blick« (1984), »Die Frauen mit Flügeln, die Männer mit Blei?« (1986), »Kaputte Gespräche« (1982), »Vespa Stracciatella« (1985).

Helge Maria Heinze, Jahrgang 1946, kinderlos; Studium; Berliner Literaturstipendiatin 1981; lebt als Autorin in Neumünster.

Karla Hielscher, Jahrgang 1938, ein Kind; Studium, lebt als Slawistin in Bochum

Gertrud Höhler, Jahrgang 1941, ein Kind; Studium, Promotion; lebt als Germanistik-Professorin und Autorin in Paderborn. Veröffentlichte u. a. »Gesinnungskonkurrenz der Intellektuellen« (1979), »Die Anspruchsgesellschaft« (1979), »Das Glück« (1981).

Manfred Jahnke, Jahrgang 1946, kinderlos; Studium, Promotion über Kindertheater; lebt als Dramaturg und Journalist in Ulm.

Hanns-Hermann Kersten, Jahrgang 1928; kinderlos; Studium; lebt als Redakteur und Autor in Reutlingen/Esslingen; veröffentlichte »Poèmes von Tante Poemma« (1976), »Euphorismen und rosa Reime« (1978), »Ein gebildeter Kranker« (1981).

Eva Ketelsen, Jahrgang 1936, kinderlos; Studium, lebt als Germanistin in Bochum.

Uwe K. Ketelsen, Jahrgang 1938, kinderlos; Studium, Promotion; lebt als Germanistik-Professor in Bochum. Veröffentlichte u. a. »Heroisches Theater« (1968), »Die Naturpoesie der norddeutschen Frühaufklärung« (1974), »Völkisch-nationale und nationalsozialistische Literatur« (1976).

Hermann Kinder, Jahrgang 1945, kinderlos; Studium, Promotion; lebt als Germanist und Autor in Konstanz; veröffentlichte u. a. »Der Schleiftrog« (1977), »Vom Schweinemut der Zeit« (1980), »Der helle Wahn« (1981.

Rainer Kippe, Jahrgang 1944, drei Kinder; Studium; Sozialarbeit in der »Sozialistischen Selbsthilfe Köln« (SSK); lebt als Mitglied des SSK und Autor in Köln; veröffentlichte »Ausschuß« (1970), »Aufbruch« (1975) mit Ranne Michels »Guter Hoffnung« (1980).

Joachim Koch, Jahrgang 1949, ein Kind; Studium; lebt als Bildhauer bei Würzburg.

Irmela Körner, Jahrgang 1951, kinderlos; Studium; lebt als Journalistin in Hamburg.

Michael Koetzle, Jahrgang 1953, kinderlos; Studium; Berliner Literaturstipendiat 1981; lebt als Autor bei München.

Karla Kause, Jahrgang 1942, ein Kind; Studium, Promotion; lebt als Journalistin in Frankfurt; veröffentlichte »Weiße Experten nicht gefragt« (1981).

Gerhard C. Krischker, Jahrgang 1947, ein Kind; Studium, Promotion; lebt als Lektor und Autor in Bamberg; veröffentlichte »deutsch gesprochen« (1974, »Zeitgedichte« (1982).

Wolfgang Kubin, Jahrgang 1945, zwei Kinder; Studium, Promotion; lebt als Sinologe und Autor in Berlin, veröffentlichte u. a. „Hundert Blumen" (1980).

Gotthart Kuppel, Jahrgang 1946, kinderlos; Studium, Promotion, Theater; lebt als Schauspieler und Autor in Bremen und Teneriffa.

Heidi Lange, Jahrgang 1954, ein Kind; Studium, lebt als Sozialarbeiterin in Bochum.

Heinz Lange, Jahrgang 1951, ein Kind; Ausbildung als Schlosser und technischer Zeichner; lebt als Feuerwehrmann in Bochum.

Alexander Mága, Jahrgang 1956, kinderlos; Studium; lebt als Maler und Graphiker in Bochum und Berlin.

Gisela Mága, Jahrgang 1929, zwei Kinder; Studium; lebt als Musikpädagogin in Bochum.

Stefani Majer, Jahrgang 1950, ein Kind; Studium; lebt als Musiklehrerin und Autorin in Berlin.

Ranne Michels, Jahrgang 1948, drei Kinder; Studium; Sozialarbeit; lebt als Mitglied der »Sozialistischen Selbsthilfe Köln« (SSK) und Autorin in Köln; veröffentlichte »Guter Hoffnung« (1980), zusammen mit Rainer Kippe.

Evamaria Miner, Jahrgang 1944, kinderlos; Studium; Schauspielausbildung; lebt als Journalistin in Berlin.

Dorothee Neukirchen, Jahrgang 1941, ein Kind; Studium; Schauspielausbildung; lebt als Autorin und Regisseurin in Köln. Die abgedruckten Szenen stammen aus ihrer Kinokomödie »Dabbel Trabbel« (1982).

Petra Olschewski, Jahrgang 1953, kinderlos; Studium; lebt als Redakteurin und Soziologin in Frankfurt.

Sibylle Quack, Jahrgang 1951, ein Kind; Studium, Promotion; lebt als Autorin in Bonn.

Ulrich Raschke, Jahrgang 1943, zwei Kinder; Studium; lebt als Autor in Eningen; veröffentlichte u. a. »Kadaver« (1965), »Zungenreden« (1968), »Am Affentorplatz« (1981).

Gudrun Reinke, Jahrgang 1949, ein Kind; Studium, Promotion; lebt als Autorin in Frankfurt.

Peter Roos, Jahrgang 1950; kinderlos; Studium in Würzburg, Tübingen, St. Louis/USA; lebt als freier Schriftsteller in Siegen und Marktheidenfeld. Stipendiat des Berliner Kultursenats im Literarischen Colloquium. Autor der Bücher »Genius Loci – Gespräche über Literatur und Tübingen« (1979) und »Von der Abschaffung des Tageslichts – Letzter Versuch, die Welt zu verändern« (1981). Hrsg. von »Exil – Zum Fall Biermann« (1977) und »Trau keinem über dreißig – eine Generation zwischen besetzten Stühlen« (1980/Taschenbuch '82). Hrsg. mit Hassauer: »Anna-Seghers-Materialienbuch« (1978) und »Notizbuch – Verrückte Rede«. (1980). Félicien Rops: »Der weibliche Körper – der männliche Blick« (1984), »Die Frauen mit Flügeln, die Männer mit Blei?« (1986).

Christa Rotzoll, Jahrgang 1921, ein Kind; lebt als Journalistin in Berlin.

9 *Barbara Scharioth,* Jahrgang 1942, kinderlos; Studium, Promotion; lebt als Redakteurin der Zeitschrift »Der Monat« und Lektorin in Weinheim und Schmitten.

Ruth-Eva Schulz-Seitz, Jahrgang 1918, drei Kinder; Studium, Promotion; Leipziger Assistentin von Ernst Bloch; lebt als Autorin in Tübingen; veröffentlichte über Edward Albee, Hegel und Hölderlin; seit 1975 Herausgeberin der Zeitschrift »Wissenschaft und Zärtlichkeit«.

Joachim Schumacher, Jahrgang 1950, kinderlos; Studium; lebt als Fotograf in Essen.

Egon Schwarz, Jahrgang 1922, drei Kinder; Studium, Promotion; lebt als Germanistik-Professor und Autor in St. Louis (USA); veröffentlichte »Das verschluckte Schluchzen« (1972), »Keine Zeit für Eichendorff« (1979).

Klaus Stiller, Jahrgang 1941, ein Kind; Studium; lebt als Redakteur und Autor in Berlin; veröffentlichte u. a. „Die Absperrung" (1966), »Die Faschisten« (1976), »Weihnachten« (1980).

Claudia Storz, Jahrgang 1948, kinderlos; Studium, Promotion; lebt als Autorin in Aarau; veröffentlichte »Jessica mit Konstruktionsfehlern« (1977), »Auf der Suche nach Lady Gregory« (1981).

Johann P. Tammen, Jahrgang 1944, kinderlos; Studium; lebt als Lektor und Autor in Oldenburg; veröffentlichte »Kopf hoch kalte Wut« (1979), »Friedenszeichen Lebenszeichen« (1982). Chefredakteur der Zeitschrift »die horen«.

Bettina Uhrig, Jahrgang 1957, kinderlos; lebt als Germanistik-Studentin in Berlin.

Achim Wannicke, Jahrgang 1950; Studium, lebt als Pädagoge und Autor in Berlin; Literaturstipendiat. Veröffentlichte »Manchmal geborgen« (1982).

Wolfgang Weyrauch, Jahrgang 1907, gestorben 1980; Studium, lebte als Schauspieler, Redakteur, Lektor und Autor in Berlin und Darmstadt. Für den Text aus dem Nachlaß danken wir Margot Weyrauch.

Gabriele Wohmann, Jahrgang 1932, kinderlos; lebt als Autorin in Darmstadt; veröffentlichte u. a. »Die Bütows« (1967), »Ernste Absicht« (1971), »Ausflug mit der Mutter« (1976).

Dieter E. Zimmer, Jahrgang 1934, ein Kind; Studium; lebt als »Zeit«-Redakteur und Autor in Hamburg; veröffentlichte u. a. »Ich möchte nicht, sagt Bartleby« (1978), »Unsere erste Natur« (1979).

Mechtild Zschau, Jahrgang 1948, kinderlos; Studium, Hörspieldramaturgin; lebt als Journalistin und Lektorin in Frankfurt.

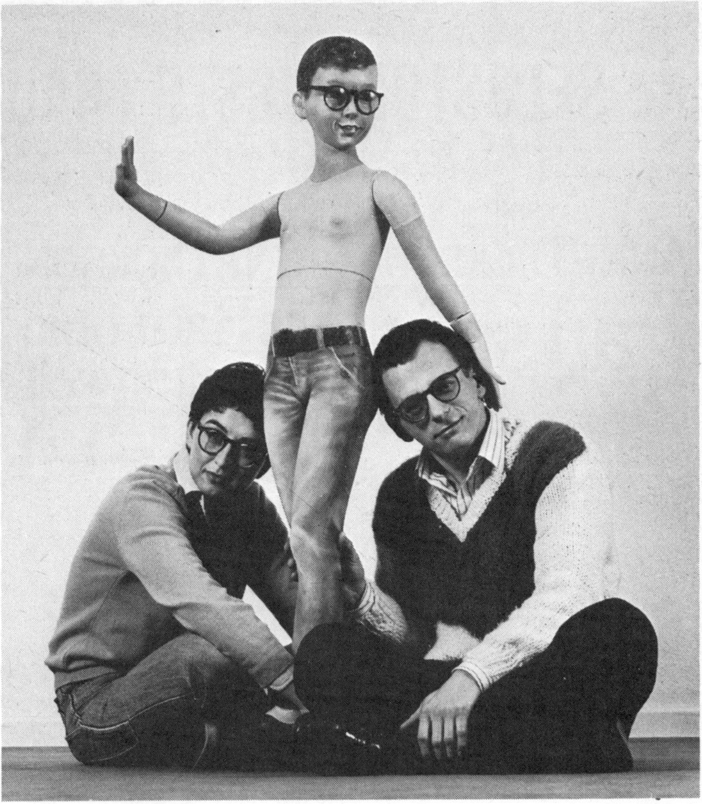

Die Herausgeber
Friederike Hassauer und Peter Roos
mit ihrem Wunschkind,
dem achtjährigen androgynen Paul A
aus Gips, der seine Existenz den
Tübinger „Zinser"-Schaufenstern
und den gemeinsamen Bemühungen
der Editoren mit dem Maler
Hans-Jürgen Freund verdankt.
Das Familienfoto hat
Joachim Schumacher geknipst

PSYCHOLOGIE IM ALLTAG

10896

11343

11297

10960

10739

Urich Beer
Lebensdummheiten
10955

Entscheide dich richtig
10871

GOLDMANN